Die Platin-Regel

Wie erreichen Sie, was Sie wollen? Indem Sie andere so behandeln, wie sie behandelt werden möchten. Tony Alessandra und Michael J. O'Connor unterscheiden vier Persönlichkeitstypen: den Direktor, den Unterhalter, den Beziehungsmenschen und den Denker. Sie zeigen, wie man die einzelnen Typen erkennt und mit ihnen umgeht. Führungskräften fällt es so leichter, Mitarbeiter zu motivieren, Verkäufer können effektiver auf ihre Kunden eingehen.

Dr. Tony Alessandra ist Berater und Trainer für Marketingstrategie und Verhaltensforschung. Er gilt als führende Autorität im Bereich der Marketingtaktiken und des Aufbaus dauerhafter Geschäftsbeziehungen. Er ist Ko-Autor von zwölf Büchern und lebt in Kalifornien.

Dr. Michael J. O'Connor gilt als Experte in der Verhaltensforschung über die menschliche Motivation, Interaktion und Leistung. Er war als Berater und Trainer in über 15 Ländern tätig und lebt in Florida.

Tony Alessandra, Michael J. O'Connor

Die Platin-Regel

Vom erfolgreichen Umgang
mit Geschäftspartnern, Kollegen,
Vorgesetzten und Mitarbeitern

Aus dem Englischen von Maria Bühler

Campus Verlag
Frankfurt/New York

Die Originalausgabe erschien 1996 unter dem Titel »The Platinum Rule« bei Warner Books, New York, Copyright © 1996 by Tony Alessandra, Ph. D. and Michael J. O'Connor, Ph. D. All rights reserved.
No part of this publication may be reproduced, distributed, or transmitted in any form or by any means, including photocopying, recording, or other electronic or mechanical methods, without the prior, written permission of the publisher, except in the case of brief quotations embodied in critical reviews and certain other noncommercial uses permitted by copyright law.

Die Deutsche Bibliographie – CIP-Einheitsaufnahme

Alessandra, Tony:
Die Platin-Regel : vom erfolgreichen Umgang mit Geschäftspartnern, Kollegen, Vorgesetzten und Mitarbeitern / Tony Alessandra ; Micheael J. O'Connor. Aus dem Engl. von Maria Bühler. – Frankfurt/Main ;
New York : Campus Verlag, 1997
Einheitssacht.: The platinum rule <dt.>
ISBN 3-593-35791-7

Das Werk einschließlich aller seiner Teile ist urheberrechtlich geschützt. Jede Verwertung ist ohne Zustimmung des Verlags unzulässig. Das gilt insbesondere für Vervielfältigungen, Übersetzungen, Mikroverfilmungen und die Einspeicherung und Verarbeitung in elektronischen Systemen.
Copyright © 1997 Campus Verlag GmbH, Frankfurt/Main
Umschlaggestaltung: Guido Klütsch, Köln
Umschlagmotiv: Bavaria Bildagentur
Satz: Fotosatz L. Huhn, Maintal-Bischofsheim
Druck und Bindung: Friedrich Pustet, Regensburg
Gedruckt auf säurefreiem und chlorfrei gebleichtem Papier
Printed in Germany

Inhalt

Danksagungen 9

1 Ist die goldene Regel des Zusammenlebens noch goldrichtig? 11

2 Die vier Persönlichkeitstypen 20

3 Zu welchem Typ gehören Sie? 41

4 Signale schnell und richtig deuten 49

5 Mischtypen und ihre Stärken und Schwächen 70

6 Der produktive Umgang mit anderen Persönlichkeitstypen 103

7 Wie man sich an jeden Stil anpasst ... und dabei die eigene Identität wahrt! 121

8 Teamarbeit mit der *Platin-Regel* 142

9 Effektiv führen mit der *Platin-Regel* 166

10 Besser verkaufen mit der *Platin-Regel* 194

11 Besserer Service mit der *Platin-Regel* 229

12 Verändern Sie Ihr Leben durch positive Beziehungen! 258

Ich widme dieses Buch meiner Familie:
Meiner Frau Sue für ihre Ermutigung, Unterstützung und Liebe, meinen Eltern Margaret und Victor für ihr Vorbild und für alles, was sie mich gelehrt haben,
    meinen Kindern Justin und Jessica für ihre Liebe und ihr Vertrauen,
    meinen Stiefkindern Ashley und Dana dafür, dass sie mich annehmen,
    und meinem Bruder Gary und meiner Schwester Linda für ihre Bewunderung und ihre Loyalität.

TONY ALESSANDRA

Dieses Buch ist gewidmet:
meiner Familie mit ihren heutigen, zukünftigen und ehemaligen Mitgliedern – denn ihr fester Glaube an mich und an die Prinzipien der *Platin-Regel* haben mir die Energie und die Kraft zum Weiterarbeiten gegeben,
    meinen Freunden – denn die Gemeinschaft mit ihnen, ihre Unterstützung und ihre Fürsorge haben mein Leben bereichert,
    meinen zahlreichen »Lehrern« – denn sie haben mich bereitwillig und großzügig an ihrem Wissen teilhaben lassen, so dass ich ständig dazugelernt habe,
    meinen zahlreichen Kollegen und Klientinnen – denn durch ihre kontinuierliche Anwendung der *Platin-Regel* haben sie dazu beigetragen, dass sie selbst und andere mehr Freude, Frieden und echten Erfolg erlebt haben.

MICHAEL J. O'CONNOR

Danksagungen

Das vorliegende Buch ist das Produkt der Zusammenarbeit verschiedener Menschen. Einige haben direkt oder indirekt zum Inhalt beigetragen, andere das Manuskript gelesen und hilfreiche Hinweise dazu gegeben.

Wir möchten deshalb Katherine Briggs, Jim Cathcart, Roger Dawson, John Geier, Paul Green, Phil Hunsaker, Carl Jung, Florence Littauer, William Marston, David McClelland, David Merrill, Isabel Briggs Myers, Janice Van Dyke und Larry Wilson für ihre Studien und Beiträge zum Thema danken.

Zu denen, die uns wertvolle Ratschläge zum Manuskript gegeben haben, gehören Jim Cathcart, Jeff Davidson, Phil Hunsaker, Nikki Sweet sowie unsere einzigartige Lektorin bei Warner Books, Susan Suffes. Wir möchten ihnen allen sehr danken.

Besonderer Dank geht an die Autoren, Managerinnen und bekannten Persönlichkeiten, die uns nach der Lektüre des Manuskripts ihre bemerkenswerten Urteile und Empfehlungen geschickt haben.

Wir danken auch unserer Literaturagentin Margret McBride, die uns über vier Jahre lang immer wieder anspornte, bis wir ihr endlich einen akzeptablen Vorschlag unterbreiten konnten. Erst dann fingen wir an, das Buch zu schreiben.

Schließlich sind wir auch Dale Fetherling zu großem Dank verpflichtet. Ihrem unglaublichen Schreibtalent ist es zu verdanken, wenn das Lesen dieses Buches Spaß macht und wenn es sich als praktisches Werkzeug für uns alle erweisen wird.

TONY ALESSANDRA
MICHAEL J. O'CONNOR

Kapitel 1

Ist die goldene Regel des Zusammenlebens noch goldrichtig?

- Sie sind ein so begnadeter Verkäufer, dass Sie einem Eskimo Schnee verkaufen könnten. Aber manchmal passiert es, dass Sie einen potentiellen Kunden kennen lernen, der Sie offensichtlich nicht mag und niemals mögen wird und sich nicht einmal dann mit Ihnen einließe, wenn Sie Ihr Produkt verschenken würden.
- Der Konferenzsaal ist bis auf den letzten Platz besetzt und Sie kennen keine Menschenseele. Dann laufen Sie einem Fremden über den Weg und es ist, als hätten Sie sich schon ewig gekannt. Wie durch einen Zauber ergänzen Sie sich perfekt und stellen fest, dass Sie sich auf genau derselben Wellenlänge befinden.
- Als Manager sind Sie Feuer und Flamme für den neuen Plan und brennen darauf, Ihre Mitarbeiter und Mitarbeiterinnen mit Ihrer Begeisterung anzustecken. Im Einzelgespräch mit ihnen geben Sie deshalb Ihr Bestes, sie mit denselben Argumenten zu motivieren, die auch Sie sofort fasziniert haben. Aber Sie sind bass erstaunt, dass es neben begeisterter Zustimmung auch viele lauwarme bis ablehnende Reaktionen gibt.

Persönlichkeitsunterschiede

Persönlichkeitsunterschiede sind Segen und Fluch zugleich. Sie bereichern unser Leben auf faszinierende Weise, aber sie erzeugen häufig auch tiefe Frustrationen. Dies gilt besonders für den Arbeitsplatz, wo es entscheidend auf die Fähigkeit zur Teamarbeit und die richtige Motivation ankommt.

Die meisten Menschen nehmen diese Unterschiede jedoch nie bewusst wahr und verstehen sie deshalb auch nicht. Wir kommen eben mit manchen prima klar, mit anderen wollen wir nichts zu tun haben und mit wieder anderen möglichst wenig in Berührung kommen, weil sie so *anders* sind als wir.

Aber was wäre, wenn wir das Geheimnis dieser Unterschiede kennen würden? Wenn es ein einfaches, aber probates Mittel gäbe, um zu jedem Menschen eine gelungene Beziehung aufzubauen? Wenn wir wüssten, wie man zwischen gegensätzlichen Persönlichkeiten Harmonie stiftet, wie man es schafft, zu jedem Menschen einen Draht zu finden und wie man im Geschäftsleben alle Seiten zufrieden stellt statt ständig zu messen, wer den stärkeren Willen hat?

Sie halten den Schlüssel zu diesem Geheimnis buchstäblich in Ihren Händen. Die *Platin-Regel* ist das Ergebnis psychologischer Untersuchungen und praktischer Erfahrungen und hat sich als Werkzeug, um mit den unterschiedlichsten Kollegen und Mitarbeiterinnen zurechtzukommen, hervorragend bewährt. Die *Platin-Regel* ist unverzichtbar für jeden, der erfahren will, wie man ein besseres Verhältnis zu sich selbst und zu anderen gewinnt.

Lernen Sie, andere Menschen so zu behandeln, wie sie gerne behandelt werden möchten, so mit ihnen zu sprechen, dass sie gerne zuhören, sie als Kunden so zu umwerben, dass sie gerne kaufen und sie so anzuleiten, dass sie Ihrem Rat gerne folgen.

Vor allem im Geschäftsleben entstehen allzu häufig Spannungen und Missstimmungen, weil man unterstellt, dass die Menschen sich im Großen und Ganzen ziemlich ähnlich seien. Auf die Frage nach einem Leitmotiv für die Gestaltung zwischenmenschlicher Beziehungen würden die meisten Menschen wahrscheinlich die goldene Regel aus der Bibel anführen, die sie als Kinder gelernt haben: »Behandle andere so, wie du selbst gerne behandelt werden möchtest« oder auch: »Was du nicht willst, das man dir tu', das füg' auch keinem andern zu.«

Die Kehrseite der Medaille

Die goldene Regel des Zusammenlebens leitete schon immer zu einer durchaus ehrenwerten Gesinnung an. Viel Gutes in der Welt wurde von Menschen vollbracht, die diese Regel befolgten. Als Orientierungshilfe für die eigenen Werte kann sie zu mehr Ehrlichkeit und Mitgefühl führen. Aber als Werkzeug zur Verbesserung der zwischenmenschlichen Kommunikation hat die goldene Regel auch eine Kehrseite.

Wortgetreu angewandt kann sie nämlich genau das Gegenteil dessen bewirken, was eigentlich beabsichtigt wird und sogar Konflikte erzeugen. Der Grund dafür ist einfach: Wenn Sie andere so behandeln, wie Sie selbst behandelt werden möchten, dann benutzen Sie als Maßstab Ihre eigenen Wertvorstellungen. Damit unterstellen Sie gleichzeitig, dass die Menschen sich im Grunde sehr ähnlich sind und dass ihre Wünsche und Bedürfnisse sich folglich mit den Ihren decken. Aber natürlich sind nicht alle Menschen gleich. Daraus folgt, dass Sie denen nicht gerecht werden, die andere Bedürfnisse, Wünsche und Hoffnungen haben.

Aus diesem Dilemma gibt es jedoch einen Ausweg: Man kann die gute Absicht, die der goldenen Regel zugrunde liegt, durchaus realisieren, wenn man sie nur ein klein wenig ändert. Wir glauben, dass der Schlüssel zum dauerhaften Erfolg im Geschäftsleben und zur Verbesserung zwischenmenschlicher Beziehungen in einem Prinzip liegt, das wir die *Platin-Regel* nennen:

»Behandle andere so, wie *sie* gerne behandelt werden möchten.«

Im Grunde bedeutet das nichts anderes, als andere wirklich zu verstehen und sie dann so zu behandeln, wie es für *sie* und nicht nur für uns am besten ist. Es bedeutet auch, sich Zeit dafür zu nehmen, sie einzuschätzen, und das eigene Verhalten dann so anzupassen, dass sie sich möglichst gut dabei fühlen. Hierin besteht unserer Meinung nach der eigentliche Geist der goldenen Regel.

Die *Platin-Regel* steht also keineswegs im Gegensatz zur goldenen Regel. Man könnte sie vielmehr als neue, differenziertere Version dieses Grundsatzes bezeichnen.

Individualität und Persönlichkeitsstile

Der *Platin-Regel* liegt folgende Annahme zugrunde: Jeder Mensch hat individuelle Verhaltensmuster und Sichtweisen. Diese lassen sich in Kategorien einordnen, die man Verhaltensstile oder Persönlichkeitstypen nennt.

Wir senden ständig Signale über den eigenen Persönlichkeitstyp aus, etwa durch die Art und Weise, wie wir uns die Hände schütteln, wie wir auf Stress reagieren, wie unser Büro eingerichtet ist, wie wir Entscheidungen treffen, ob wir am Telefon reserviert oder gesprächig sind und durch viele andere Dinge mehr. Die Kunst besteht darin zu lernen, diese Signale wahrzunehmen, sie dann dem entsprechenden Stil zuzuordnen und schließlich das eigene Verhalten anzupassen. Auf diese Weise erreicht man, dass zahlreiche Konflikte gar nicht erst entstehen.

Welche Persönlichkeitsstile gibt es?

Die Unterschiede zwischen den Menschen waren schon immer Anlass für Frustration und Faszination zugleich. Schon die ersten Astrologen versuchten, Verhaltensstile zu identifizieren. In der Antike hat Hippokrates vier Temperamente beschrieben – den Sanguiniker, den Phlegmatiker, den Melancholiker und den Choleriker – und der Psychologe Carl Jung hat die Persönlichkeitstypen im Jahr 1921 als Erster mit wissenschaftlichen Methoden untersucht und den Denk-, den Fühl-, den Intuitions- und den Empfindungstypus unterschieden.

Seit damals haben Psychologen mehr als ein Dutzend Persönlichkeitsmodelle entwickelt, von denen manche sechzehn oder noch mehr mögliche Kombinationen aus einzelnen Grundtypen vorsehen. Mal wurden die Typen mit abstrakten, wissenschaftlichen Namen versehen, mal nach Vögeln, Tieren oder sogar Farben benannt. Trotzdem lässt sich ein roter Faden ausmachen, der sich durch alle Jahrhunderte zieht und eine Zuordnung der menschlichen Verhaltensweisen in vier Grundkategorien nahelegt.

Wir möchten, dass dieses Buch leicht verständlich, praktisch anwendbar und in der Sache genau ist. Noch wichtiger finden wir es, dass Sie sich die Grundsätze der *Platin-Regel* leicht einprägen können. Deshalb verwenden wir ein einfaches, vier Typen umfassendes Modell, das alle Kulturen abdeckt und an Hunderttausenden von Menschen überprüft wurde. Im Zentrum dieses Modells stehen beobachtbare, *äußere* Hinweise, an denen Sie ablesen können, was im *Inneren* eines Menschen vorgeht. Mit diesem Wissen sind Sie dann in der Lage zu entscheiden, wie Sie auf das Verhalten dieses Menschen in der jeweiligen Situation am besten reagieren.

Wir haben den Persönlichkeitstypen, die wir für die Zwecke der *Platin-Regel* unterscheiden, prägnante Namen gegeben. Danach lässt sich jeder Mensch im Wesentlichen einem der folgenden Stile zuordnen:

- Der *Direktor*: stark und bestimmend, selbstbewusst und konkurrenzorientiert, entscheidungsfreudig und risikobereit. Seine Ungeduld und Eile stoßen zwar oft auf Unverständnis, doch der Direktor lässt keinen Zweifel daran, wer das Sagen hat.
- Der *Unterhalter*: extravertiert, optimistisch und leicht zu begeistern. Er steht gerne im Mittelpunkt, sprudelt vor Ideen und redet gerne – am liebsten über sich selbst.
- Der *Beziehungsmensch*: idealer Teamarbeiter, der Stabilität sucht und deshalb Risiken scheut. Er stellt Beziehungen über alles andere, ist liebenswert, aber oft zu schüchtern und er hasst Veränderungen jeder Art.
- Der *Denker*: selbstbeherrscht und vorsichtig, verlässt sich lieber auf Analysen als auf Emotionen. Er liebt Klarheit und Ordnung, wirkt dabei aber manchmal ein wenig steif.

Sie werden noch sehen, dass es zwischen den verschiedenen Typen natürliche Affinitäten und Abneigungen gibt. Eine zentrale Aussage der *Platin-Regel* lautet daher: *Wie gut Sie kommunizieren, hängt davon ab, wie gut Sie den Menschen verstehen, mit dem Sie kommunizieren.*

Dieses Buch zeigt Ihnen, wie Sie zu einem echten Menschenkenner werden, der Persönlichkeitsunterschiede wirklich versteht und dieses Wissen zum beiderseitigen Vorteil einzusetzen weiß. Im Geschäftsleben entscheidet diese Fähigkeit häufig genug über Erfolg und Misserfolg. Zwei Beispiele sollen das illustrieren:

> Ein Bankangestellter, zuständig für Hypothekendarlehen, hatte eine Kundin, die mit Kreditinstituten schon schlechte Erfahrungen gemacht hatte. Jeden Termin, den der Angestellte mit ihr vereinbarte, sagte sie in letzter Minute unter einem fadenscheinigen Vorwand ab. Schließlich fand doch ein Beratungsgespräch statt. Der Bankangestellte wandte die Grundsätze der *Platin-Regel* an, ordnete die Kundin einem bestimmten Persönlichkeitsstil zu, passte sich diesem an und konnte einen Darlehensvertrag abschließen. Die Kundin gestand ihm danach: »Vor jedem Termin überfiel mich plötzlich diese panische Angst. Aber als wir uns dann gegenübersaßen, war alles wunderbar. Es war hochinteressant, wie Sie mich über die Möglichkeiten und Details von Hypothekenverträgen informiert haben. Ich vertraue Ihnen. Sie haben ein Talent dafür, mit Menschen zu kommunizieren.«

Als wir das letzte Mal mit dem Bankangestellten sprachen, hatte er schon vier neue Kunden gewonnen, denen er von dieser Frau empfohlen worden war.

> Ein Unternehmer wollte mit einem unserer Freunde ins Geschäft kommen. Der Unternehmer ist außerordentlich extravertiert und lebhaft, er schüttelt anderen gerne herzlich und lange die Hände und erkundigt sich nach Ehepartnern und Kindern, die er meist kaum kennt. Unser Freund ist ein grandioser Geschäftsmann, gehört jedoch mehr zu den ruhigen Beziehungsmenschen: Er ist warmherzig, aber zurückhaltend, freundlich, aber nicht aufdringlich. Er hält mehr vom intensiven Dialog als vom Schulterklopfen.

Wie ist das Treffen zwischen den beiden wohl verlaufen? Nach kürzester Zeit lagen enorme Spannungen in der Luft. Beide Gesprächspartner fühlten sich sehr unwohl und kamen natürlich auch zu keiner Vereinbarung – aus Gründen, die mit dem geschäftlichen Vorschlag an sich nichts zu tun hatten.

Dieses Treffen hätte auch anders verlaufen können. Mit Hilfe der *Platin-Regel* hätte zumindest einer der beiden sein Verhalten ein wenig verändern können, um den anderen in eine positivere Grundstimmung zu versetzen. Dann wäre es auch möglich gewesen, dass ein Band geknüpft und vielleicht sogar eine Vereinbarung getroffen worden wäre.

Unbegrenzte Möglichkeiten

Die Anwendungsbereiche der *Platin-Regel* sind unbegrenzt. In diesem Buch erfahren Sie beispielsweise, wie Sie Kundenbeschwerden gezielt auf der Grundlage des Persönlichkeitstyps, zu dem der Kunde gehört, behandeln können. Sie erfahren, wie Sie den übervorsichtigen Mitarbeiter auf Trab bringen, die perfektionistische Einzelkämpferin ins Team integrieren und mit der entscheidungsschwachen Führungskraft zusammenarbeiten. Sie lernen, wie Sie mit einer tyrannischen Chefin umgehen oder mit einer Betriebsnudel, die mehr Zeit mit dem Plausch unter Kollegen als mit der Arbeit verbringt, oder mit dem kreativen Chaoten, der tausend Ideen hat, aber keine einzige verwirklicht.

Sie lernen, wie Sie in jeder beruflichen Situation Brücken zu Ihrem Gegenüber schlagen können, ob Sie um eine Gehaltserhöhung bitten, einen Abschluss herbeiführen, ein großes Projekt planen, einen besseren Service anbieten oder das Betriebsklima verbessern wollen.

Somit eröffnet Ihnen die *Platin-Regel* die Möglichkeit zu:

- einer erfolgreicheren Karriere,
- höherer Produktivität,
- mehr Zufriedenheit,

- besseren Kundenbeziehungen,
- konflikt- und spannungsfreieren Beziehungen.

Die *Platin-Regel* wird Ihre Beziehungen am Arbeitsplatz wie im Privatleben vermutlich für immer verändern. Sie werden die Menschen anders als zuvor sehen, sie besser verstehen und mit ihnen auf eine Art und Weise umgehen, die jede Begegnung zu einer positiven Erfahrung für beide Seiten werden lässt.

Außerdem werden Sie – vielleicht zum ersten Mal – Ihre eigene Persönlichkeit einordnen können und verstehen, warum Sie sich so und nicht anders verhalten. Sie erfahren, wie Sie Ihre Ecken und Kanten abschleifen und gleichzeitig Stärken ausbauen, von denen Sie nicht einmal wussten, dass Sie darüber verfügen.

Manche Menschen wenden sich gegen die Begriffe »Typ« und »Stil«, weil sie darin nur den Versuch sehen, andere in Schubladen zu stecken. Zu einem besseren Verständnis füreinander könne man nicht gelangen, indem man Stereotypen schaffe, meinen sie. Im Grunde sei diese Kategorisierung ein unrealistisches Schnellverfahren, mit dem man der Einzigartigkeit jedes Menschen nicht gerecht werde.

Aber einen Menschen einem Persönlichkeitstyp zuzuordnen schließt ja keineswegs aus, dass man ihn richtig kennen lernt. Vielmehr beschleunigt die Anwendung der *Platin-Regel* diesen Prozess entscheidend! Wenn Sie in der Lage sind, die Signale eines Gesprächspartners schnell zu verarbeiten, daraus Rückschlüsse auf seine Bedürfnisse zu ziehen und Ihr eigenes Verhalten darauf abzustimmen, werden Sie ihm auch eine höhere Wertschätzung entgegenbringen. Sie werden sehen, dass seine Bedürfnisse ebenso wichtig sind wie Ihre eigenen und können, wenn Sie wollen, eine tiefere Beziehung zu ihm aufbauen.

In diesem Buch wird auch immer wieder davon die Rede sein, wie wichtig es ist, dass Sie Ihre Fähigkeiten zum Zuhören verbessern und Sie erhalten praktische Hinweise darauf, wie Ihnen das gelingen kann. Wer gut zuhört und gleichzeitig die *Platinregel* beachtet, kann befriedigende, langfristige Beziehungen entwickeln.

Keine Manipulation

Ein weiterer wichtiger Punkt ist folgender: Die *Platinregel* anzuwenden bedeutet *nicht*, Menschen zu manipulieren! Vielmehr geht es darum zu lernen, ihre Sprache zu sprechen.

Man bezeichnet es ja auch nicht als Manipulation, in Paris französisch zu sprechen. *Au contraire!* Sie bedienen sich der Fremdsprache vorübergehend, weil dies eine angemessene Reaktion auf das Umfeld ist. An Ihrem Wesen ändert sich während eines Frankreichaufenthalts jedoch rein gar nichts. Auch Ihre Einstellungen und Denkweisen bleiben dieselben. Das Einzige, was sich ändert, ist die Art und Weise, wie Sie Ihre Gedanken äußern.

Genauso wenig verändern Sie oder andere sich durch die Anwendung der *Platinregel*. In gewisser Weise könnte man sogar sagen, dass Sie dadurch mehrsprachig werden: Wenn Sie die »Sprache« der unterschiedlichsten Menschen in Ihrer Umgebung beherrschen, verfügen Sie über die wunderbare und nützliche Fähigkeit, Unterschiede aufzulösen, Stärken auszubauen und ein erfüllteres, erfolgreiches Leben zu genießen.

Kapitel 2

Die vier Persönlichkeitstypen

Ihr Telefon klingelt. Ralph, einer Ihrer Abteilungsleiter, kündigt an, dass er gleich zu Ihnen komme, weil er ein »dringendes« Problem habe. Er klingt so aufgelöst, dass Sie befürchten, er stünde kurz vor einem Nervenzusammenbruch.

Bevor er Ihnen gegenübersitzt, sollten Sie sich schnellstens überlegen, wie Sie gleich mit der Situation umgehen könnten.

- *Ralph braucht vielleicht jemanden, der ihm die Hand reicht.* Seien Sie also freundlich und verständnisvoll gegenüber einem guten Mitarbeiter, der gerade einen schlechten Tag hat. Hören Sie geduldig zu, während er sich seinen Kummer von der Seele redet.
- *Vielleicht braucht er Ermunterung.* Verschaffen Sie sich schnell einen Überblick über das Problem und setzen Sie ihm dann ein Ziel. Bitten Sie ihn darum, Alternativen vorzuschlagen.
- *Ralph braucht vielleicht Klarheit.* Sprechen Sie mit ihm die Details seines Problems durch. Helfen Sie ihm, sich zu vergewissern, dass er nichts übersehen hat.
- *Vielleicht braucht er auch Beistand.* Dann vergessen Sie die Details! Erinnern Sie ihn daran, dass seine Arbeit auch *Spaß* machen soll. Erzählen Sie ihm ein paar Geschichten und machen Sie ihm Mut: »Das werden wir schon hinkriegen.«

Dies sind also vier völlig verschiedene Methoden, um auf vier verschiedene Verhaltensstile einzugehen. Aber wie bei den meisten Menschen wird auch bei Ralph nur eine dieser Methoden funktionieren.

Wie entscheiden Sie sich? Raten Sie einfach – und nehmen folglich das Risiko in Kauf, dass Ralph sich nach dem Gespräch mit einer Wahrscheinlichkeit von 75 Prozent schlechter anstatt besser fühlt? Dies ist kaum anzunehmen.

Vielmehr sind Sie sehr zuversichtlich, während Sie auf Ralph warten. Sie kennen nämlich die *Platin-Regel* und wenden sie an. Deshalb sind Sie sicher, dass Sie Ralph so empfangen, wie es am besten für ihn ist.

Die *Platin-Regel* besagt, dass Sie Ralph nicht so behandeln sollen, wie *Sie* gerne behandelt werden möchten, sondern so, wie *er* behandelt werden möchte. Schließlich hat er andere Hoffnungen, Ängste und Träume als Sie.

Und nun kommt das Beste: Ralph sendet Ihnen unbewusst tagtäglich Signale, an denen Sie genau ablesen können, wie er behandelt werden möchte. Sie brauchen also nicht zu raten. Sie haben Ralph beobachtet und *kennen* seinen Persönlichkeitsstil.

Sie schwören auf die *Platin-Regel*. Sie ist ein unschätzbares Werkzeug für Sie. Sie hat Ihnen eine Fähigkeit im Umgang mit Menschen verliehen, die man als einen der wichtigsten Gründe dafür anführt, warum Sie überhaupt im Chefsessel sitzen.

Verantwortlichkeit in Beziehungen

Wir alle müssen ständig Entscheidungen darüber treffen, wie wir andere behandeln. Ob wir führen oder geführt werden, Diener oder Herrscher sind, Verkäufer oder Käufer, wir alle treffen wichtige Entscheidungen darüber, wie wir Menschen behandeln. So ist das im Leben und so ist es vor allem im Geschäftsleben, wo unser Erfolg vom Netz der Beziehungen abhängt, die wir aufbauen. Meist bauen wir dieses Netz nicht sehr systematisch auf. Wir fühlen uns zu manchen Menschen hingezogen, sind anderen gegenüber gleichgültig und fühlen uns von anderen sogar abgestoßen, meist aus Gründen, die wir selbst nicht genau verstehen.

Aber Sie können die Verantwortung dafür übernehmen, mit anderen zurechtzukommen. Sie können mit jedem Menschen am Arbeitsplatz umgehen. Tatsächlich wird Ihnen die *Platin-Regel* ermöglichen, jeden Menschen auf diesem Planeten zu verstehen. Sobald Sie einmal den Stil eines Menschen kennen, können Sie Ihr eigenes Verhalten so anpassen, dass er sich wohl fühlt. Und wenn er sich in Ihrer Gegenwart wohl fühlt, haben Sie einen fruchtbaren Nährboden für Vertrauen, Kommunikation und Glaubwürdigkeit geschaffen.

Unser Stil ist kein Geheimnis

Es gibt vier unterschiedliche Verhaltensstile. Aber nur einen davon kann man sich ganz natürlich überstreifen wie einen gut passenden Handschuh.

Auch wenn wir Merkmale mehrerer Stile in uns vereinen, haben wir trotzdem einen dominanten Stil, den wir auch nicht verstecken können. Ob Mann oder Frau, jung oder alt, ganz oben oder ganz unten in der Hackordnung, ob wir zum westlichen Kulturkreis oder zu einem anderen gehören, unser Persönlichkeitsstil ist immer offensichtlich.

Nun trifft es auch zu, dass wir uns nicht immer gleich verhalten. Mit unserem besten Freund gehen wir anders um als mit unserem Chef. Bei einem Picknick geben wir uns anders als bei einer Beerdigung. Aber meistens legen wir hauptsächlich einen Stil an den Tag.

Ihr Stil mag seine eigene Nuance haben. Aber es handelt sich immer noch eindeutig um einen der vier Grundtypen, so wie ein Lied von verschiedenen Sängern unterschiedlich interpretiert werden kann, aber eindeutig an der Melodie erkannt wird.

Wir alle senden Signale aus, an denen unser Stil deutlich wird. Solche Signale sind etwa unsere Wortwahl, unsere Körpersprache oder wie schnell und in welchem Tonfall wir sprechen. Auch mit unserer Kleidung, unserer Büroeinrichtung und unserem Gang teilen wir etwas mit. Wir senden auch Signale aus, wenn wir Gefühle bereitwillig zeigen, schnelle Entscheidungen treffen und uns ohne Furcht auf Veränderungen einlassen.

Also gibt es zahlreiche Signale. Wenn Sie sie kennen und interpretieren, werden Sie bald Ihren Verhaltensstil erkennen – und den eines jeden anderen Menschen. Dann können Sie:

- sich selbst besser verstehen und akzeptieren,
- sich so verhalten, dass Sie Ihre Kompatibilität mit anderen steigern,
- Ihre Produktivität und Aufstiegschancen verbessern.

Drei wichtige Punkte

In diesem Kapitel lernen Sie die vier grundlegenden Persönlichkeitsstile kennen. Vorher soll aber noch möglichen Missverständnissen vorgebeugt werden:

1. Mit der Zuordnung zu einzelnen Persönlichkeitsstilen sind keinerlei Urteile verknüpft. Es gibt keinen Stil, der am »besten« ist und keinen Stil, der besser als ein anderer ist. Alle haben ihre Vorteile und Nachteile, wie wir bald sehen werden.
2. Wenn Sie lernen, wie man den persönlichen Stil anderer Menschen deutet, gewinnen Sie einen enormen Vorteil im Umgang mit ihnen. Und zwar *nicht*, weil Sie sie dann manipulieren werden! *Nicht*, weil Sie Ihren persönlichen Stil überzeugend austauschen können, so wie Sie Ihre Socken wechseln!
Der Vorteil liegt vielmehr darin, dass Sie lernen können, in den Bezugsrahmen des Anderen zu schlüpfen. Sie sind in der Lage, mit seinen Augen zu sehen und zu erreichen, dass er Sie akzeptiert statt Sie abzulehnen oder Ihnen aus dem Weg zu gehen.
3. Das Verständnis der vier Grundtypen wird Ihnen ermöglichen, die persönlichen Eigenheiten anderer wahrzunehmen und auf sie zu reagieren, so dass Reibungen vermieden werden. Aber wichtig ist auch, dass Sie lernen zu erkennen, warum Sie selbst so handeln, *wie* Sie handeln. Auch dadurch reduzieren Sie Reibungsflächen.

Nun wollen wir mehr über die vier grundlegenden Verhaltensstile, ihre Stärken und Schwächen sowie die damit zusammenhängenden Denkweisen herausfinden. Wir erfahren etwas darüber, welche Aversionen die Vertreter der einzelnen Stile haben, wo ihre größten Pluspunkte liegen und worüber sie sich am meisten ärgern. Sehr aufschlussreich ist auch, wie sie die Erledigung wichtiger Aufgaben in Angriff nehmen – ob es darum geht, die Fresken der sixtinischen Kapelle zu malen oder ein Flugzeug startklar zu machen.

Der Direktor

Mach Platz und lass den großen Hund ans Futter

Eine Familienkrise, eine Firmenübernahme oder einfach nur die Überlegung, wie man eine Restaurantrechnung am besten aufteilt – für den Direktor macht das keinen Unterschied: Er stürzt sich kopfüber in Aufgaben, als wüsste nur er alleine die Antwort.

Wir alle kennen Direktoren und bewundern sie – sogar dann noch, wenn wir ihnen schmeicheln. Im besten Fall sind sie ehrfurchteinflößend, im schlimmsten Fall unsensibel. Jedenfalls sind sie die dominanten, tatkräftigen Menschen, die wir oft als »geborene Führer« bezeichnen. Sie sind weder schüchtern noch bescheiden. Sie sind oft gute Fußballtrainer, Generäle und Diktatoren.

Sie lieben Herausforderungen und Entscheidungen und streben von Natur aus nach Verantwortung. Sie wünschen sich für ihr Leben, dass sie etwas leisten, Hindernisse überwinden und Dinge bewirken.

Im Folgenden erfahren Sie, wie Michelangelo beim Malen der berühmten Fresken in der sixtinischen Kapelle vorgegangen wäre, wenn er ein Direktor gewesen wäre:

Er hätte flink einen Entwurf gezeichnet, dem Vatikan mitgeteilt, dass er sich am besten ganz aus der Sache heraushalte, das Gerüst aufstellen lassen und dann die Malerarbeiten an ein halbes Dutzend anderer Künstler delegiert, die ihm täglich Bericht über ihre Fortschritte erstatteten und meldeten, wie viele Quadratmeter sie geschafft hatten. Er hätte ihre Arbeit kontrolliert und abschließend noch selbst Hand angelegt, um den Fresken den letzten Schliff zu geben.

Damit hätte er den Auftrag übernommen und sich gleichzeitig die Option offen gehalten, noch größere Aufgaben in Angriff zu nehmen – etwa eine Malerei im Petersdom.

Wäre die Malerei dann ein Kunstwerk gewesen? Vielleicht ja, vielleicht nein. Aber die Arbeit wäre ganz bestimmt kompetent ausgeführt, das Budget nicht überschritten und der Termin eingehalten worden!

Oberste Priorität: Handeln

Da den Direktoren die erfolgreiche Überwindung von Hindernissen so wichtig ist, haben sie auch keine Angst davor, Menschen oder Regeln in Frage zu stellen, die ihnen im Weg stehen.

Oft sind sie sehr konkurrenzorientiert. Sie üben gerne die Kontrolle aus und legen eine große Ausdauer an den Tag. Die Kunst, den Anderen immer um eine Nasenlänge voraus zu sein, geht ihnen oft in Fleisch und Blut über.

Mehr daran interessiert, ihre Ziele zu erreichen als daran, es anderen recht zu machen, stehen sie irgendwann schließlich ganz oben – alleine.

Größter Pluspunkt: Spitzenleistungen

Direktoren sind Menschen, über die man oft neidisch sagt: »Er bewirkt etwas«, oder »Sie ist eine Macherin«.

Es sind energiegeladene Menschen, die einen Raum auszufüllen scheinen, kaum dass sie ihn betreten haben. Direktoren sind unabhängig und sehr wettbewerbsbewusst. Sie erwarten von anderen Ergebnisse – und bekommen sie auch.

Diese Menschen können Berge versetzen. Viele bewundern ihre Vitalität, Entschlossenheit und die Fähigkeit, schnell zum Kern eines Problems vorzustoßen – und es dann zu lösen.

Sie sind in der Lage, sich auf das Wesentliche zu konzentrieren und dabei sehr aufgabenorientiert. Ein Direktor lässt sich von seiner Sekretärin die Post nachschicken, wenn er verreist, damit er bei seiner Rückkehr einen leeren Schreibtisch vorfindet.

Mehr als die anderen drei Typen sehen sie Veränderungen als etwas Positives und initiieren sie oft selbst. Sie haben keine Angst davor, Risiken einzugehen. Sie arbeiten schnell und effizient alleine, wobei sie spielend mehrere Aufgaben gleichzeitig bewältigen.

In Teamprojekten delegiert der Direktor gerne, allerdings nur dann, wenn seine Mitarbeiter auch Ergebnisse produzieren und nicht nur reden.

Größter Schwachpunkt: Intoleranz gegenüber Schwächen

Direktoren sind häufig frustriert, wenn andere nicht so fähig oder motiviert wie sie selbst sind. Meist gelingt es ihnen nicht einmal, diese Frustration zu verstecken. Nicht-Direktoren beschleicht in Gegenwart von Direktoren deshalb des Öfteren der Verdacht, für minderbemittelte Stümper gehalten zu werden.

Direktoren gehören zu den Menschen, die unbekümmert die Bilder gerade rücken, die andere zu Hause aufgehängt haben. Oder sie kommentieren frank und frei die Kleidung anderer: »Diese Farbe steht Ihnen hervorragend. Nur schade, dass Ihre Größe nicht vorrätig war.«

Manchmal nehmen sie sich zu wichtig. Direktoren müssen manchmal sanft daran erinnert werden, gelegentlich auch über sich selbst zu lachen, das Tempo zu drosseln und sich einmal die Zeit zu nehmen, an einem Blumenstrauß zu riechen.

Aber selbst wenn sie diesen Rat befolgen, ist der Konkurrenzgedanke so tief in ihnen verwurzelt, dass sie möglicherweise so reagieren:

»Ich habe heute an zwölf Blumen gerochen. Wie viele waren es bei Ihnen?«

Größte Furcht: Als »Softie« zu gelten

Direktoren erledigen praktische Probleme gerne schnell. Tief in ihrem Inneren wissen sie, dass sie noch bessere und schnellere Ergebnisse erzielen würden, wenn ihnen die Anderen nicht immer im Weg stehen würden.

Sie sind selten an abstrakten Ideen interessiert. Sie sagen anderen geradeheraus, was sie tun sollen und reden nicht um den heißen Brei herum.

Sie sind ungeduldig. Sie gehören zu den Menschen, die den Videorekorder deshalb für eine so großartige Erfindung halten, weil man damit die Werbespots schnell vorspulen kann. Wir kennen einen Direktor, der einen Wutanfall bekommt, wenn er versehentlich eine grüne Tomate gekauft hat.

Direktoren gehen ganz selbstverständlich davon aus, dass sie Karriere machen. Sie können sich sogar vorstellen, die Nummer eins in der Firma zu werden – der Beste, den es je auf dieser Position gab, wenn nicht gar der Beste, den es überhaupt jemals gab.

Die Frage lautet nicht, ob der Direktor das Ruder übernimmt, sondern wann er dies tut. Ein rücksichtsloser Direktor wird Sie wie eine Schachfigur umherschieben, wenn Sie sich das gefallen lassen. Selbst am runden Tisch lässt er wenig Zweifel daran, wer das Sagen hat.

Direktoren halten sehr viel von Effizienz und von Hilfsmitteln zur Effizienzsteigerung. Sie rufen Sie mit einer größeren Wahrscheinlichkeit als andere Persönlichkeitstypen mit dem Autotelefon an.

Direktoren halten allerdings nicht besonders viel von Lob. Wenn man sie sagen hört »Well done«, dann haben sie höchstwahrscheinlich gerade ein Steak bestellt.

Der Unterhalter

Ich will Sie unterhalten

Während Direktoren damit beschäftigt sind, immer neue Gipfel zu erklimmen, gibt es andere Zeitgenossen, die lieber Spaß und ein gutes Publikum suchen. In unserer Terminologie sind dies die Unterhalter.

Der Unterhalter ist gesprächig, ausdrucksvoll und lustig und dabei ein Optimist. Er geht auf alle Ideen, Vorschläge und Verrücktheiten ein, die man ihm anträgt. Er reitet auf jeder Welle mit. Eine solche Welle braucht nicht lange zu dauern, aber trotzdem kann es großen Spaß machen, darauf zu reiten – vor allem, wenn die Strandgänger begeistert Beifall klatschen.

Unterhalter sind gerne in Gesellschaft und immer dort zu finden, wo etwas los ist. Sie sprudeln vor Ideen, können sie aber schlecht umsetzen. Selbst als Führungskräfte können sie diese Schwäche oft nicht überwinden. Die temporeichen, energischen und extravertierten Unterhalter leben nach dem Motto: Halte dich an die Menschen, die dich bewundern.

Sie leisten gute Arbeit im Public-Relations-Bereich, als Verkäufer, Entertainer oder Unterhaltungschefs auf Kreuzfahrten.

Sie wünschen sich für ihr Leben, ein Netzwerk aus Freunden und Bewunderern aufzubauen, die ihren Hang zu Spaß, Amüsement und kreativer Arbeit schätzen.

Im Folgenden erfahren Sie, wie Michelangelo beim Malen der berühmten Fresken in der sixtinischen Kapelle vorgegangen wäre, wenn er ein Unterhalter gewesen wäre:

Er hätte zahllose Ideen, aber keinen Plan gehabt. Er hätte einfach in einer beliebigen Ecke angefangen, gemalt, was ihm gerade eingefallen wäre und gleichzeitig mit jedem geplaudert, der zufällig vorbeigekommen wäre.

Seine Arbeit hätte von Begabung und Stil gezeugt. Er hätte Spaß daran gehabt und vielleicht sogar neue Freundschaften geschlossen, während er Geschichten erzählte und mit den Teilen prahlte, die schon fertiggestellt waren. Hinterher hätte er eine große Abschlussparty veranstaltet – und Postkarten mit Bildern der Fresken verkauft.

Wäre das Bild ein Meisterwerk gewesen? In der Konzeption vielleicht schon und vielleicht sogar in der Ausführung. Auf alle Fälle hätte der Vatikan darüber gestaunt, was für ein toller Hecht dieser Michelango doch war!

Oberste Priorität: Ideen

Mehr als die anderen drei Typen suchen Unterhalter Bewunderung und Anerkennung. Sie möchten auch, dass ihre Arbeit Spaß macht. Ein Unterhalter könnte in Krisenzeiten einen Fußball aus dem Aktenschrank holen und durch den Konferenzraum dribbeln. Damit würde er zwar in der Achtung der anderen Unterhalter steigen, allerdings im Ansehen der Nicht-Unterhalter erheblich sinken, die eine andere Vorstellung von einem Arbeitsplatz hätten, der »Spaß« macht!

Unterhalter sind ziemlich unverbindlich. Sie reden gerne und mögen es, wenn man über sie redet. Und wenn Sie das nicht tun, sprechen sie eben selbst über ihr Lieblingsthema – nämlich die eigene Person.

Größter Pluspunkt: Ihre Gesellschaft ist angenehm

Unterhalter sind schwungvoll, unverkrampft und überzeugend. Sie zeigen ihre Gefühle offen und bereitwillig.

Sie knüpfen überall sofort Kontakte. Unterhalter kommen mit jedem ins Gespräch, den sie treffen. Weil sie so mitteilungsfreudig sind, sagen sie manchmal zu viel – und das zu den falschen Leuten.

Sie sind sehr spontan und haben viele Ideen, die zum Teil praktikabel sind, zum Teil aber auch nicht. Sie beurteilen ihre Ideen danach, ob sie ein *gutes Gefühl* dabei haben. Dann versuchen sie, etwas zu erreichen, indem sie, andere überreden, auf den Zug aufzuspringen.

Größter Schwachpunkt: Unberechenbarkeit

Unterhalter legen manchmal die Aufmerksamkeitsspanne eines Blitzlichts an den Tag, vor allem, wenn sie sich erschöpft fühlen. Sie reden gerne, bevor sie denken. Ihre Gedanken gehen ihnen oft so einfach über die Zunge, als wären es Kaugummikugeln, die aus dem Automaten rollen.

Sie sind leicht gelangweilt und brauchen immer wieder neue Anregungen. Unterhalter treffen manchmal wichtige Entscheidungen, selbst wenn sie kaum Informationen haben.

Sie lieben Ideen, hassen aber die Routine, die bei ihrer Durchführung entsteht. Deshalb beginnen sie oft Projekte und suchen dann Mitarbeiter, die ihre Realisierung und Fertigstellung übernehmen. Oder sie beginnen so viele neue Projekte gleichzeitig, dass sie sich einer Flut von Terminen und Fristen gegenübersehen, die unmöglich zu bewältigen ist.

Der Unterhalter verwendet gerne Geschichten und Anekdoten, wenn er etwas erklärt oder Anweisungen gibt. Aber weil er so redegewandt ist, kann es ihm auch passieren, dass er unaufrichtig oder nebulös wirkt. Er neigt auch dazu, lästige Dinge aufzuschieben, weil er sich einfach nicht gerne mit Details abgibt.

Größte Furcht: Nicht gemocht zu werden

Unterhalter sind weit weniger aufgabenorientiert als Direktoren und streben deshalb eher Anerkennung als Leistungen an. Deshalb sind sie in ihrer Entscheidungsfindung viel emotionaler und personenorientierter.

Der Unterhalter ist auch der spontanste unter den vier Persönlichkeitstypen. Seine Impulsivität ist im besten Fall kindlich. Für ihn ist die Entdeckungsfreude schon der halbe Spaß – ob in einem chaotischen Büro oder in seinen Träumen.

Unterhalter betrachten sich selbst gern als Menschen, die den

»großen Zusammenhang« sehen und ziehen es deshalb vor, den Einzelheiten aus dem Weg zu gehen. Planung und Durchführung machen leider nicht genug Spaß, um zu ihren obersten Prioritäten zu zählen.

Im Grunde seines Herzens wünscht sich der Unterhalter Freundschaft und Gemeinschaft – und reichlich Anerkennung!

Der Beziehungsmensch

Es kommt nicht darauf an, ob man gewinnt oder verliert, sondern darauf, wie viele Freunde man hat

Bitte merken Sie sich Folgendes: Wenn Sie von Terroristen zur Geisel genommen werden, dann beten Sie darum, dass der Verhandlungsführer ein Beziehungsmensch ist. Er wird dann ruhig und besonnen sein, sich nicht zu plötzlichen Schachzügen hinreißen lassen und nichts sagen, was die Geiselnehmer verärgern könnte.

Will Rogers hätte vielleicht gesagt: »Ich habe nie einen Beziehungsmenschen getroffen, den ich nicht mochte.« Fast jeder mag die Vertreter dieses Persönlichkeitstyps und Will Rogers gehörte wahrscheinlich auch zu ihnen.

Sie sind freundlich und umgänglich und haben bei allem, was sie tun, ein langsames, gleichmäßiges Tempo. Selten merkt man ihnen an, ob sie sich gerade in einem emotionalen Hoch oder Tief befinden. Diese gemächlichen Menschen fühlen sich wohl als Lehrer, Berater, Pfarrer oder im Kundendienst.

Sie wünschen sich für ihr Leben, langfristig zu einem stabilen Team zu gehören, das bedächtig und methodisch vorgeht.

Im Folgenden erfahren Sie, wie Michelangelo beim Malen der berühmten Fresken in der sixtinischen Kapelle vorgegangen wäre, wenn er ein Beziehungsmensch gewesen wäre:

> Zuerst hätte er den Beamten des Vatikans lange zugehört, um zu erfahren, was für Wandmalereien sie sich vorstellten und

was für eine Beziehung er vor, während und nach dem Projekt zu ihnen haben würde. Dann hätte er ein loyales Mitarbeiterteam um sich gesammelt und darauf geachtet, dass sie alle die richtigen Pinsel und Farben hatten und mit genügend Begeisterung an die Arbeit gingen.

Nach der Aufstellung eines detaillierten Plans hätte er von seinen Mitarbeitern verlangt, dass sie im Team arbeiteten und identische Farben und sogar standardisierte Pinselstriche verwendeten. Dann hätte er dafür gesorgt, dass jeder bis zum Ende bei der Sache blieb, bis auch der letzte Mundwinkel auf dem letzten Engelsgesicht perfekt gemalt gewesen wäre.

Hätte man diese Malerei auch nach Jahrhunderten noch als Kunstwerk betrachtet? Manche Kritiker würden sagen, dass ihm der große Glanz fehlte. Aber andere würden es dafür loben, dass es methodisch und sorgfältig gemalt wurde. Und die Teammitglieder würden schwören, dass es eine der erfüllendsten Erfahrungen ihres Lebens war.

Oberste Priorität: Produktive Routine

Mehr als die anderen drei Typen sehnt sich der Beziehungsmensch nach Ruhe und Stabilität. Er hat die wichtigste Entscheidung seines Lebens schon getroffen: Er möchte vermeiden, viele wichtige Entscheidungen treffen zu müssen. Viel lieber hat er es, wenn die Dinge ihren gewohnten Gang gehen, ohne dass er behelligt wird.

Beziehungsmenschen sind freundliche, kooperative Teammitglieder. Sie haben ein starkes Bedürfnis dazuzugehören. Auf ihrem Schreibtisch befinden sich wahrscheinlich viele Familienfotos oder Fotos, die etwas mit der Arbeit zu tun haben. Die Wände sind mit wichtigen Erinnerungen an Mitgliedschaften und Aktivitäten im privaten und beruflichen Bereich geschmückt.

Beziehungsmenschen nehmen Veränderungen nur langsam vor und erst dann, wenn sie lange genug über die Auswirkungen auf andere nachgedacht haben. Beziehungsmenschen sind gute Zuhörer und haben immer Zeit für Freunde. Als Mitarbeiter führen sie Anweisungen aus, auch wenn sie nicht mit ihnen einverstanden sind.

Mit großem Stolz verweisen sie auf ihren »Realismus«. Ein Beziehungsmensch findet nichts dabei, weiter Tennis mit dem ehemaligen Chef zu spielen, der ihm gekündigt hat.

Sie fühlen sich von jeglicher Grobheit und aggressivem Verhalten abgestoßen. Aber als Beziehungsmenschen würden sie das vermutlich nie sagen, weil sie dazu viel zu sanftmütig sind.

Größter Pluspunkt: Man kommt leicht mit ihnen aus

Die gelassenen Beziehungsmenschen akzeptieren andere so, wie sie sind. Gefühle sind ihnen sehr wichtig, sowohl die der anderen wie ihre eigenen. Da der Beziehungsmensch aber nicht so bestimmend ist wie der Unterhalter, wird er seltener über diese Gefühle sprechen.

Beziehungsmenschen sind zuverlässige, kompetente und unauffällige Mitarbeiter. Sie eignen sich viel besser für die Detailarbeit und die Umsetzung von Plänen als Unterhalter und sind viel erträglicher im Umgang als Direktoren. Tatsächlich werden sie häufig befördert, weil sie so wenig Feinde haben.

Der Beziehungsmensch ist vom Wesen her bescheiden. Im Gegensatz zum Unterhalter oder Direktor findet er Taten wichtiger als Worte. »Sei allzeit bereit« lautet ihr Motto, und ihr Evangelium sind bewährte, vertraute Abläufe. Sie überlegen sich eine Aufgabe erst ganz gründlich, besorgen sich die notwendigen Werkzeuge und Materialien, rollen die Pläne auf und dann – erst wenn ganz klar ist, dass alles am richtigen Platz ist – fangen sie mit der Arbeit an. (Viele Direktoren oder Unterhalter verachten eine solch sorgfältige Vorbereitungsphase, bewundern aber später den konsequenten, vorhersagbaren Output des Beziehungsmenschen.)

Größter Schwachpunkt: Schüchternheit

Beziehungsmenschen blühen nur in der Routine auf. Am Anfang stehen sie neuen Projekten oder Veränderungen im Allgemeinen zurückhaltend gegenüber und wollen davon überzeugt werden, dass die Chancen die Risiken überwiegen.

Sie hassen Konflikte. Sie sind leichte Beute für Haustürverkäufer oder für Chefs, die »Freiwillige« für unbeliebte Aufgaben suchen.

Da sie wenig durchsetzungsfähig, aber sensibel sind, äußern sie ihre Meinung oft nicht, wenn sie von der anderer abweicht. Oder sie finden sich mit schlechten Bedingungen ab, obwohl Veränderungen dringend notwendig wären.

Größte Furcht: Veränderungen

Beziehungsmenschen wünschen sich stabile Beziehungen, die niemanden in Verlegenheit bringen, am allerwenigsten sie selbst. Deshalb vermeiden sie es oft, direkte Anweisungen zu erteilen. Statt dessen verkleiden sie ihre Vorschläge oder Anordnungen in umständliche Geschichten oder Beispiele.

Im Gegensatz zum Unterhalter, der mit jedem ins Gespräch kommt, der ihm zufällig über den Weg läuft, hat es der Beziehungsmensch lieber mit einem engen Kreis von Vertrauten zu tun.

Wenn schließlich definitiv feststeht, dass Veränderungen unausweichlich sind, möchten Beziehungsmenschen einen Plan sehen, bevor sie anfangen. Sobald sie aber einmal überzeugt sind, sind sie wie Bulldoggen: Mehr als die anderen drei Typen halten sie an einer einmal getroffenen Entscheidung fest – komme, was wolle.

Der Denker

Ich arbeite lieber gut, aber langsam, als umgekehrt

Denker haben ihre Referate in der Schule wahrscheinlich *gern* geschrieben.

Es sind ernsthafte, analytische Menschen mit langfristigen Zielen. Effizienz liegt ihnen am Herzen. Sie lieben Logik. Sie bewundern Genauigkeit.

Denker sind die intellektuellsten von den vier Persönlichkeitstypen. Wie die Direktoren ziehen sie meist die Aufgaben den Menschen vor. Aber im Gegensatz zu den Direktoren sind Denker nachdenklich, vorsichtig und sorgfältig – manchmal im Übermaß.

Sie halten viel von Details und Disziplin und möchten klar definierte Prioritäten und ein vorhersagbares Tempo. Sie sind gute Architekten, Ingenieure, Programmierer und Wirtschaftsprüfer.

Sie wünschen sich für ihr Leben, maßvolle Fortschritte zu machen.

Im Folgenden erfahren Sie, wie Michelangelo beim Malen der berühmten Fresken in der sixtinischen Kapelle vorgegangen wäre, wenn er ein Denker gewesen wäre:

Er hätte das Projekt sehr ernst genommen und erwartet, dass man ihn nach seiner Detailgenauigkeit beurteilen würde. Mit unermüdlichem Fleiß hätte er einen komplizierten Entwurf erstellt, in dem schon jede Einzelheit bis hin zur richtigen Schattierung der Flügel jedes Seraphims enthalten gewesen wäre. Er hätte auch überlegt, wie er jede Szene so gemalt hätte, dass sie für sich alleine wirkte, falls er beispielsweise krank oder arbeitsunfähig würde oder falls der Papst aus irgendeinem Grund beschließen würde, das Projekt abzubrechen.

Dann erst hätte er angefangen und die Arbeit weitgehend selbst erledigt. Es hätte ihm nichts ausgemacht, vier Jahre lang auf dem Rücken liegend zu arbeiten, in einundzwanzig Metern

Höhe. Diese Mühsal wäre ihm durch die Tatsache mehr als vergolten gewesen, dass man sein Projekt mit einem wichtigen Attribut lobte: Perfektion.

Wäre es ein Meisterwerk gewesen? Sehr wahrscheinlich. Auf jeden Fall wäre es sein Ziel gewesen, ein Glanzstück abzuliefern. Er hätte zu keinem Zeitpunkt erwartet, dass die Arbeit ihm Spaß machte, aber er hätte gerne geglaubt, dass sein Werk in den kommenden Jahrhunderten als ein Wunder an Talent, Stil und Zeitlosigkeit gelten würde.

Oberste Priorität: die Vernunft

Der sachliche Denker rühmt sich seiner Sorgfalt. Er möchte gerne korrekte Abläufe und Prozesse. Er möchte in allen Einzelheiten wissen, wie die Dinge funktionieren, damit er jedes Problem sorgfältig und objektiv bewerten kann.

Denker versuchen, sich vor peinlichen Situationen zu bewahren, indem sie sich und ihre Umgebung kontrollieren. Sie sind in ihren persönlichen Beziehungen beherrscht und gehen dem Austausch von Umarmungen und Küsschen mit Freunden oder Bekannten möglichst aus dem Weg.

Dank ihrer Disziplin und Liebe zum Detail sind sie oft großartige Mitarbeiter.

Größter Pluspunkt: Effizienz

Der Denker ist genau, zuverlässig und eigenverantwortlich und infolgedessen stets gut organisiert. Organisation ist für ihn fast so wichtig wie Sauerstoff.

Ein Denker würde sich beispielsweise vor Urlaubsantritt die Adressen seiner Freunde ausdrucken und in den Koffer packen, um seine Kartengrüße effizienter schreiben zu können.

Denker befassen sich intensiv mit Problemen. Sie eignen sich gut zur Mitarbeit in Ausschüssen, weil sie genau die Fragen stellen, an die sonst niemand denkt, etwa: »Ist das nicht das Pfingstwochenende?«

Auch in der Durchführung von Projekten leisten sie exzellente Arbeit.

Zwar sind sie ein wenig reserviert, aber ihren wenigen guten Freunden stehen sie sehr nahe.

Größter Schwachpunkt: Kritiksucht

Denker können Erbsenzähler und Perfektionisten sein. Besonders wenn sie unter Druck stehen, kann das dazu führen, dass sie durch ihre ständigen Analysen richtiggehend gelähmt werden.

Nur wenige, von ihnen selbst natürlich abgesehen, erfüllen die hohen Standards der Denker. Deshalb gelten sie häufig als sehr anspruchsvoll oder auch als nörglerisch.

Sie sind vom Wesen her konservativ und können überaus sparsam sein, so dass sie jede Mark umdrehen oder sich über jede nicht zurückgegebene Pfandflasche ärgern.

Ihr Sinn für Ordnung kann zwanghaft werden: Sie legen ihre Kleidung schon am Abend zurecht, ordnen Dinge im Lager alphabetisch oder führen Listen über alles – einschließlich der Listen ihrer Listen.

Sie möchten alles planen, auch Spontaneität. Ein Denker macht sich sogar Notizen über mögliche Small-Talk-Themen, bevor er zur Cocktailparty ins Büro geht!

Größte Furcht: Irrationalität

Denker brauchen Klarheit und Ordnung in allen Dingen. Sie möchten ihre Aufgaben tadellos erledigen. Über kaum etwas regen sie sich mehr auf als über Desorganisation und irrationales Verhalten.

Wie der Beziehungsmensch ist der Denker grundsätzlich introvertiert und sucht Antworten, indem er sich nach innen wendet. Er arbeitet häufig lieber mit Menschen zusammen, die Wert auf Ruhe und Gründlichkeit legen – das heißt, mit Beziehungsmenschen und anderen Denkern.

Sobald sie bereit sind, eine Entscheidung zu treffen, messen sie menschlichen Gefühlen weniger Bedeutung bei als der sachlichen Abwägung alle Fakten. Sie möchten die logische, rationale und damit »korrekteste« Entscheidung treffen.

Obwohl viele Denker witzig und geistreich wirken, sehen sie auch die ernsteren, komplizierteren Seiten des Lebens. Sie können Grübler sein, denen kein Problem zu geringfügig ist, um nicht noch darüber nachzudenken.

Sie möchten möglichst viele Fakten kennen, bevor sie ihre Meinung äußern. Sie sind also eher behutsam und teilen Informationen in der Regel nur dann mit, wenn es sein muss und wenn sie sicher sein können, dass sie sich damit keinen Ärger einhandeln.

Es *kann* allerdings schwierig sein, sie umzustimmen, wenn sie das Gefühl haben, alle Fakten zu kennen oder etwas bis in die letzte Einzelheit durchdacht zu haben.

Sie *werden* auch eine Entscheidung treffen, aber erst dann, wenn sie über die Risiken und möglichen Fehlerquellen genauestens informiert sind.

Nach der Entscheidung hören sie nichts lieber als ein dickes Lob für ihre Gründlichkeit.

Welcher Typ ist am besten?

Keiner der vier Persönlichkeitsstile ist perfekt, wie sich schon herausgestellt haben dürfte. Keiner stellt den Königsweg zum Erfolg dar. Alle haben ihre Vorteile und Nachteile, Bewunderer und Kritiker.

Das ist auch in Ordnung so. Wir brauchen Menschen mit verschiedenen Perspektiven, denn:

- wenn wir alle Direktoren wären, möchte jeder die Verantwortung haben, aber es gäbe niemanden, den wir führen könnten;
- wenn jeder ein Unterhalter wäre, hätten alle viel Spaß, aber es würde nichts gearbeitet;
- wenn jeder ein Beziehungsmensch wäre, würden Ruhe und Ordnung herrschen, aber es wäre ziemlich langweilig; und
- wenn es nur Denker gäbe, wären wir alle abgehobene Perfektionisten.

Jeder Stil hat seine Vorteile und Nachteile. Direktoren sind hervorragend dafür geeignet, Kontrolle auszuüben und schnelle Entscheidungen zu treffen, aber sie tun sich manchmal im Umgang mit Menschen sehr schwer. Unterhalter vernachlässigen manchmal auf katastrophale Weise die Details von Problemen, können dafür aber gut mit Menschen umgehen. Ein Beziehungsmensch bringt Ruhe in die meisten Situationen, aber es fehlt ihm an Energie. Und ein Denker kann hervorragend Probleme analysieren – leider auch Probleme, die eigentlich gar keine sind.

Die Vertreter aller vier Typen bewältigen ihre Aufgaben. Aber jeder schlägt einen anderen Weg ein, um sein Ziel zu erreichen.

Nehmen wir beispielsweise an, dass die Aufgabe lautete, ein Flugzeug startklar zu machen. Wie würde wohl jeder der vier Persönlichkeitstypen die Cockpit-Checkliste abarbeiten?

Ein Denker würde sich mit der Präzision eines Laserstrahls auf die wichtigsten Faktoren der Checkliste konzentrieren. Dann würde er die verbleibende Zeit nutzen, um die weniger entscheidenden Punkte zu überprüfen.

Dagegen würde der Direktor die Checkliste wahrscheinlich gar nicht persönlich durchgehen. Er würde diese Aufgabe einem Angehörigen der Crew übertragen, der ihm dann in einer vom Direktor gewählten Weise Bericht erstattet. Auf diese Weise kann der Direktor sich gleichzeitig mit anderen Aspekten der Flugvorbereitung beschäftigen.

Ein Pilot, der zu den Unterhaltern gehört, würde die Checkliste durchgehen und dabei mit seiner Crew plaudern. Er würde den Check vielleicht auch erst im letzten Augenblick beginnen, weil er immer Schwierigkeiten hat, seine Zeit einzuteilen.

Ein Beziehungsmensch würde die Checkliste mit maschinenartiger Präzision abarbeiten. Er würde persönlich jeden Schritt durchführen – und zwar in der angegebenen Reihenfolge. Wahrscheinlich hatte der Urheber der Checkliste dies ja auch so vorgesehen.

Nach dieser Einführung in die vier Persönlichkeitsstile wissen Sie wahrscheinlich, welcher Ihnen am meisten ähnelt. Das ist wichtig, aber:

- Haben Sie andere Menschen wiedererkannt, die Sie kennen?
- Haben Sie andere Typen wiedererkannt, die Ihnen gegen den Strich gehen?
- Haben Sie andere Typen wiedererkannt, die Sie respektieren und mögen, obwohl sie sich von Ihnen unterschieden?

Behalten Sie die Antworten auf diese Fragen im Gedächtnis! Als Nächstes sehen wir uns genauer an, inwieweit Sie einem der vier Grundtypen entsprechen.

Kapitel 3

Zu welchem Typ gehören Sie?

Sie wollen gerade das Hotel verlassen, um Ihr Flugzeug noch zu erreichen und sehen eine lange Schlange an der Rezeption, in der es offensichtlich nur langsam vorwärts geht. Was tun Sie?

- Sie stellen sich wortlos am Ende der Schlange an.
- Sie sagen, dass Sie den Geschäftsführer sprechen möchten.
- Sie bitten die Gäste ganz vorne in der Schlange, Sie vorzulassen.
- Sie reihen sich am Ende ein, schimpfen dabei aber verärgert vor sich hin.

Und wie beantworten Sie folgende Fragen: Geben Sie Gas oder bremsen Sie, wenn die Ampel auf gelb schaltet? Stürzen Sie sich auf einer Cocktailparty gleich mitten ins Geschehen oder beobachten Sie erst einmal vom Rande aus, welche Gäste anwesend sind und wie die allgemeine Stimmung ist?

Sind Sie gesprächig oder eher schweigsam? Gehen Sie häufig Risiken ein? Welche Eigenschaften stören Sie ganz besonders an anderen Menschen? Wie schnell treffen Sie Entscheidungen? Wie bereitwillig geben Sie Ihren Gefühlen Ausdruck? Sind Sie neugierig, konkurrenzorientiert, sachlich oder liebenswürdig? Aus diesen und vielen anderen Merkmalen ergibt sich Ihr Persönlichkeitstyp, den Sie Ihr ganzes Leben lang behalten. Er ist so untrennbar mit Ihnen verbunden wie Ihr Fingerabdruck.

Mittlerweile haben Sie sich vermutlich schon ein Urteil darüber gebildet, mit welchem der vier Typen Sie sich am ehesten identifizieren. Der folgende Fragebogen wird Ihnen dabei helfen, Ihren persönlichen Stil noch genauer festzulegen. Wenn Sie Ihren eigenen Stil gut kennen, werden Sie in der Lage sein, Ihre Stärken und Ihr Potential besser zu entfalten und gleichzeitig wirksamer gegen Ihre Schwächen vorzugehen.

Denken Sie daran: Es ist nicht ungewöhnlich, wenn Sie Persönlichkeitsmerkmale bei sich feststellen, die zu verschiedenen Stilen gehören. Kaum jemand verkörpert einen Stil in absoluter Reinform. Statt dessen vereint jeder Mensch eine Kombination von Merkmalen verschiedener Stile auf sich. Je nachdem, in welcher Situation wir uns befinden und mit welchen Menschen wir zusammen sind, verändert sich auch die Gewichtung dieser Merkmale noch.

Trotzdem haben die meisten Menschen einen primären Stil. Dieser Stil tritt dann am offensichtlichsten zutage, wenn Sie völlig entspannt sind, sich wohl fühlen und keinen äußeren Zwängen ausgesetzt sind. Mit dem folgenden Fragebogen können Sie herausfinden, welcher Stil für Sie unter diesen Bedingungen typisch ist. In einem späteren Kapitel werden die vier Grundtypen noch weiter unterteilt. Dann werden Sie erfahren, ob Sie etwa ein Direktor mit starken Tendenzen zum Unterhalter sind oder ob eine andere Kombination auf Sie zutrifft.

Zunächst einmal aber sollen Sie erfahren, zu welchem der vier Grundtypen Sie gehören.

Der Persönlichkeitstest

Im folgenden Fragebogen sollen Sie angeben, wie Sie sich *normalerweise* in Alltagssituationen verhalten. Aus der Auswertung ergibt sich ein klares Bild dessen, wie Sie sich selbst sehen.

Bewerten Sie jedes Paar der untenstehenden Aussagen (A und B) mit insgesamt drei Punkten, je nachdem, wie zutreffend die Aussage ist. Auch wenn Sie glauben, dass manche Aussagenpaare gleichermaßen zutreffen, sollten Sie der Alternative mehr Punkte geben, die für Ihr Verhalten typischer ist.

Beispiele:

- Wenn A sehr typisch und B sehr untypisch für Ihr Verhalten ist, dann geben Sie Alternative A 3 Punkte und Alternative B 0 Punkte.
- Wenn A typischer als B ist, dann bewerten Sie A mit 2 Punkten und B mit 1 Punkt.
- Wenn B sehr typisch für Sie und A sehr untypisch ist, dann bewerten Sie B mit 3 Punkten und A mit 0 Punkten.
- Wenn B eher als A auf Sie zutrifft, dann erhält B 2 Punkte und A 1 Punkt.

Wenn Sie auf diese Weise alle achtzehn Aussagenpaare bewertet haben, übertragen Sie Ihre Punkte in den Testbogen auf S. 46. Bitte denken Sie daran, dass Sie angeben sollen, wie Sie sich tatsächlich verhalten und nicht, wie Sie sich Ihrer Meinung nach verhalten sollten. (Vergessen Sie nicht, dass die Summe der Zahlen, die Sie jedem Paar zuordnen, immer 3 ergeben muss.)

1A_____ Ich bin offen genug, um auf Menschen zuzugehen und persönliche Beziehungen zu ihnen aufzubauen.

1B_____ Ich bin nicht offen genug, um auf Menschen zuzugehen und persönliche Beziehungen zu ihnen aufzubauen.

2A_____ Ich reagiere langsam und bedächtig.

2B_____ Ich reagiere schnell und spontan.

3A_____ Ich achte darauf, nicht zu viel Zeit ungeplant mit anderen zu verbringen.

3B_____ Es macht mir nichts aus, meine Zeit anderen zu widmen.

4A_____ Bei gesellschaftlichen Anlässen stelle ich mich meist selbst vor.

4B_____ Bei gesellschaftlichen Anlässen warte ich, bis sich andere mir vorstellen.

5A_____ Ich konzentriere mich in Gesprächen auf die Interessen meiner Gesprächspartner, auch wenn das bedeutet, dass wir vom Thema abkommen.

5B_____ Ich konzentriere mich in Gesprächen auf die anstehenden Probleme, Themen oder geschäftlichen Angelegenheiten.

6A_____ Ich habe kein bestimmendes Wesen und bin geduldig.

6B_____ Ich habe ein bestimmendes Wesen und bin oft ungeduldig.

7A_____ Die Entscheidungen, die ich treffe, basieren in der Regel auf Daten und Fakten.

7B_____ Ich treffe meine Entscheidungen meist auf der Basis von Gefühlen, Erfahrungen oder Beziehungen.

8A_____ Ich trage viel zum Gespräch in der Gruppe bei.

8B_____ Ich trage wenig zum Gespräch in der Gruppe bei.

9A_____ Wenn ich die Wahl habe, arbeite ich lieber mit anderen zusammen und wir unterstützen uns gegenseitig.

9B_____ Ich arbeite lieber alleine und wenn das nicht möglich ist, bestimme ich zumindest die Bedingungen für die Zusammenarbeit mit den anderen.

10A_____ Ich stelle viele Fragen und drücke mich vorsichtig und indirekt aus.

10B_____ Ich verleihe meiner Meinung in der Regel klar und deutlich Ausdruck.

11A_____ Ich konzentriere mich auf Ideen, Konzepte oder Ergebnisse.

11B_____ Ich konzentriere mich auf Personen, Interaktionen und Gefühle.

12A_____ Im Gespräch setze ich die Mittel der Gestik, Mimik und Intonation ständig ein.

12B_____ Im Gespräch gehe ich sparsam mit den Mitteln der Gestik, Mimik und Intonation um.

13A_____ Es fällt mir leicht, unterschiedliche Meinungen (Ideen, Gefühle oder Einwände) zu akzeptieren.

13B_____ Es fällt mir schwer, unterschiedliche Meinungen (Ideen, Gefühle oder Einwände) zu akzeptieren.

14A_____ Ich reagiere auf Risiken und Veränderungen vorsichtig und vorhersagbar.

14B_____ Ich reagiere auf Risiken und Veränderungen flexibel und auf nicht vorhersagbare Weise.

15A_____ Ich behalte meine Gefühle und Gedanken lieber für mich und spreche nur darüber, wenn ich das auch wirklich will.

15B_____ Ich finde es selbstverständlich, meine Gefühle zu äußern und darüber zu sprechen.

16A_____ Ich bin für neue Erfahrungen immer aufgeschlossen.

16B_____ Ich ziehe bekannte Situationen und gewohnte Beziehungen vor.

17A_____ Ich nehme auf die Pläne, Interessen und Belange anderer Rücksicht.

17B_____ Meine Pläne, Interessen und Belange haben in der Regel Vorrang.

18A_____ Ich reagiere auf Konflikte langsam und sehr überlegt.

18B_____ Ich reagiere auf Konflikte schnell und direkt.

Bitte übertragen Sie Ihre Punkte in die folgende Tabelle. (Hinweis: Manchmal erscheint die Antwort »A« zuerst, manchmal die Antwort »B«.)

AUSWERTUNGSBLATT FÜR DIE PERSÖNLICHKEITSSTILE NACH DER PLATINREGEL

O	R	D	I
1A	1B	2B	2A
3B	3A	4A	4B
5A	5B	6B	6A
7B	7A	8A	8B
9A	9B	10B	10A
11B	11A	12A	12B
13A	13B	14B	14A
15B	15A	16A	16B
17A	17B	18B	18A
Gesamt:	Gesamt:	Gesamt:	Gesamt:

Vergleichen Sie nun die Punktzahlen für O und R. Welche ist höher? Tragen Sie die höhere Punktezahl in die folgende Zeile ein und kreisen Sie den entsprechenden Buchstaben ein:

_____ O oder R

Nun vergleichen Sie die Ergebnisse für D und I. Schreiben Sie die höhere Punktzahl in die folgende Zeile ein und kreisen Sie den entsprechenden Buchstaben ein:

_____ D oder I.

Zu welchem Ergebnis kommen Sie?

Gleich wissen Sie, welchem Stil Sie am ehesten zuzuordnen sind. Gleichzeitig werden die zentralen Merkmale der vier verschiedenen Typen noch einmal wiederholt.

❏ Wenn Sie die Buchstaben R und D eingekreist haben, tendieren Sie zum Typ des Direktoren.

Stärken: Führung, Initiative
Schwächen: Ungeduld, Unsensibilität
Rotes Tuch: Unentschlossenheit
Ziele: Produktivität, Kontrolle
Angst: gegängelt zu werden
Motivator: gewinnen

❏ Wenn Sie die Buchstaben O und D eingekreist haben, vereinen Sie viele Merkmale eines Unterhalters auf sich:

Stärken: Überzeugungskraft, Interaktion
Schwächen: mangelnde Organisation, Nachlässigkeit
Rotes Tuch: Routine
Ziele: Beliebtheit, Beifall
Angst: Prestigeverlust
Motivator: Anerkennung

❏ Wenn Sie die Buchstaben O und I eingekreist haben, sind Sie ein Beziehungsmensch.

Stärken: Rücksichtnahme, Fähigkeit zum Zuhören
Schwächen: übersteigerte Sensibilität, Unentschlossenheit
Rotes Tuch: Unsensibilität
Ziele: Akzeptiert werden, Stabilität
Angst: plötzliche Veränderungen
Motivator: Dazugehörigkeit

❏ Wenn Sie die Buchstaben R und I eingekreist haben, weisen Sie viele Merkmale des Denkers auf:

Stärken: Planung, Analyse
Schwächen: perfektionistisch, überkritisch

Rotes Tuch: Überraschungen
Ziele: Genauigkeit, Sorgfalt
Angst: Kritik
Motivator: Fortschritt

Wir kommen in einem späteren Kapitel auf Ihren persönlichen Stil und die Bewertung des Tests zurück. Nachdem Sie nun Ihren eigenen Stil kennen, erfahren Sie im folgenden Kapitel, wie Sie auch andere Menschen einordnen können.

Kapitel 4

Signale schnell und richtig deuten

Nervös gehen Sie vor der Glaswand des großen Büros auf und ab. Gleich sind Sie an der Reihe, um dem neuen Chef Ihr Tätigkeitsgebiet und Ihre Projekte vorzustellen.

Ihr Ex-Chef war ein gelassener, unkomplizierter Mann, der gerne die Füße auf den Schreibtisch legte, Diätpepsi anbot und die anstehenden Angelegenheiten dann lang und ausführlich diskutierte. Dabei legte er großen Wert auf Details und er ließ viele persönliche Beobachtungen einfließen. Sie haben sich also sorgfältig vorbereitet und eine Liste mit dreizehn Themen erstellt, die für Ihre Abteilung von Bedeutung sind und diese wiederum in Unterpunkte gegliedert. Sie haben sich genau zurechtgelegt, wie Sie jeden einzelnen Punkt am besten präsentieren.

Aber nun sehen Sie durch die Scheibe, dass der neue Chef schon einen größeren Schreibtisch aufstellen ließ und viele Urkunden und Auszeichnungen aufgehängt hat. Das Büro Ihres früheren Chefs dagegen war sehr spartanisch eingerichtet. Obwohl der «Neue» noch nicht einmal eine Woche in der Firma ist, hat er sich schon den Ruf eines polternden Workaholics eingehandelt. Gerade sehen Sie, wie er aufgeregt fuchtelnd hin- und hergeht und auf einen der Abteilungsleiter einredet. Seine Stimme dringt sogar durch die Scheibe und Sie hören ihn eine Rede über »Ergebnisse, Ergebnisse!« schwingen.

Sie geraten nun in Zweifel und fragen sich, ob Sie Ihren Plan nicht noch schnell ändern sollten.

Die Antwort lautet eindeutig: Sie haben gar keine andere Wahl! Dieser Chef ist mit seinem Vorgänger in keiner Weise zu vergleichen. Anstatt ihn mit einer langen Themenliste zu langweilen, könnten Sie ihn gleich von Anfang an für sich einnehmen, indem Sie ihm einen knappen Überblick liefern und klare Handlungsvorschläge unterbreiten.

Warum sollten Sie ausgerechnet so vorgehen? Genau das sollen Sie in diesem Kapitel lernen. Sie werden erfahren, wie Sie anhand Ihrer Beobachtungen jeden Menschen schnell und zuverlässig einschätzen können.

Bald werden Sie in der Lage sein, Direktoren, Unterhalter, Beziehungsmenschen und Denker so leicht zu unterscheiden, wie Sie einen Sportwagen und ein Familienauto oder einen Sattelschlepper und einen Kipplaster auseinander halten können. Sobald Sie die Menschen ihrem jeweiligen Persönlichkeitsstil zuordnen können, verstehen Sie auch ihre Ziele, Ängste und Motive und – das ist das Wichtigste – Sie wissen, wie sie behandelt werden möchten.

Am Ende des Kapitels werden Sie in der Lage sein, fast jeden Menschen schnell einordnen zu können. Sie wissen, wie man verbale Signale und die Signale der Sprechweise und der Körpersprache deutet, die jeder aussendet. Zu den verbalen Signalen gehören die Worte, die wir verwenden, oder anders ausgedrückt, der *Inhalt* des Gesagten. Andere Signale – wie Intonation und Körpersprache – vermitteln die *Absicht* der Botschaft.

Verbale Signale

Eine einfache Methode, um zu lernen, die Persönlichkeitstypen zu erkennen, besteht darin, zunächst einmal nur auf die verbalen Signale zu achten, die andere aussenden: Wie viel reden sie und welche Art von Wörtern und Sätzen verwenden sie dabei?

Extravertierte Menschen reden mehr als introvertierte. Zwei der Persönlichkeitstypen – nämlich der Direktor und der Unterhalter –

gehen gerne aus sich heraus und geben ein schnelles Tempo vor. Natürlich tun sie das auf unterschiedliche Weise: Während der Direktor auf seine bestimmende Art die Kontrolle anstrebt, gehört der Unterhalter eher zu den geborenen Schauspielern und Entertainern.

Aber keiner von beiden ist schüchtern. Sie reden gerne und viel und äußern ihre Meinungen sehr nachdrücklich.

Wenn Sie sich also – vor allem im ersten Gespräch – mit jemandem unterhalten, der offensichtlich gerne das Wort ergreift, dann handelt es sich höchstwahrscheinlich um einen Direktor oder um einen Unterhalter. Das ist das erste Signal.

Wenn Ihr Gesprächspartner dagegen ruhig und leise spricht, handelt es sich wahrscheinlich um einen Beziehungsmenschen oder einen Denker. Diese beiden Typen sind vom Wesen her eher introvertiert. Sie treten weniger bestimmend auf und sagen nicht so schnell, was sie wirklich denken.

Erleben Sie Ihr Gegenüber also als dominierend und gesprächig oder aber als bedächtig und zurückhaltend, reduzieren sich die Möglichkeiten schon um die Hälfte. Sie sind der Wahrheit schon um 50 Prozent näher gekommen!

Das zweite verbale Signal besteht darin, *was* die Menschen sagen. Damit sind ihre Wortwahl, ihr Sprechtempo und ihre Prioritäten gemeint.

Direktoren sind, wie schon erwähnt, dynamische, ergebnisorientierte Menschen, denen es darauf ankommt, ihre Aufgaben effektiv zu erledigen. Sie sind keine Mimosen. Deshalb können Sie davon ausgehen, dass sie schnell und mit kräftiger Stimme sprechen. Sie hören weniger zu und reden mehr, wobei sie eher Behauptungen aufstellen als Fragen formulieren.

Achten Sie besonders auf Formulierungen wie die folgenden:

»Sagen Sie ihm, dass ich ihn so bald wie möglich sprechen möchte.«
»Wir werden das sofort regeln.«
»Wie soll das Ergebnis aussehen?«
»Auf den Punkt gebracht: Welche Alternativen gibt es?«

»Wir werden folgendermaßen vorgehen...«
»Ich will diese Schlacht gewinnen – ohne Wenn und Aber!«
»Wie lauten die Zielvorgaben?«
»Kümmern Sie sich darum – aber halten Sie mich auf dem Laufenden.«

Wer sich so ausdrückt, ist ein Direktor: Er ist dominant und setzt die Mittel der Sprache dazu ein, seine wichtigsten Ziele zu erreichen: Ergebnisse, Siege, Lösungen und greifbare Fortschritte.

Auch der Unterhalter geht aus sich heraus und sendet viele verbale Signale aus. Aber mehr als der Direktor hat er dabei die Beziehung zu seinem Gesprächspartner im Blick, er ist lockerer und legt Wert auf Spaß. Er ist mehr an Menschen als an Aufgaben orientiert.

Der Unterhalter ist zwar ebenfalls gesprächig – bis hin zur Klatschsucht –, aber er hat eine andere Ausdrucksweise. Er ist indirekter und selten autoritär. Der Unterhalter möchte Sie meist in das Gespräch einbeziehen und ist weniger stark an unmittelbaren Ergebnissen interessiert.

Für einen Unterhalter sind die folgenden Sätze typisch:

»Halt, ich habe eine Idee! Was halten Sie davon?«
»Lassen Sie sich das doch mal durch den Kopf gehen.«
»Ich meine, dass wir folgendermaßen vorgehen sollten...«
»Sagen Sie mir, was Sie davon halten...«
»Ersparen Sie mir die Einzelheiten. Ich brauche nur einen Überblick.«
»Ich denke, dass wir gute Fortschritte machen. Nun wollen wir...«
»Ich habe das Gefühl, dass...«
»Wir wollen es mal anders probieren, nur interessehalber.«

Wenn jemand derartige Formulierungen verwendet und dabei dominant und gesprächig ist, dann handelt es sich wahrscheinlich um einen Direktor oder einen Unterhalter. Diesen Schluss können Sie schon nach kürzester Beobachtungszeit ziehen.

Nun achten Sie auf die Wortwahl. Wenn jemand über Aufgaben und Ergebnisse redet und dabei häufig Begriffe wie *Wettbewerb, Out-*

put, Erfolg, Triumph verwendet, hören Sie wahrscheinlich einen Direktor. Dieser betrachtet das Leben oft als Kampf – und er möchte ihn gewinnen.

Dagegen sprechen Unterhalter mehr über Menschen und Ideen und verwenden dabei Begriffe wie *Gefühle, Eindrücke, Team, Konzepte* und *Gedanken*. Unterhalter sehen das Leben gerne als eine große Party: Für sie ist es wichtiger, gemocht zu werden als zu gewinnen. Außerdem finden sie, dass jeder seinen Spaß haben sollte.

Das andere Extrem

Nun nehmen wir an, dass Ihr Gegenüber überhaupt nicht gesprächig ist. Er tut nicht schon bei der ersten Begegnung so, als würden Sie sich schon seit Jahren kennen und versucht auch nicht, die Kontrolle über das Gespräch zu übernehmen. Vielmehr ist er freundlich und zurückhaltend. Sie haben bald das Gefühl, dass zwischen Ihnen beiden Welten liegen.

Hier haben Sie es entweder mit einem Beziehungsmenschen oder einem Denker zu tun. Beide sind eher beherrscht und introvertiert. Selten sind sie polternd oder laut. Sie hören viel zu und reden wenig.

Wenn sie aber das Wort ergreifen, stellen sie eher Fragen, als konkrete Aussagen über ihre Gedanken oder Gefühle zu machen. Sie gehören zu den Menschen, die nicht gerne einen überfüllten Raum betreten, sondern zuerst einige Minuten am Eingang stehen bleiben, um sich einen Überblick über das Geschehen zu verschaffen.

Anhand derartiger Beobachtungen können Sie also ausschließen, dass Sie es mit einem Direktor oder einem Unterhalter zu tun haben. Aber wie unterscheiden Sie zwischen dem Beziehungsmenschen und dem Denker? Dazu müssen Sie darauf achten, *was* sie sagen.

Beziehungsmenschen sind freundliche, sensible Menschen, vielleicht ein wenig unentschlossen oder sogar nachgiebig. Sie fragen andere gerne nach ihrer Meinung und würden gar nicht auf die Idee kommen, ihre Ansichten anderen aufzuzwingen. Sie lieben Stabilität und möchten akzeptiert werden. Sie hören von ihnen also wahrscheinlich folgende Aussagen:

»Ich würde das gerne langsam angehen. Ist das in Ordnung?«
»Haben wir schon überprüft, wie sich diese Maßnahme auf das Personal auswirkt?«
»Ich bin mir noch nicht sicher, ob wir diese Neuerung einführen sollten.«
»Es macht mir großen Spaß, mit Ihnen zusammenzuarbeiten.«
»Ich möchte Ihnen gerne helfen, wo immer es möglich ist.«
»Das kriegen wir schon hin, da bin ich mir sicher.«
»Was halten Sie denn wirklich von dieser Sache?«
»Welche Auswirkungen wird das haben? Das möchte ich als Erstes wissen.«

Denker sind zwar ebenfalls zurückhaltend und legen ein langsames Tempo vor, aber es ist ihnen nicht so wichtig, zu einem Team zu gehören und Risiken um jeden Preis zu vermeiden. Sie sind sehr unabhängige Menschen. Sie legen viel größeren Wert als die Beziehungsmenschen darauf, ihre Aufgaben zu erledigen, gehen dabei aber bedächtiger vor als die Direktoren.

Denker sind gewissenhafte, genaue Menschen. In einem Partygespräch über ein umstrittenes neues Gesetz würde ein Denker Sie höflich korrigieren, sobald Sie eine falsche Tatsache anführen würden. Aber obwohl er so großen Wert auf Genauigkeit und Fakten legt, hasst er es, selbst in Verlegenheit gebracht zu werden oder andere in Verlegenheit zu bringen. Wenn sich also ein Konflikt darüber zusammenbraut, wer in Bezug auf das neue Gesetz Recht hat, würde er schnell das Thema wechseln oder aufstehen und sich mit jemand anderem unterhalten.

Folgende Aussagen könnten Sie von einem Denker hören:

»Wir wollen das einmal rational betrachten.«
»Sollten wir das wirklich tun? Können wir das rechtfertigen?«
»Wir wollen zuerst den ersten Schritt durchführen. Dann können wir immer noch über den zweiten entscheiden.«

»Zuerst möchte ich von Ihnen gerne alle Fakten haben.«
»Welche Richtlinien sind für dieses Projekt sinnvoll?«
»Was genau meinen Sie denn?«
»Ich möchte keine Überraschungen erleben.«
»Haben wir alles Wesentliche berücksichtigt?«

Wenn Sie also einen zurückhaltenden, sachlichen Menschen kennen lernen, handelt es sich vermutlich um einen Beziehungsmenschen oder einen Denker. Diese Zuordnung können Sie praktisch sofort treffen.

Dann hören Sie Ihrem Gesprächspartner zu. Wenn er warmherzig und freundlich wirkt und mehr über Menschen, Gefühle und Zusammengehörigkeit redet, haben Sie vermutlich einen Beziehungsmenschen kennen gelernt. Er sieht sein Leben immer im Licht der Beziehungen zu anderen. Er möchte mit anderen zusammenarbeiten, ohne viel Staub aufzuwirbeln.

Ein Denker ist zwar ebenfalls zurückhaltend, aber er hat mehr Ecken und Kanten. Er möchte Probleme lösen, Dinge erledigen, Fortschritte machen – aber all das auf unaufdringliche, ordentliche, fast distanzierte Weise. Denker sehen das Leben hauptsächlich als eine Frage des Managements: Man verschafft sich ein genaues Bild über seine Aufgaben, um sie dann systematisch und logisch auszuführen.

Umsetzung in die Praxis

Nehmen wir an, dass Sie eine Kundin zum ersten Mal besuchen. Sie haben den Termin mit der Sekretärin der Kundin für 10.10 Uhr vereinbart. Nicht zehn Uhr und nicht gegen zehn Uhr, sondern Punkt 10.10 Uhr.

Sie treffen einige Minuten früher ein und werden gebeten, im Empfangsbereich Platz zu nehmen. Ihre Kundin kommt um 10.03 Uhr aus ihrem Büro, nimmt Ihre Gegenwart mit einem höflichen Lächeln zur Kenntnis und gibt ihrer Sekretärin mit gedämpfter Stimme eine Reihe von Anweisungen. Dann kehrt sie an ihren Schreibtisch zurück.

Um 10.10 Uhr werden Sie in ihr Büro geführt. Sie bietet Ihnen Platz an, wirft einen Blick auf ihre Armbanduhr und teilt Ihnen mit, dass Sie nun zwanzig Minuten für Ihre Präsentation haben. Sie legen also los.

Die Kundin scheint interessiert, aber nicht begeistert und lässt Sie reden, während sie ab und zu auf ihre Uhr sieht. Nachdem Sie fertig sind, stellt sie einige Detailfragen über die Kosten, die Zahlungsmodalitäten und die Flexibilität Ihres Angebots.

»Wenn sich nun herausstellt, dass sich diese Lösung für unsere Verhältnisse nicht eignet, können wir dann nach Phase 1 wieder problemlos aussteigen?« fragt sie an einer Stelle. Sie versichern ihr, dass das möglich sei und beantworten einige weitere Fragen. Als Sie kurz vor dem Abschluss stehen, wiederholt sie die einzelnen Konditionen, um sicherzustellen, dass keine Missverständnisse vorliegen.

Zu welchem Typ gehört die Kundin?

Da sie nicht sehr gesprächig war, können Sie den Direktor und Unterhalter von vornherein ausschließen. Ein Unterhalter hätte Sie herzlicher begrüßt und vermutlich zuerst einmal über das Wetter, Ihre Konkurrenten oder den lustigen Film vom Vorabend im Fernsehen geplaudert. Ein Direktor wäre weniger freundlich gewesen und dafür umso bestimmender aufgetreten. Vielleicht hätte er die Kontrolle über das Gespräch an sich gerissen und Sie mit gezielten Fragen immer wieder unterbrochen.

Sie haben es also entweder mit einem Beziehungsmenschen oder mit einem Denker zu tun. Aber mit welchem von beiden? Die Kundin ist zwar zurückhaltend, aber gleichzeitig auch sehr sachlich, was auf einen Denker hindeutet. Sie war nicht gerade von überschäumender Herzlichkeit, aber korrekt und geschäftsmäßig, an den Details interessiert und präzise. Ein Beziehungsmensch wäre ebenfalls zurückhaltend gewesen, aber er hätte eine persönlichere Note ins Gespräch gebracht, wäre mehr an Ihrer Person interessiert gewesen und hätte mehr von sich selbst preisgegeben.

In späteren Kapiteln dieses Buches werden Sie noch erfahren, wie

Sie den eigenen Stil so anpassen, dass er am besten mit den anderen Stilen harmoniert. Sie werden auch erkennen, dass viele Menschen eine Kombination aus den vier Grundstilen verkörpern. Bisher jedoch gratulieren wir Ihnen! Sie haben das Wichtigste schon gelernt und können die vier Typen anhand ihrer verbalen Signale identifizieren.

Nun wissen Sie auch die Signale zu deuten, die der neue Chef aus dem Beispiel vom Kapitelanfang aussandte und mit denen er zu erkennen gab, dass er ganz anders als sein Vorgänger war. Während der Ex-Chef ein zurückhaltender, detailorientierter Mensch (wahrscheinlich ein Denker) war, ist der neue Manager temporeich, bestimmend und wahrscheinlich ein wenig polternd. Sein Ruf nach »Ergebnissen! Ergebnissen!« sollte Ihnen helfen, ihn als Direktor zu identifizieren – als einen ungeduldigen, dominanten Menschen, der wenig Lust verspürt, sich einen detaillierten Bericht über die Angelegenheiten Ihrer Abteilung anzuhören.

Die Sprechweise

Wir sprechen nicht einfach nur Worte aus. Unsere Stimme ist ein ausgefeiltes Instrument, mit dem wir Signale darüber aussenden, wie wir uns fühlen und was wir denken.

Nehmen wir an, dass Sie einige Minuten zu spät zu einer Besprechung kommen. Sie öffnen die Tür und Ihr Chef, der die Besprechung leitet, sagt: »Sieh mal an, wer da kommt!«

Können Sie diesem gedruckten Satz entnehmen, was der Chef bei Ihrer Ankunft empfand? War er verärgert? Dankbar? Entsetzt? Oder war er froh?

Nein, Sie können es diesem Satz nicht entnehmen, weil Sie dazu weitere Informationen benötigen. Sie müssen wissen, in welchem Sprechtempo, mit welcher Modulation und in welcher Stimmlage der Satz gesagt wurde. Diese Signale haben nichts mit dem zu tun, was gesagt wurde oder wie viel gesagt wurde, sondern *wie* es gesagt wurde.

Jeder der vier Verhaltensstile bevorzugt ein bestimmtes Spektrum an stimmlichen Merkmalen. Direktoren und Unterhalter sind selbstbewusste, aus sich herausgehende Menschen. Deshalb sprechen sie schnell und mit selbstbewusst klingender Betonung.

Besonders Direktoren reden mit kräftiger Stimme und mit einer Betonung, die eine implizite Herausforderung auszudrücken scheint. Wenn Sie mit einem Direktor sprechen, könnte bei Ihnen leicht der Verdacht entstehen, dass er herablassend ist oder sich von Ihnen genervt fühlt. Das sagt er zwar nicht explizit, aber seine Stimme sendet manchmal genau dieses unausgesprochene Signal aus.

Als gute Geschichtenerzähler haben die Unterhalter von allen vier Stilen die größte Bandbreite an stimmlichen Merkmalen. Sie modulieren ihre Stimme sehr stark, und wenn sie über persönliche Gefühle sprechen, wechseln sie schnell zwischen verschiedenen Tonlagen. Manchmal sprechen sie ein wenig dramatisch, schnell und laut. »Seht her! Ich bin etwas Besonderes!« lautet ihre unausgesprochene Botschaft.

Dagegen reden Beziehungsmenschen und Denker meist langsam und wirken daher nachdenklich und vielleicht sogar weniger selbstbewusst. Beziehungsmenschen reden meist gleichmäßig und gelassen. In ihrer Stimme schwingt oft Wärme und Aufrichtigkeit mit. Sie signalisieren ganz unspektakulär: »Ich bin ein netter Mensch – aber ich will niemanden drängen und auch nicht gedrängt werden.«

Die Denker modulieren den Klang in der Regel am wenigsten von allen vier Typen. Häufig sprechen sie mit einer etwas monotonen, ruhigen Stimme und verändern die Tonhöhe kaum. Deshalb können Sie ihrer Stimme alleine nicht viel darüber entnehmen, was sie denken. Sie spüren, dass sie »neutral« sind und kein Interesse daran haben, Ihnen zu imponieren oder Sie zu kontrollieren.

Die Körpersprache

Es gibt einen weiteren äußeren Anhaltspunkt für den Persönlichkeitsstil: die Körpersprache. Sie zeigt sich auf vielfältige Weise. So kann jemand eine sehr lebhafte oder auch eine extrem schwach ausgeprägte Mimik haben. Auch die Gestik und die Art und Weise, wie man andere berührt, wie man etwas zeigt und sich bewegt oder wie man Augenkontakt hält, sagt viel über einen Menschen aus. Selbst aus spontanen Handlungen kann man Rückschlüsse ziehen, wenn etwa jemand vom Stuhl aufspringt oder anderen gerne auf die Schultern klopft.

Es überrascht wenig, dass Direktoren und Unterhalter mit ihrer Körpersprache sehr bestimmend wirken und einen nachhaltigen ersten Eindruck – ob gut oder schlecht – hinterlassen. Bei Berührungen geht die Initiative meist von ihnen aus.

Für Direktoren sind ein fester Händedruck, ein stetiger Augenkontakt und nachdrückliche Gesten charakteristisch. Sie gestikulieren gerne beim Reden, um ihre Aussagen zu untermauern. Ihre Körpersprache ist, wie alles andere an ihnen, lebhaft und lässt auf Ungeduld und Machtbedürfnis schließen.

Auch der Unterhalter bewegt sich beim Reden sehr viel. Er hat die lebhafteste Mimik von allen vier Persönlichkeitsstilen. Ein breites Lächeln, zusammengezogene Augenbrauen, plötzliche Kopfbewegungen und ausdrucksvolle Blicke gehören für ihn ganz selbstverständlich zu einem Gespräch dazu. Der Unterhalter neigt am meisten zu spontanen Berührungen und legt anderen gerne die Hand auf die Schulter, klopft ihnen auf den Rücken oder schüttelt ihnen überschwänglich mit beiden Händen die Hand.

Die Beziehungsmenschen halten selten einen kontinuierlichen Augenkontakt, sondern wenden ihren Blick oft ab. Manchmal sehen sie sogar lieber auf den Boden als ihrem Gesprächspartner direkt in die Augen. Beim Händeschütteln sind sie zurückhaltender und sanfter und ihre langsamen Bewegungen signalisieren Ruhe und Geduld.

Das Attribut »Pokerface« wurde bestimmt für einen Denker erfunden. Denker gehen geradezu geizig mit den Mitteln der Mimik und Gestik um. Da sie immer eine gewisse Distanz brauchen, berühren sie andere auch nicht gerne.

In den folgenden Abschnitten erfahren Sie, wie Sie Ihr neues Wissen über die Signale der Stimme und der Körpersprache am Arbeitsplatz verwenden können.

Wer ist wer im Seminar?

Sie halten ein Verkäuferseminar ab, das um 8.30 Uhr – eine halbe Stunde nach einem kleinen Frühstück mit Kaffee und Gebäck – beginnen soll. Sie betreten den Seminarraum um zehn vor acht und finden Ann vor, die Block und Stifte schon ordentlich auf dem Tisch vor sich liegen hat.

Sie steht auf, um Ihnen die Hand zu schütteln und bringt ein winziges Lächeln zustande. Sie stellen ihr einige Fragen über ihre Arbeit, die sie knapp und höflich beantwortet. Von Small Talk scheint sie nichts zu halten. Sie stellen fest, dass sie darauf bedacht ist, eine gewisse räumliche Distanz zu Ihnen einzuhalten.

Weitere Seminarteilnehmer treffen ein und genehmigen sich Kaffee und Hörnchen. Gegen 8.15 Uhr streckt Bob zögernd seinen Kopf herein und fragt leise: »Entschuldigen Sie. Findet hier das Seminar für die Vertriebsabteilung statt?«

Als seine Frage mit Ja beantwortet wird, atmet er erleichtert auf, kommt herein, gießt sich einen Kaffee ein und erwähnt, wie sehr er sich schon auf diese Veranstaltung gefreut habe. Er versichert Ihnen, dass er sich von Ihrer Präsentation viel verspricht, sowohl für die Arbeit als auch für den persönlichen Bereich. Bob stellt Ihnen noch einige Fragen und hört genau zu, während Sie antworten. Dann sagt er noch, dass Sie hoffentlich nicht zu viele Rollenspiele vor der ganzen Gruppe geplant hätten.

Nun betritt Charley den Raum. »Hallo, ist hier das Verkäuferseminar? Oder sitzen Sie hier nur alle, weil es einen Kaffee umsonst gibt?« fragt er lachend.

Bevor Sie antworten können, gießt er sich einen Kaffee ein, während er beteuert, »ohne mein schwarzes Gift« nicht leben zu können und greift sofort das Thema Rollenspiele auf. »Ich mache so etwas eigentlich gerne«, sagt er und erzählt dann lachend, wie er sich beim letzten Seminar bis auf die Knochen blamierte, weil er den Chef spielte, als dieser gerade an der offenen Tür vorbeiging.

Dann erscheint die letzte Teilnehmerin, Deborah. Sie betritt den Raum in flottem Tempo, sucht sich zielstrebig einen Platz weit vorne und wendet sich an Sie: »Ich habe einen Termin um 10.30 Uhr. Werden Sie bis dahin fertig sein? Falls nicht, könnten Sie das Seminar im nächsten Monat wiederholen, damit diejenigen, die nicht bleiben können, noch eine Chance haben, daran teilzunehmen? Es gibt sowieso einige, die heute gar nicht kommen können, so dass ohnehin ein weiterer Termin angesetzt werden muss.«

Wie würden sie Ann, die zuerst anwesende Teilnehmerin, Bob, Charley und Deborah, die als Letzte kam, einordnen, wenn Sie sich an den Signalen der Sprechweise und der Körpersprache orientieren?

Ann scheint eine klassische Denkerin zu sein. Sie ist nicht an Small Talk interessiert, hat eine sehr sparsame Mimik und Gestik und legt insgesamt ein sehr zurückhaltendes Verhalten an den Tag.

Bob dagegen hat sofort über seine persönlichen Gefühle gesprochen. Mit seinem Seufzer der Erleichterung und mit der Ernsthaftigkeit, mit der er Ihnen zuhörte, hat er sich als relativ offener Mensch zu erkennen gegeben. Gleichzeitig weisen seine Zurückhaltung und seine ruhige, sanfte Stimme auch darauf hin, dass er den Beziehungsmenschen zuzuordnen ist.

Charley, der sofort auf den Kaffee zusteuerte und gleichzeitig mit allen im Raum plauderte, scheint ein Unterhalter zu sein. Er steht gerne im Zentrum der Aufmerksamkeit. Er hat fast pausenlos geredet, war dabei immer in Bewegung und seine Gestik und Mimik waren sehr lebhaft.

Schließlich kam Deborah, die bei ihrem Eintreffen den Eindruck vermittelte, als hätte sie das Treffen höchstpersönlich angesetzt. Sie dürfte den Direktoren zuzuordnen sein. Selbstbewusst und dominant hat sie sofort das Wort ergriffen. Obwohl sie eine Teilnehmerin wie alle anderen war, versuchte sie, den Ablauf des Seminars zu beeinflussen.

Solche Signale der Sprechweise und der Körpersprache sind von zentraler Bedeutung dafür, den Verhaltensstil eines Menschen zu bestimmen. Um die Identifizierung des Stils noch leichter zu machen, haben wir die verschiedenen Signale so zusammengestellt, dass ein Raster der Persönlichkeitstypen entstanden ist.

Das Raster der Persönlichkeitstypen

Direktoren und Unterhalter lassen sich – so wie Beziehungsmenschen und Denker – häufig unter einem Dach zusammenfassen, weil sie einige grundlegende Ähnlichkeiten haben:

Direktoren/Unterhalter	*Beziehungsmenschen/Denker*
Gesprächig	Ruhig
Lebhaft	Zurückhaltend
Schnell	Langsam

Aber Sie haben auch schon festgestellt, dass die Sache nicht ganz so einfach ist. Neben diesen offensichtlichen Parallelen gibt es weitere Gemeinsamkeiten bei den verschiedenen Stilen. So sind etwa die ruhigen Beziehungsmenschen und die bestimmenden Unterhalter beide personenorientiert. Die forschen Direktoren und die introvertierten Denker dagegen räumen der Erledigung von Aufgaben eine sehr hohe Priorität ein.

Diese Unterschiede werden in einem ausgefeilten Instrument, dem »Raster der Persönlichkeitstypen« widergespiegelt. Es wird Ihnen hervorragende Dienste dabei leisten, die Persönlichkeitsstile zu erkennen und angemessen auf sie einzugehen.

So wie Sie die verbalen Signale und die Signale der Sprechweise und der Körpersprache zu Hilfe nehmen, um dem Persönlichkeitsstil eines Menschen auf die Spur zu kommen, können Sie auch das Raster der Persönlichkeitstypen nutzen, um andere einzuordnen. Aber das Persönlichkeitsraster beschreibt auch subtilere Verhaltensvarianten und ermöglicht deshalb oft eine genauere Einschätzung.

Wenn Sie das Raster verwenden, achten Sie zunächst auf folgende Verhaltensweisen:

- Direkt/indirekt: Wie stark und nachdrücklich setzt sich jemand dafür ein, Menschen und Situationen zu beeinflussen?

Direkte Menschen sind »vorwärtsgerichtet«: Sie gehen Risiken, Entscheidungen und Veränderungen schnell und spontan an. Sie beteiligen sich intensiv an Gruppengesprächen und hinterlassen einen starken Eindruck. Sie stellen gerne Behauptungen auf und äußern ihre Meinung bereitwillig. Manchmal provozieren sie andere, um etwas zu erreichen, und sie ereifern sich leicht.

Für einen direkten Menschen ist folgende Aussage typisch: »Sagen Sie Jones, dass ich ihn so bald wie möglich sprechen möchte!« Ein indirekter Mensch dagegen würde Jones' Sekretärin bitten, ihn bei einer passenden Gelegenheit zu ihm ins Büro zu schicken.

Direkte Menschen sind mutiger und draufgängerischer. Für sie ist die *absolute Anzahl* ihrer Erfolge wichtiger als der *Prozentsatz* ihrer Siege.

Sie haben auch keine Angst davor, die etablierten Regeln zu brechen oder zumindest zu beugen, um ihre Ziele zu erreichen. Ihr Motto könnte lauten: »Es ist einfacher, später um Verzeihung zu bitten, als vorher um Erlaubnis.«

Sie sind ungeduldig und konkurrenzorientiert. Wenn etwas schief geht, nehmen sie das nicht persönlich. Statt dessen schreiben sie die Ursache für einen Misserfolg dem »System« oder der Zaghaftigkeit anderer zu und verdoppeln ihre Bemühungen.

Dagegen sind indirekte Menschen gemächlicher und selbstbeherrschter. Sie gehen Risiken, Entscheidungen oder Veränderungen langsam und vorsichtig an. Bevor sie einen Plan durchführen, möchten sie ihn in- und auswendig kennen und auch dann halten sie sich noch Fluchtwege offen. Sie sind besonnen, behalten ihre Meinung im Zweifelsfall für sich und sind geduldig und diplomatisch. Sie halten sich an Regeln und Vorschriften.

Sie gehen das Leben defensiv an und setzen oft mehr Kräfte dafür ein, Misserfolge zu vermeiden als grandiose Siege zu erringen. Sie gehen lieber auf Nummer Sicher und verweisen stolz auf die hohen Erfolgsquoten, die ihnen diese Strategie verschafft. Wenn ein Fehler gemacht wurde, suchen sie die Ursache dafür meist bei sich selbst. »Wie konnte ich nur so dumm sein?«, fragen sie sich nach einer Pleite.

Ihr Motto lautet also: Vorsicht ist besser als Nachsicht. Wenn sie einen vollen Raum betreten, orientieren sie sich erst einmal in Ruhe, bevor sie sich ins Gemenge begeben. Ihnen liegt nichts daran, Aufmerksamkeit auf sich zu ziehen.

Die folgende Aufstellung zeigt, wie sich direkte von indirekten Menschen unterscheiden:

Direkt	*Indirekt*
Geht Risiken ein	Meidet Risiken
Schnelle Entscheidungsfindung	Langsame Entscheidungsfindung
Offen, ausdrucksvoll	Weniger bestimmend
Ungeduldig	Gemächlich, geduldig
Redet und erzählt	Hört zu und stellt Fragen
Geht aus sich heraus	Zurückhaltend
Äußert gerne seine Meinung	Behält seine Meinung gerne für sich

Diese Unterschiede sollen nun durch eine Achse im Raster der Persönlichkeitstypen dargestellt werden:

Direkt ———————————————————————— **Indirekt**

Auf der anderen Achse werden die Eigenschaften »offen/reserviert« abgebildet:

- Offen/reserviert: Wie beschreibt jemand seine Gedanken, Gefühle, Motive?

Offene Menschen machen aus ihren Emotionen keinen Hehl. Sie werden von anderen meist als entspannt, warmherzig, zugänglich, locker und freundlich bezeichnet.

Sie unterhalten sich für ihr Leben gern mit anderen. Sie hören auch dann bereitwillig und mit aufrichtigem Interesse zu, wenn man ihnen in aller Ausführlichkeit erzählt, wie die jüngste Auseinandersetzung des verschrobenen Onkels mit den Schwestern im Altersheim verlief.

Ihr umgängliches Wesen hängt auch damit zusammen, dass sie Menschen und nicht Aufgaben oberste Priorität einräumen. Sie sind beziehungsorientiert und zeigen schnell ihre persönlichen Gefühle. Offene Menschen gehen flexibler mit ihrer Zeit um und lassen sich leichter und lieber ablenken als reservierte Menschen.

Sie treffen ihre Entscheidungen eher intuitiv als auf der Basis nüchterner Daten und Fakten. Offene Menschen verwenden viel häufiger die Ausdrucksmittel der Körpersprache und der Mimik und im Gespräch reden sie lieber über Gefühle als über Tatsachen.

Dagegen halten reservierte Menschen grundsätzlich Abstand, sowohl im physischen wie im emotionalen Sinn. Sie wirken oft ein wenig formell und korrekt und verbergen ihre persönlichen Gefühle vor Menschen, die sie nicht sehr gut kennen. Sie verlassen sich lieber auf Fakten und Details als auf Emotionen und verwenden die Mittel der Körpersprache oder Mimik sehr sparsam.

Von einem reservierten Menschen heißt es oft: »Es ist nicht leicht, ihm wirklich näher zu kommen. Aber wenn man ihn erst einmal kennt, ist er großartig.« Reservierte Menschen vergeuden ihre Zeit nicht und bleiben in Gesprächen beim Thema, ohne sich ablenken zu lassen.

Es ist ihnen sehr wichtig, anstehende Aufgaben zu erledigen und dabei nach klaren Regeln vorgehen zu können. Sie möchten den Kontext kennen, in dem sie handeln und improvisieren höchst ungern.

Offene und reservierte Menschen unterscheiden sich also folgendermaßen:

Offen	*Reserviert*
Entspannt, warmherzig	Formell, korrekt
Hört gerne verschiedene Meinungen	Braucht Fakten
Beziehungsorientiert	Aufgabenorientiert
Äußert Gefühle bereitwillig	Behält Gefühle für sich
Großzügiger Umgang mit der Zeit	Disziplinierte Zeiteinteilung
»Bauch«-Mensch	»Kopf«-Mensch
Spontan	Planer

Legt man nun diese beiden Achsen in einem Diagramm übereinander, werden die vier Persönlichkeitstypen dargestellt:

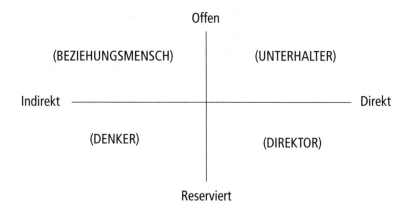

Zwei Schlüsselfragen

Das Raster der Persönlichkeitstypen stellt also ein weiteres Instrument dar, um den persönlichen Stil eines Menschen schnell und genau zu bestimmen. Sie brauchen nur die folgenden beiden Fragen zu beantworten: Ist die Person eher direkt oder indirekt? Ist sie eher offen oder eher reserviert?

Nehmen wir an, dass Sie sich mit einem neuen Kunden zum Mittagessen treffen. Der Kunde begrüßt Sie herzlich und bittet den Kellner, Ihnen beiden bis zum Bestellen noch etwas Zeit zu lassen. Dann empfiehlt er Ihnen unaufgefordert einige Gerichte, die auf der Speisekarte stehen, bevor er zum Geschäftlichen übergeht.

Schon nach dieser kurzen Zeit können Sie einige Signale deuten, indem Sie im Geiste die folgende Checkliste durchgehen:

Offen	*Reserviert*
Entspannt, warmherzig	Formell, korrekt
Hört gerne verschiedene Meinungen	Braucht Fakten
Beziehungsorientiert	Aufgabenorientiert
Äußert Gefühle bereitwillig	Behält Gefühle für sich
Großzügiger Umgang mit der Zeit	Disziplinierte Zeiteinteilung
»Bauch«-Mensch	»Kopf«-Mensch
Spontan	Vorausplanend

Sie ziehen schnell den Schluss, dass Sie es mit einem überdurchschnittlich offenen Menschen zu tun haben. Er ist ganz eindeutig nicht reserviert. Also können Sie ihn ganz oben auf der Achse einordnen, was automatisch bedeutet, dass Sie die beiden reservierten Persönlichkeitstypen ausschließen können – nämlich den Denker und den Direktor.

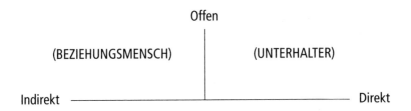

Also handelt es sich um einen Beziehungsmenschen oder um einen Unterhalter, da beide warmherzig und offen sind. Die Frage lautet nun: Ist er direkt oder indirekt?

Sie beobachten ihn weiter. Er erzählt Ihnen stolz – fast prahlend – alles über sich und seine Firma und erklärt, warum er der Konkurrenz haushoch überlegen sei. Er stellt gelegentlich eine Frage über Ihre Firma oder Ihre Familie. Zweimal ruft er den Kellner an den Tisch: Beim ersten Mal bittet er um etwas Brot und beim zweiten Mal bestellt er Eistee nach. Er ist zwar freundlich, aber gleichzeitig auch sehr konzentriert und dominierend. Und er scheint nicht allzu geduldig zu sein.

Sie versuchen also, ihn näher einzugrenzen, indem Sie im Geiste die direkten und indirekten Merkmale durchgehen:

Direkt	*Indirekt*
Geht Risiken ein	Meidet Risiken
Schnelle Entscheidungsfindung	Langsame Entscheidungsfindung
Offen, ausdrucksvoll	Weniger bestimmend
Ungeduldig	Gemächlich, geduldig
Redet und erzählt	Hört zu und stellt Fragen
Geht aus sich heraus	Zurückhaltend
Äußert gerne seine Meinung	Behält seine Meinung gerne für sich

Und schon sind Sie zur Schlussfolgerung gekommen, dass es sich um einen direkten Menschen handelt. Somit können Sie den verbleibenden indirekten Stil, den Beziehungsmenschen ausschließen.

Voilà! Die schrittweise Eliminierung der anderen Persönlichkeitstypen hat Sie zur Erkenntnis geführt, dass es sich bei Ihrem offenen, direkten Gesprächspartner um einen Unterhalter handelt.

Zurück zum neuen Chef

Rufen Sie sich nun das Beispiel in Erinnerung, mit dem dieses Kapitel begann: Sie stehen nervös vor der Glasscheibe eines Büros, hinter der sich Ihr neuer Chef befindet, und versuchen, sich darüber schlüssig zu werden, wie Sie ihn behandeln sollen.

Als geschultem Beobachter sind Ihnen schon einige Dinge klar, obwohl Sie noch nie ein Wort mit ihm gewechselt haben: Er ist bestimmend und er redet laut und schnell. Er scheint ungeduldig und es sieht so aus, als hätte er die meiste Zeit über das Wort. Er ist dominierend und dynamisch.

Also muss er zum ... direkten Typ gehören.

Aber er macht auch deutlich, dass er »Ergebnisse!« erwartet. Er schmückt die Wände mit Auszeichnungen und Urkunden, was darauf hinweist, dass er großen Wert auf Leistungen legt. Sein größerer Schreibtisch signalisiert, dass er Wert auf die formalen Insignien der Macht legt. Mit seinem temporeichen, extravertierten Stil betont er Aufgaben mehr als Gefühle.

Also ist er ... reserviert.

Wenn jemand diese beiden Merkmale – direkt und reserviert – auf sich vereint, dann handelt es sich vermutlich um einen Direktor.

Aus diesem Grunde wird er wenig Lust verspüren, Ihnen zuzuhören, wenn Sie ihm eine lange Liste voller Details erläutern. Vielmehr empfiehlt es sich, ihm einen kurzen Abriss über die anstehenden Themen und Probleme zu liefern und gleich einen Aktionsplan vorzulegen, den er nur noch zu überprüfen braucht.

Versuchen Sie nicht, ihn mit einem geistreichen Witz zu beeindrucken, den Sie auf dem Golfplatz gehört haben, oder ihm die nette Geschichte von Ihrem Vierjährigen zu erzählen, der versuchte, den Hund zu baden. Verlassen Sie sich auch nicht darauf, dass Sie mit Ihrem gewinnenden Lächeln oder Ihren Beteuerungen, wie viel die Firma Ihnen bedeutet, das Eis brechen könnten.

Legen Sie dem neuen Chef statt dessen Fakten, Pläne und Zielvorgaben vor und schreiten Sie dann unverzüglich zur Tat.

Genau das erwartet er. Und das wissen Sie schon jetzt, noch bevor Sie überhaupt ein Wort mit ihm gewechselt haben. Denn: Sie kennen die *Platin-Regel* und wissen, wie man sie anwendet.

Kapitel 5

Mischtypen und ihre Stärken und Schwächen

Sie können mittlerweile recht gut beurteilen, welchem der vier Grundstile Sie zuzuordnen sind. Aber sind Sie ein reiner Vertreter Ihres Typs? Würden Sie sich uneingeschränkt als Unterhalter bezeichnen? Als hartgesottenen Direktor? Als waschechten Denker oder auch als Beziehungsmenschen, der keine Sekunde lang so handeln würde wie die Vertreter der drei anderen Typen?

Wahrscheinlich ist das nicht so. Vielmehr treffen gelegentlich auch einige Merkmale der anderen drei Stile auf Sie zu. Tatsächlich sind nur etwa 20 Prozent der getesteten Personen Vertreter eines einzigen Typs. Alle anderen verkörpern Mischformen dieser Typen. Mithilfe dieser Kombinationen kann man noch weit genauer beschreiben, wie Sie sich in bestimmten Situationen verhalten und wie Sie auf andere wirken.

Stellen Sie sich die Palette der einzelnen Typen vor wie die Farbpalette eines Malers. Wir alle kennen die Farbe blau und wir wissen, dass sie so verschiedene Nuancen wie indigoblau und blassblau, tiefblau und kobaltblau haben kann. Aber stets ist uns klar, dass es sich bei all diesen Schattierungen um die Farbe blau handelt.

Ebenso vereinen die meisten Menschen zwar einzelne Merkmale der verschiedenen Persönlichkeitstypen auf sich, verkörpern aber dabei trotzdem erkennbar den Typ eines Direktors, Unterhalters, Beziehungsmenschen oder Denkers. In bestimmten Situationen oder Rollen treten die verschiedenen Merkmale dann zutage.

So sind Unterhalter, wie wir im vorangegangenen Kapitel gesehen haben, offen und direkt. Aber der Grad ihrer Offenheit und Direktheit kann sehr unterschiedlich sein. Wenn er sehr ausgeprägt ist, könnte man von einer Kombination aus Beziehungsmensch und Unterhalter sprechen. Im Gegensatz dazu könnte man einen Unterhalter, der weniger offen und weniger direkt ist, am besten als Denker/Unterhalter beschreiben.

Zu welchem Mischtyp gehören Sie?

In diesem Kapitel zeigen wir, wie man die sechzehn möglichen Mischtypen erkennt, die sich aus den häufigsten Kombinationen ergeben. Sie finden in diesem Raster vielleicht die Mischtypen von Freunden oder Kolleginnen wieder. Aber das ist nur ein Nebeneffekt, denn dieses Kapitel ist eigentlich Ihnen gewidmet: Es soll Ihrem Vergnügen und Ihrer Weiterentwicklung dienen.

Wenn Sie Ihren Mischtyp gefunden haben, werden Sie viel Wissenswertes in unseren jeweiligen Beschreibungen erfahren. Wir zeigen Ihnen, was für Ihren Untertyp charakteristisch ist, wodurch Sie am meisten motiviert werden und wie Sie Ihr Arbeitsleben und Ihre zwischenmenschlichen Fähigkeiten verbessern. Wir schlagen Ihnen außerdem individuelle Maßnahmen zur Persönlichkeitsentwicklung vor, mit denen Sie Ihre Effektivität gezielt steigern können.

Jeder der vier Grundstile enthält drei zusätzliche Mischtypen, wie die folgende Darstellung verdeutlicht.

Um herauszufinden, welchem Mischtyp Sie entsprechen, sollten Sie zum Auswertungsbogen auf Seite 46 zurückgehen und sich Ihre Punktezahl ansehen, die aus zwei Buchstaben-Zahlen-Kombinationen besteht.

In der ersten Kombination ist ein »O« oder »R« – für »offen« oder »reserviert« – enthalten. Die zweite Kombination enthält ein »D« oder ein »I« für »direkt« oder »indirekt«.

Tragen Sie nun Ihre Ergebnisse des Testbogens in das obige Diagramm ein. Wenn Sie ein »O« auf dem Punkteblatt eingekreist haben,

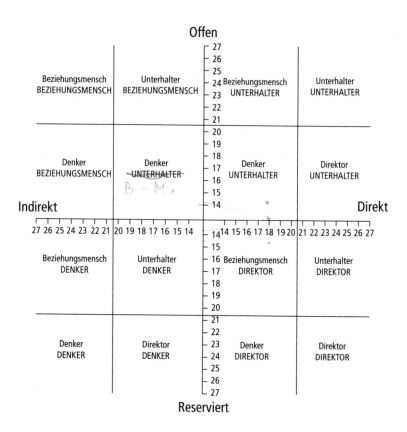

tragen Sie die entsprechende Punktezahl auf der oberen Hälfte der Vertikale ein. Haben Sie ein »R« auf Ihrem Punkteblatt eingekreist, tragen Sie die Zahl auf der unteren Hälfte der Vertikale ein. Wenn Sie das »I« eingekreist haben, tragen Sie die Punkte auf der linken Hälfte der Horizontale ein. Die Punkte für ein »D« tragen Sie auf der rechten Hälfte der Horizontale ein. Am Schnittpunkt der beiden Zahlen liegt der Mischtyp, der Ihre Persönlichkeit am besten beschreibt.

Wenn Ihr Ergebnis auf dem Punkteblatt beispielsweise 24 »O» und 26 »D« lautete, dann gehören Sie dem Mischtyp Unterhalter/Unterhalter an.

Bei einem Ergebnis von 15 »R« und 22 »I« wäre Ihr Mischtyp der Beziehungsmensch/Denker.

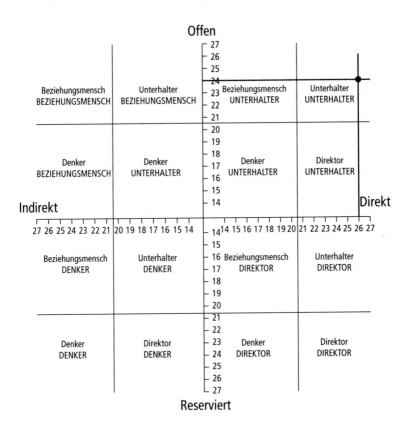

Bei einem Ergebnis von 24 »R« und 17 »D« wäre Ihr Mischtyp ein Denker/Direktor.

Die sechzehn Mischtypen

Vergessen Sie nicht, dass die obige Bewertung letztlich nur auf Ihrer persönlichen Wahrnehmung basiert und damit nicht objektiv ist. Trotzdem bietet Sie Ihnen zahlreiche Denkanstöße und Chancen, um neue Einsichten über sich selbst zu gewinnen.

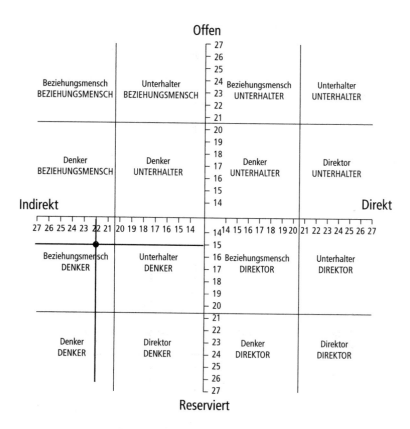

Im Folgenden wollen wir jeden der sechzehn möglichen Mischtypen kurz skizzieren. Doch zuvor sind noch einige Hinweise zur Bedeutung dieser Kategorisierung angebracht.

- Sie stellen vielleicht fest, dass Sie über eine überraschende Anzahl von Pluspunkten verfügen. Aber bevor Sie sich darauf etwas einbilden, sollten Sie weiterlesen: Sie werden wahrscheinlich auch mehr Schwächen – oder »Entwicklungschancen« – entdecken, als Sie erwartet hätten.
- Akzeptieren Sie sich und freuen Sie sich darüber, dass Sie so sind, wie Sie sind. Natürlich wünscht man sich immer wieder einmal, bestimmten anderen Menschen mehr zu ähneln. Wir alle haben

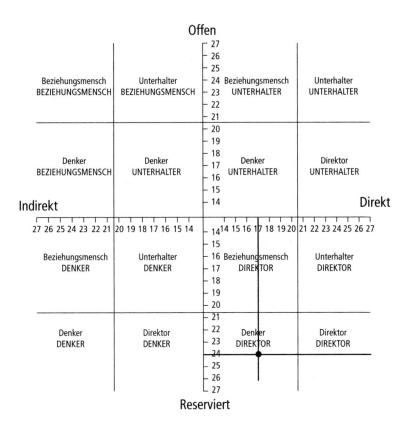

den Wunsch, »perfekter« zu sein. Aber der Schlüssel zum Erfolg liegt darin, die vorhandenen Anlagen zu verbessern und nicht darin zu versuchen, ein anderer Mensch zu sein.

- Ihr persönlicher Stil hat sich aus einem einzigen Grund entwickelt: Er dient dazu, Ihre individuellen Bedürfnisse und Wünsche zu erfüllen. Sie sind das Produkt Ihrer Erfahrungen und Einflüsse – die beispielsweise Ihre Eltern, die Erziehung und Ausbildung sowie Erfolge und Misserfolge auf Sie ausgeübt haben. All diese Faktoren haben Ihre Persönlichkeitsentwicklung beeinflusst. Dazu zählt beispielsweise auch die Art und Weise, wie Sie Situationen beurteilen und darauf reagieren.

- Welches ist der »beste« Stil? Genauso gut könnte man die Frage stellen, welches die schönste Farbe oder das beste Essen sei. Jeder Stil hat seinen eigenen Wert und ist ein wertvoller Bestandteil im Mosaik des Lebens.

Nun sollen die sechzehn Mischtypen eingehender beschrieben werden.

Direktor/Direktor

(»Der General«)

Als Direktor/Direktor fühlen Sie sich von neuen Chancen angespornt. Für Sie zählt der Reiz der »Jagd«. Sie äußern Ihre Meinung frank und frei und gehen auch Risiken ein, wenn Sie es für notwendig halten. Sie verspüren einen unwiderstehlichen Drang, Ihre Ideen und Interessen zu verfolgen und wären kreuzunglücklich, wenn man Sie dabei ständig ausbremsen würde.

Sie haben den leidenschaftlichen Willen, die Nummer eins zu sein. Sobald Sie Ihr Ziel erreicht haben, wenden Sie sich schnell neuen Herausforderungen zu, wie etwa die Topmanager, die nur so lange in einem sanierungsreifen Unternehmen bleiben, bis sie es wieder auf Vordermann gebracht haben.

Ihr Lieblingslied könnte »I did it my way« von Frank Sinatra – einem Direktor – sein.

Sie tendieren zu folgenden Verhaltensweisen:

- Sie behalten gerne das letzte Wort.
- Sie hassen es, andere untätig zu sehen, und verabscheuen es, wenn alles vorhersehbar ist und nichts sich verändert.
- Sie halten Ihre Methoden für die einzig richtigen.
- Sie nehmen neue Herausforderungen gerne an.
- Sie möchten Ihren eigenen Weg gehen.
- Sie nehmen die Dinge am liebsten selbst in die Hand.
- Sie entscheiden gerne alleine, unabhängig von der Zustimmung anderer.

Entwicklungschancen

Aufgaben: Wenn Sie erschöpft und ausgelaugt sind, geben Sie möglicherweise Ihre Rücksichtnahme auf und werden diktatorisch. Statt Ihre Muskeln spielen zu lassen, sollten Sie versuchen, teamorientierte Methoden zu entwickeln. Loben Sie Ihre Mitarbeiter öfter und zeigen Sie ihnen, dass Sie ihre Leistungen schätzen. Damit erzielen Sie mehr und bessere Ergebnisse – vor allem, wenn Sie nicht immer persönlich anwesend sein können, um die Peitsche zu schwingen.

Menschen: Sie müssen Ihr Kontrollbedürfnis in den Griff bekommen. Dann werden Sie selbstbewusst, sensibel und vernünftig und wirken nicht mehr feindselig, dominierend und stur. Außerdem sollten Sie versuchen, Ihre Fähigkeiten als Coach und Berater zu verbessern, indem Sie anderen besser zuhören, wenn sie von ihren Gefühlen und Problemen erzählen. Damit verbessern Sie Ihre eigenen Leistungen und die der anderen.

Maßnahmen zur Persönlichkeitsentwicklung

- Loben Sie Ihre Mitarbeiter aufrichtig, direkt und häufiger.
- Werden Sie ein besserer Coach und Berater, indem Sie ihnen mehr Zeit widmen und ihnen das aufrichtige Interesse entgegenbringen, das sie verdienen.
- Bremsen Sie sich, sobald Sie bemerken, dass Ihr Kontrollbedürfnis die Motivation und das Engagement der anderen erstickt.

Unterhalter/Direktor

– »Der Abenteurer« –

Sie haben ein ausgeprägtes Bedürfnis nach Kontrolle und Unabhängigkeit. Deshalb sehen Sie in den Menschen einerseits ein Mittel zum Zweck, während Sie andererseits höchst allergisch reagieren, wenn Sie sich von anderen vor den Karren gespannt fühlen.

Oft können Sie auf eine Schar von Getreuen blicken, die sich durch Ihr Charisma angezogen fühlen. Das gefällt Ihnen durchaus, aber noch wichtiger sind Ihnen *Ergebnisse*.

Sie tendieren zu folgenden Verhaltensweisen:

- Sie sind hartnäckig.
- Sie stehen für sich selbst ein.
- Sie möchten Dinge schnell erledigen.
- Sie setzen großes Vertrauen in Ihr Leistungsvermögen.
- Sie spielen Ihre Fehler und Schwächen herunter und konzentrieren sich auf Erfolge und Stärken.
- Sie suchen immer nach dem schnellsten und effizientesten Weg, um Ihre Ziele zu erreichen.
- Wenn Sie unter Druck stehen, laufen Sie zu Hochform auf, vernachlässigen aber die Teamarbeit.

Entwicklungschancen

Aufgaben: Sie sind oft ungeduldig, wenn es um komplexe Situationen und langfristige Projekte geht. Unter Druck tendieren Sie dazu, Lösungen übers Knie zu brechen. Sie sollten lernen, sich nicht nur an Fakten und Informationen zu orientieren, sondern auch die Gefühle der beteiligten Menschen zu berücksichtigen.

Menschen: Unterhalter/Direktoren haben ein schnelles Tempo und fühlen sich zu immer neuen Leistungen angetrieben. Lernen Sie deshalb, sich zu entspannen! Dann können Sie immer wieder neue Energie tanken und nicht nur die eigene Lebensqualität, sondern auch die Ihrer Mitmenschen verbessern.

Maßnahmen zur Persönlichkeitsentwicklung

- Nehmen Sie sich genügend Zeit, um mit Ihren Mitarbeitern über ihre Erwartungen, Probleme und Ziele zu sprechen.
- Ordnen Sie anstehende Aufgaben in die Kategorien »wichtig« und

»weniger wichtig« ein. Unterteilen Sie dann die wichtigen Aufgaben in die Kategorien »dringend« (erfordert sofortiges Handeln, *falls* die Aufgabe erledigt werden muss), »kurzfristig« (in den kommenden ein bis drei Monaten zu erledigen) und »langfristig« (innerhalb von sechs bis zwölf Monaten zu erledigen).
- Konzentrieren Sie sich zunächst auf diejenigen Ergebnisse, die Sie für fundamental wichtig halten. Dann nehmen Sie diejenigen Aufgaben in Angriff, bei denen Sie bedeutende Verbesserungen erzielen *müssen,* und befassen Sie sich erst dann mit den Dingen, die Sie verbessern *möchten.*

Beziehungsmensch/Direktor

– »Der Macher« –

Sie sind ein arbeitsamer, tüchtiger »Macher«, der sich auf seine Ziele konzentriert und mit Volldampf voraussegelt. Aber Sie sind auch bereit, anderen zu helfen, wenn dies wiederum zum Erreichen Ihrer eigenen Ziele beiträgt.

Für Sie ist es sehr wichtig, Begonnenes zu Ende zu führen – und zwar am liebsten eigenhändig. Beziehungsorientierte Direktoren scheinen deshalb ständig beschäftigt und völlig in ihre Projekte vertieft zu sein.

Sie tendieren zu folgenden Verhaltensweisen:

- Sie mögen es nicht, wenn man Ihnen sagt, was Sie zu tun haben oder wann und wie Sie etwas erledigen sollen.
- Sie ändern Ihre Meinungen und Gefühle nur zögernd.
- Sie delegieren Aufgaben nur, wenn es absolut notwendig ist.
- Sie handeln wettbewerbsorientiert, vor allem dann, wenn Sie neue Aufgaben in Angriff nehmen.
- Sie stellen sicher, dass Termine eingehalten werden.
- Sie sind in hohem Maß von Plänen und Ablaufroutinen abhängig.
- Wenn Sie unter Druck stehen, bündeln Sie all Ihre Kräfte und Energien auf Ihr Ziel.

Entwicklungschancen

Aufgaben: Sie konzentrieren sich so auf Ihre unmittelbaren Ziele, dass Sie auch einmal daran denken sollten, Ihren Horizont zu erweitern. Verlassen Sie Ihren gewohnten Radius einmal, indem Sie sich mit anderen Meinungen und neuen Methoden befassen. Da Sie bei Ihrer Entscheidungsfindung zur Schwarzweißmalerei neigen, wäre es angebracht, mehr Flexibilität und Kreativität einzuüben.

Menschen: Stellen Sie Ihr Vertrauen in die Fähigkeiten anderer unter Beweis, indem Sie ihnen wichtige Aufgaben übertragen, an denen sie sich bewähren können. Außerdem sollten Sie versuchen, sich mehr Freizeit und überhaupt mehr Freiräume in Ihrem Leben zu schaffen. Lernen Sie, die Unterschiede zwischen den Menschen zu schätzen und zu tolerieren.

Maßnahmen zur Persönlichkeitsentwicklung

- Bitten Sie andere ausdrücklich darum, Ihnen ihre Ideen und Vorschläge vorzulegen und sprechen Sie über die beiderseitigen Erwartungen.
- Stimmen Sie sich in der Entscheidungsfindung mit mindestens drei bis fünf anderen kompetenten Mitarbeitern ab, um einen Konsens zu erreichen. Beziehen Sie notfalls noch mehr Mitarbeiter ein.
- Seien Sie aufrichtiger und offener im Umgang mit anderen, indem Sie mehr Emotionen zeigen und ein feineres Gespür für die Gefühle anderer entwickeln.

Denker/Direktor

– »*Der Pionier*« –

Denker/Direktoren sind zukunftsorientiert und fühlen sich deshalb von der Routine des Alltags schnell gelangweilt. Ihre Ziele und Ansprüche sind meist überdurchschnittlich hoch. Oft sind sie sehr selbstkritisch und stellen unrealistische Anforderungen an sich selbst.

Sie tendieren zu folgenden Verhaltensweisen:

- Sie möchten bisherige Abläufe und Methoden verändern.
- Sie möchten Ihren eigenen Maßstäben gerecht werden.
- Sie möchten Kontrolle über Menschen, Situationen und Abläufe ausüben.
- Sie behalten Ihre innersten Gedanken und Gefühle für sich.
- Sie erproben Ihre Fähigkeiten gerne an neuen und ungewöhnlichen Aufgaben.
- Sie haben Angst, Ihre selbstauferlegten Ansprüche nicht zu erfüllen.
- Wenn Sie unter Druck stehen, schrauben Sie Ihre Ansprüche noch höher und ziehen sich noch mehr zurück.

Entwicklungschancen

Aufgaben: Da Sie extrem hohe Ansprüche an sich stellen, sind Sie oft zu streng mit sich selbst. Damit schneiden Sie sich nicht selten ins eigene Fleisch. Möglicherweise denken Sie auch insgesamt zu negativ.

Sie sollten sich darum bemühen, Fähigkeiten zur gemeinsamen Problemlösung und zur Menschenführung zu entwickeln. Wenn Ihnen das gelingt, können Sie nicht nur sich selbst besser entfalten, sondern auch andere zu mehr Eigenständigkeit führen.

Menschen: Denker/Direktoren sind doppelt »vorbelastet«, was ihre Orientierung auf Aufgaben angeht, da sowohl Denker als auch Direktoren der Erledigung von Aufgaben oberste Priorität einräumen. Sie konzentrieren sich so auf Ihre Arbeit, dass Sie oft kaum noch ansprechbar sind und zu abgehoben oder sogar kalt und berechnend wirken. Wenn Sie mehr echte Wärme und aufrichtiges Interesse zeigen würden, könnten Sie Ihre Effektivität um ein Vielfaches steigern.

Maßnahmen zur Persönlichkeitsentwicklung

- Schrauben Sie Ihre Anforderungen an sich selbst und andere auf ein realistisches Maß herunter. Richten Sie Ihren Blick auf die Bereiche, die hervorragend funktionieren, dann auf diejenigen, in denen sich schon deutliche Verbesserungen abzeichnen und schließlich auf diejenigen, in denen weitere Fortschritte erzielt werden können. Wenden Sie diese neue Methode zuerst bei sich selbst an und dann auch auf andere.
- Lernen Sie in Seminaren – oder von Mentoren und Kollegen –, wie man das kreative Potential oder die brachliegenden Talente anderer Menschen nutzt.
- Versuchen Sie, auf andere ansprechbarer zu wirken und Ihre Reserviertheit abzubauen. Dazu gehören so einfache Dinge wie die, mehr zu lächeln, andere nach ihren persönlichen Eindrücken zu fragen, zustimmend mit dem Kopf zu nicken oder Bemerkungen in Gespräche einzuflechten wie: »Das ist sehr interessant«, »Ich verstehe, was Sie meinen« und »Das ist sehr hilfreich.«

Unterhalter/Unterhalter

– »Der Entertainer« –

Sie legen großen Wert darauf, dass man sich in Ihrer Gegenwart einfach wohl fühlt. Sie freuen sich, als Stimmungskanone zu gelten, und wenn gerade keine Party steigt, dann veranstalten Sie eben eine.

Sie sind, um es sehr vorsichtig auszudrücken, kein Einzelgänger. Ihr Motto lautet: »Wo etwas los ist, darf ich nicht fehlen« oder auch: »Wer keinen Spaß hat, lebt verkehrt.«

Sie sind in hohem Maß von der Anerkennung anderer abhängig. Ihre Bestätigung bestimmt deshalb über Ihre emotionalen Hochs und Tiefs. Ohne Anerkennung und Bewunderung verlieren Sie schnell das Interesse an einer Sache und Ihre Leistungen sinken in den Keller.

Sie lieben Veränderungen und verstehen es auch, andere mit Ihrer Begeisterung und Ihrem Optimismus anzustecken.

Außerdem treffen Sie schnelle Entscheidungen und besitzen etwas, was die Sozialpsychologen als den wertvollsten Pluspunkt im zwischenmenschlichen Umgang identifiziert haben: menschliche Wärme.
Sie tendieren zu folgenden Verhaltensweisen:

- Sie brauchen die Zustimmung anderer und fühlen sich durch deren Anerkennung motiviert.
- Sie loben gerne.
- Sie sind überschwänglich, gefühlsbetont, extravertiert und optimistisch.
- Sie lassen Ihren Emotionen freien Lauf.
- Sie sind nicht immer zuverlässig, was die Einhaltung von Terminen angeht.
- Sie halten sich an äußerlichen, emotionalen, politischen und philosophischen Unterschieden nicht auf.
- Sie fangen viele Aktivitäten an, führen aber nur wenige zu Ende.
- Wenn Sie unter Druck stehen, werden Sie verletzbar und oft gehen Ihre Leistungen dann zurück.

Entwicklungschancen

Aufgaben: Weil Ihre Interessen so breit gestreut sind, widmen Sie einzelnen Angelegenheiten weniger Zeit als die Vertreter der anderen Persönlichkeitsstile. Sie beschäftigen sich nicht gerne mit Details und haben ein eher unterentwickeltes Durchhaltevermögen. Jegliche Routine ist Ihnen ein Gräuel und Sie vermeiden es, sich mit schwierigen Situationen auseinanderzusetzen, weil Sie das von der Beschäftigung mit anderen Menschen fern hält.

Deshalb sollten Sie versuchen, Ihre Aufmerksamkeit wenigstens auf die wichtigen Details zu lenken und sich an eingegangene Verpflichtungen zu halten. Gewöhnen Sie sich daran, mit Checklisten und Terminkalendern zu arbeiten. Bemühen Sie sich bewusst darum, auch an denjenigen Projekten weiterzuarbeiten, die Sie gar nicht mehr spannend finden.

Menschen: Unterhalter/Unterhalter vermeiden Konflikte um jeden Preis. Denn Auseinandersetzungen bergen ja das Risiko, sich mit anderen zu überwerfen und ihre Bewunderung zu verlieren. Aber diese Gefahr droht auch, wenn man vorhandene Spannungen nicht anspricht, sondern unter den Teppich kehrt. Deshalb müssen Sie lernen, besser zuzuhören und mit Konflikten anders umzugehen. Versuchen Sie, es sich abzugewöhnen, sich vorschnell zu »verbrüdern«. So gehen Sie vielen späteren Problemen aus dem Weg.

Maßnahmen zur Persönlichkeitsentwicklung

- Nutzen Sie Tagesplaner, Kalender, Checklisten und andere bewährte und praktische Hilfsmittel zur besseren Organisation.
- Hüten Sie sich vor überstürzten Schritten und voreiligen Versprechen, wenn Sie Kontakte knüpfen.
- Fördern Sie die nachdenkliche Seite Ihrer Persönlichkeit, indem Sie Ihre Fähigkeiten im analytischen Zuhören, in der Konfliktlösung und in der Entscheidungsfindung ausbauen.

Direktor/Unterhalter

– »Der Enthusiast« –

Sie sind überschwänglich, sprudeln vor Ideen und können sich gut ausdrücken. Ihre Wärme und Ihr Charisma üben eine magnetische Anziehungskraft aus. Sie sind so überzeugend, dass Sie einer Henne Eier verkaufen könnten.

Da Sie großen Wert auf Ihr Prestige legen, spielen Statussymbole eine wichtige Rolle. Es fällt Ihnen leicht, Kontakte zu pflegen, und Sie verfügen über ein Netzwerk an Menschen, das Sie für praktisch all Ihre Belange aktivieren können.

Direktoren/Unterhalter treten gerne als Fürsprecher großer Ideen auf und präsentieren neue Konzepte und außergewöhnliche Projekte mit mitreißender Begeisterung. Sie wissen, dass sie andere motivieren können, indem sie emotionale Appelle an sie richten und ihre Hoffnungen und Träume ansprechen.

Sie tendieren zu folgenden Verhaltensweisen:

- Sie legen großen Wert auf Statussymbole.
- Sie bewundern Menschen, die sich gut ausdrücken können.
- Sie hassen Routine, zaghaftes Verhalten und unwichtige Details.
- Sie können gut delegieren, aber auch gut die Verantwortung übernehmen.
- Sie strahlen ein positives, optimistisches Lebensgefühl aus.
- Sie sind überzeugend und phantasievoll.
- Sie vertrauen anderen Menschen schnell und lassen ihnen große Freiräume.
- Wenn Sie unter Druck stehen, geben Sie schnell nach oder flüchten sich ins Unverbindliche.

Entwicklungschancen

Aufgaben: Sie konzentrieren sich auf die großen Zusammenhänge und suchen immer neue Chancen. Das kann dazu führen, dass Sie unterschätzen, was es bedeutet, schwierige oder komplexe Aufgaben zu Ende zu führen.

Sie können Ihre Leistungsfähigkeit erheblich steigern, indem Sie sich konsequenter auf zentrale Aufgaben konzentrieren, Ihre analytischen Fähigkeiten ausbauen und schließlich Ihre Fachkompetenzen laufend pflegen.

Menschen: Versuchen Sie, weniger impulsiv zu sein, vor allem in den Situationen, in denen etwas Zurückhaltung angebracht ist, etwa in Konfliktsituationen oder bei Verhandlungen. Sie profitieren davon, wenn Sie enger mit Menschen zusammenarbeiten, die aufgabenorientiert sind.

Maßnahmen zur Persönlichkeitsentwicklung

- Verbessern Sie Ihre Fähigkeit, sich auf das Wesentliche zu konzentrieren, indem Sie geeignete Lektüre lesen, Seminare besuchen und Mentoren oder Kollegen um Hilfe bitten.
- Üben Sie mehr Zurückhaltung, wenn Sie Ihre Ansichten im Überschwang des Eifers äußern, um auch andere zu Wort kommen zu lassen.
- Nehmen Sie sich vor, von den Beziehungsmenschen zu lernen, wie man sich besser auf Routineaufgaben konzentriert, von den Denkern, wie man seine Effizienz steigert und von den Direktoren, wie man mit Menschen besser umgeht – wozu auch die konstruktive Auseinandersetzung gehört.

Beziehungsmensch/Unterhalter

– »Der Helfer« –

Sie sind ausgeglichen und geben anderen stets das Gefühl, erwünscht zu sein. Für Ihren Stil ist es charakteristisch, dass Sie andere unterstützen.

Sie sind ein gewandter Gesprächspartner, der gut zuhören und sich auch gut ausdrücken kann. Sie streben positive Beziehungen an und genießen es, mit vielen Menschen in unterschiedlichen Situationen zu tun zu haben – je mehr, desto besser.

Beziehungsmenschen/Unterhalter verstehen es, anderen Menschen Selbstachtung zu vermitteln und ihr Selbstvertrauen zu fördern. In Konfliktsituationen sind sie allerdings oft zu dünnhäutig und können sich nicht gut behaupten.

Sie tendieren zu folgenden Verhaltensweisen:

- Sie können sich in andere gut einfühlen und vermitteln echtes Interesse.
- Sie verlieren leicht die Objektivität gegenüber Menschen, die Ihnen wichtig sind.
- Sie gehen Konflikten und Spannungen aus dem Weg.

- Sie sind zuverlässig, fürsorglich und verantwortungsbewusst.
- Sie setzen Vertrauen in andere Menschen.
- Sie ziehen eine personenorientierte, positive Arbeitsumgebung vor.
- Wenn Sie unter Druck stehen, ordnen Sie sich schnell unter oder beurteilen die Lage nicht mehr realistisch.

Entwicklungschancen

Aufgaben: Sie sollten lernen, sich in unangenehmen Situationen besser zu behaupten und eigenständiger zu handeln. Sie schieben zu viele Dinge auf, weil Sie darauf warten, von anderen einen Anstoß zu bekommen. Wenn Sie in sehr konkurrenzbetonten Bereichen wie im Verkauf arbeiten, sollten Sie einen Coach suchen, der Ihre Durchsetzungsfähigkeit fördert.

Menschen: Da Sie zur Hälfte ein Beziehungsmensch und zur Hälfte ein Unterhalter sind, konzentrieren Sie sich mehr auf Menschen als auf Aufgaben. Da Ihnen die Anerkennung anderer außergewöhnlich wichtig ist, kann es passieren, dass Sie sich ausnutzen lassen. Sie müssen also lernen, auch einmal Nein zu sagen.

Sie haben außerdem Schwierigkeiten, mit Konflikten umzugehen. Sie nehmen es persönlich und fühlen sich abgewiesen, wenn andere ihr Missfallen oder ihre Kritik äußern. Sie müssen deshalb lernen, mit Konflikten umzugehen statt sie zu vermeiden.

Maßnahmen zur Persönlichkeitsentwicklung

- Setzen Sie *Ihre* persönlichen Bedürfnisse stärker durch – dazu gehört auch, dass Sie Ihre Energien nicht verschleudern und an der Erfüllung Ihrer Ziele arbeiten.
- Erwerben Sie Fähigkeiten in der Konfliktlösung und im Verhandeln.
- Besuchen Sie Trainings oder lassen Sie sich coachen, um zu lernen, wie man Prioritäten setzt, vorhandene Mittel nutzt und die Ausführung von Aufgaben kontrolliert.

Denker/Unterhalter

– »Der Statusbewusste« –

Sie sind ein personenorientierter Denker mit hohen Erwartungen an sich selbst und andere. Es ist Ihnen wichtig, auf andere einen guten Eindruck zu machen. In der Tat ist Ihnen das Äußere oft genauso wichtig wie der Inhalt.

Sie zeigen eine bewundernswerte Balance zwischen Denken und Fühlen. Das kommt Ihnen im zwischenmenschlichen Umgang zugute, weil Sie sowohl analytisch wie auch intuitiv sind.

Sie tendieren zu folgenden Verhaltensweisen:

- Sie möchten Ergebnisse mit »Stil« vorweisen.
- Sie handeln nach dem Alles-oder-Nichts-Prinzip.
- Sie beurteilen Menschen nach ihrer Fähigkeit, Dinge zu bewegen.
- Sie strengen sich mehr an, wenn mit einer Aufgabe ein höheres Risiko verknüpft ist oder eine höhere Belohnung winkt.
- Sie arbeiten gerne mit anderen zusammen.
- Sie fürchten sich davor, einen schlechten Eindruck auf andere zu machen.
- Sie möchten Dinge auf die »bestmögliche« Weise tun.
- Wenn Sie unter Druck stehen, werden Sie unruhig, gereizt und sogar ungerecht.

Entwicklungschancen

Aufgaben: Sie neigen dazu, die Zeit und Mühe zu unterschätzen, die Sie oder andere für Ihre Arbeit benötigen. Sie sollten also Ihre Zeit besser einteilen und dabei auch auf äußere Hilfsmittel zurückgreifen. Wählen Sie Ihre Aufgaben sorgfältig aus und zögern Sie nicht, andere darum zu bitten, ihren Teil dazu beizutragen.

Menschen: Ihre hohen Ansprüche führen dazu, dass Sie leicht ungeduldig werden, vor allem in Stresssituationen. Manchmal bereuen Sie es dann später, wenn Sie die Beherrschung verloren haben – weil Sie um Ihr Image fürchten. Es ist wichtig, dass Sie lernen, sich zu entspannen und abzuschalten, um Ihre Batterien wieder aufzuladen.

Maßnahmen zur Persönlichkeitsentwicklung

- Teilen Sie Ihre Zeit besser ein, indem Sie für anstehende Aufgaben dreißig bis fünfzig Prozent mehr Zeit einplanen, als Sie sonst veranschlagen würden. Reduzieren Sie außerdem die Zahl der Projekte, die Sie übernehmen, um ein Drittel bis zur Hälfte.
- Unterscheiden Sie Wichtiges von Unwichtigem, um sich nicht mehr über jede Kleinigkeit aufzuregen.
- Belegen Sie einen Stressbewältigungskurs und erlernen Sie einfache Atemübungen, die Sie anwenden, wenn Sie unter Druck stehen.

Beziehungsmensch/Beziehungsmensch

– »Der Dienende« –

Sie sind freundlich und kommen mit allen Menschen gut aus. Mit Ihrer sanften, bescheidenen Art fühlen Sie sich am wohlsten, wenn alles seinen gewohnten Gang geht und alle sich gut vertragen. Sie fühlen sich besonders wohl, wenn Sie anderen von Nutzen sein können.

Sie wissen, dass man mit Schnelligkeit alleine noch längst nicht siegt. Sie sind methodisch und ziehen bewährte Abläufe vor, die Sie besonnen und Schritt für Schritt absolvieren.

Sie tendieren zu folgenden Verhaltensweisen:

- Sie arbeiten gerne mit anderen zusammen und möchten dabei akzeptiert und einbezogen werden.
- Sie sind zurückhaltend und unterstützend.
- Sie fürchten um die gewohnte Stabilität, wenn Veränderungen anstehen oder Streitigkeiten ausgetragen werden.

- Sie halten sich an bewährte Abläufe und Verfahren.
- Sie führen Begonnenes auch zu Ende.
- Sie arbeiten gerne an konkreten, praktischen Aufgaben.
- Sie haben gerne eine übersichtliche Zahl von klaren Aufgaben in einem annehmbaren Zeitrahmen vor sich.
- Wenn Sie unter Druck stehen, ordnen Sie sich schnell unter.

Entwicklungschancen

Aufgaben: Sie sollten lernen, mit Veränderungen und Stress besser umzugehen. Auch Sie sind nicht dagegen gefeit, plötzlich ein höheres Arbeitspensum zugewiesen zu bekommen, schnellere Umschlagzeiten zu bewältigen und mit weniger Ressourcen zurechtkommen zu müssen. Deshalb sollten Sie lernen, Ihre Unentschlossenheit und Entscheidungsunlust zu bekämpfen. Dies gilt insbesondere dann, wenn Sie eine Führungsposition innehaben.

Menschen: Aufgrund Ihres starken Anerkennungsbedürfnisses sagen Sie anderen häufig nur das, was sie hören möchten. Dadurch fügen Sie Ihren Beziehungen aber manchmal auch Schaden zu. Sie sollten sich deshalb darum bemühen, mehr Durchsetzungsvermögen zu entwickeln.

Maßnahmen zur Persönlichkeitsentwicklung

- Belegen Sie Seminare, um zu lernen, wie man gemeinsam mit anderen Probleme löst und Konflikte austrägt. Üben Sie Ihre neuen Fähigkeiten zuerst im Umgang mit den Menschen, zu denen Sie schon eine gute Beziehung haben.
- Drücken Sie Ihre Ansichten direkter und offener aus.
- Bitten Sie andere um Ideen und Unterstützung, während Sie versuchen, entscheidungsfreudiger und unabhängiger zu werden und mehr Risiken einzugehen.

Direktor/Beziehungsmensch

–»Der Draufgänger« –

Man erkennt Sie daran, dass Sie anstehende Aufgaben voller Eifer und Fleiß in Angriff nehmen. Sie sind ständig beschäftigt, ob im Beruf oder in der Freizeit, und wirken dabei dynamisch und zielorientiert. Sie wenden viel Energie dafür auf, Zeitpläne zu erstellen und Termine zu überwachen, und haben eine systematische Vorgehensweise, um Projekte zu bewältigen.

Sie tendieren zu folgenden Verhaltensweisen:

- Sie sind gerne fleißig.
- Sie übernehmen gerne Aufgaben.
- Sie stürzen sich voller Eifer auf die Arbeit und sind dabei wettbewerbsorientiert.
- Sie unterteilen Aufgaben in einzelne Schritte und überwachen die Erledigung der Tätigkeiten, die Sie delegiert haben.
- Sie streben konkrete, kurzfristige Ergebnisse an, besonders wenn sie persönliche Belohnungen oder Anerkennung einbringen.
- Wenn Sie unter Druck stehen, ziehen Sie sich zurück.

Entwicklungschancen

Aufgaben: Direktoren/Beziehungsmenschen sollten versuchen, ihren Blick für die größeren Zusammenhänge zu schärfen. Achten Sie darauf, dass Sie ein Projekt voll und ganz verstehen, bevor Sie sich mit Ihrer ganzen Energie darauf stürzen. Sorgen Sie dafür, dass Sie über die Unterstützung der Menschen verfügen, die an dem Projekt beteiligt sind oder davon betroffen sein werden.

Menschen: Es ist wichtig, dass Sie lernen, mehr zu delegieren. Sie neigen dazu, sich zu sehr zu verausgaben und Ihre Kräfte zu verschwenden. Deshalb sollten Sie versuchen, sich auf die wirklich wichtigen Aufgaben zu konzentrieren.

Maßnahmen zur Persönlichkeitsentwicklung

- Machen Sie sich ein Bild über das Ziel und den Kontext einer Aufgabe, bevor Sie sich kopfüber in die Arbeit stürzen.
- Unterhalten Sie sich mit Kollegen darüber, wie man Aufgaben erledigen könnte und wie die beiderseitigen Erwartungen dabei befriedigt werden können.
- Ziehen Sie bei der Entscheidungsfindung mindestens drei bis fünf kompetente Mitarbeiter hinzu, um einen Konsens herzustellen. Beteiligen Sie gegebenenfalls noch mehr Mitarbeiter am Entscheidungsprozess.

Unterhalter/Beziehungsmensch

– »Der Harmonische« –

Sie verkörpern einen Persönlichkeitsstil, in dem andere Menschen grundsätzlich wohlwollend betrachtet werden. Sie sind zwar sehr gerne unter Menschen, ziehen es aber vor, wenn die anderen im Mittelpunkt stehen. Sie sind von Natur aus warmherzig und man öffnet sich Ihnen schnell.

Es fällt Ihnen leicht, Beziehungen zu knüpfen, sie harmonisch zu gestalten und sie aufrechtzuerhalten. Sie sind tolerant, verständnisvoll, unterstützend und ein begabter Zuhörer.

Sie tendieren zu folgenden Verhaltensweisen:

- Sie strahlen Wärme und Fürsorglichkeit aus und schätzen diese Merkmale auch bei anderen.
- Sie haben es gerne, wenn man Zuneigung und Zustimmung deutlich zum Ausdruck bringt.
- Sie hassen Aggressionen und Konflikte.
- Sie nehmen Schwingungen auf und geben sie zurück.
- Sie meiden Chaos und komplizierte Situationen.
- Manchmal übertreiben Sie Ihre Hilfsbereitschaft und Ihr Einfühlungsvermögen.

- Wenn Sie unter Druck stehen, nimmt Ihre Selbstbeherrschung ab.

Entwicklungschancen

Aufgaben: Da Sie extrem personenorientiert sind, liegen Ihre Entwicklungschancen hauptsächlich im Bereich der Aufgaben. Sie sollten besonders daran arbeiten, Ihre Fähigkeiten zur Problemlösung und Entscheidungsfindung zu verbessern. Dann werden Sie auch komplexere Situationen gelassener meistern.

Menschen: Sie können Ihre Fähigkeiten zum Aufbau von Beziehungen eigentlich kaum noch verbessern. Aber Sie sollten darauf achten, nicht zu sehr auf die Anerkennung anderer zu schielen. Denn manchmal verwenden Sie zu viel Energie auf andere und vernachlässigen dabei Ihre eigenen Bedürfnisse.

Maßnahmen zur Persönlichkeitsentwicklung

- Versuchen Sie, im Umgang mit Direktoren und Unterhaltern ein schnelleres Tempo vorzulegen. Dasselbe gilt für Situationen, in denen Sie unter Zeitdruck oder anderen Zwängen stehen.
- Belegen Sie ein Seminar, in dem Sie Techniken zur Problemlösung und Entscheidungsfindung erlernen oder suchen Sie sich einen Mentor oder Coach, der Ihnen dabei hilft.
- Denken Sie darüber nach, aus welchen Dingen *Sie* persönlich Befriedigung ziehen und unterscheiden Sie davon die Situationen, in denen Sie Ihre Befriedigung daraus ziehen, anderen zu helfen. Dann versuchen Sie, diese beiden unterschiedlichen Bedürfnisse zu befriedigen.

Denker/Beziehungsmensch

– »Der Spezialist« –

Sie sind ein zurückhaltender Mensch, der eine begrenzte Anzahl von vorhersagbaren stabilen Beziehungen und Umgebungen vorzieht. Sie gehen Aufgaben und Veränderungen vorsichtig an: Am liebsten tun Sie nur das, was Sie schon gut können.

Als Denker/Beziehungsmensch haben Sie einen Blick für Details. Gleichzeitig verabscheuen Sie Veränderungen und Überraschungen.

Sie tendieren zu folgenden Verhaltensweisen:

- Sie arbeiten gerne mit Checklisten, klar geregelten Methoden und Zeitplänen.
- Sie ziehen bekannte Beziehungen, Situationen und Aufgaben vor.
- Sie mögen keine Veränderungen, vor allem dann nicht, wenn sie überraschend kommen und nicht beeinflussbar sind.
- Sie schließen Risiken nach Möglichkeit aus.
- Sie suchen Zustimmung für Ihre Handlungen.
- Sie agieren und reagieren langsam.
- Sie haben ein klar abgestecktes Feld von Interessen und Aktivitäten.
- Wenn Sie unter Druck stehen, versuchen Sie, auch noch das letzte Risiko auszuschließen.

Entwicklungschancen

Aufgaben: Sie können in diesem Bereich noch Verbesserungen erzielen, indem Sie Ihr Tempo erhöhen. Da Sie langsamer als die meisten anderen Menschen handeln, müssen Sie Ihre Fähigkeiten im Bereich der Entscheidungsfindung und Problemlösung weiter ausbauen.

Manchmal geht Ihre Liebe zum Detail so weit, dass Sie den Wald vor lauter Bäumen nicht mehr sehen. Noch schlimmer: Statt sich den Wald anzusehen, konzentrieren Sie sich auf die Blätter – oder gar auf die Adern in den Blättern der Bäume im Wald. Versuchen Sie deshalb,

Ihre Perspektive zu erweitern, indem Sie sich zuerst ein Ziel setzen und dann nur noch diejenigen Details berücksichtigen, die Ihnen helfen, es zu erreichen.

Menschen: Da Sie sich dann am wohlsten fühlen, wenn Sie in vertrauter Umgebung mit vertrauten Menschen umgehen, sollten Sie anfangen, Ihren Horizont zu erweitern und Neues auszuprobieren. Wenn Sie sich weiterentwickeln wollen, müssen Sie effektiver mit Menschen umgehen, die anders als Sie sind. Versuchen Sie, den ersten Schritt zu tun und dabei mehr die Außenwelt als sich selbst zu beobachten. Sie werden Ihr Selbstwertgefühl und Ihr Selbstvertrauen steigern und feststellen, dass Sie sich nicht mehr so stark von Ängsten leiten lassen und Veränderungen nicht mehr grundsätzlich ablehnen.

Maßnahmen zur Persönlichkeitsentwicklung

- Beobachten Sie Menschen, die bei der Entscheidungsfindung und Problemlösung ein schnelleres Tempo vorlegen als Sie, und sprechen Sie mit Ihnen. Machen Sie sich bewusst, welche Einzelschritte dazu erforderlich sind und üben Sie diese dann ein.
- Hüten Sie sich vor Ihrer Detailbesessenheit. Versuchen Sie, einen Unterhalter/Direktor (einen »Abenteurer«) zu finden, der Ihnen als Coach zeigen könnte, wie Sie eine ganzheitliche Perspektive entwickeln.
- Seien Sie offener gegenüber Menschen, die anders als Sie selbst sind. Setzen Sie sich pro Jahr mindestens ein oder zwei neue Ziele für Ihre Persönlichkeitsentwicklung, um Ihre Anpassungsfähigkeit zu verbessern.

Denker/Denker

– »Der Analytiker« –

Sie sind ein Individualist und bisweilen sogar ein Einzelgänger. Ihre Tendenz zur Abkapselung schlägt sich manchmal negativ auf Ihre Arbeit und Ihre Beziehungen nieder. Sie sind so introvertiert, dass Sie für Ihre Freunde und Kolleginnen manchmal ein völliges Rätsel darstellen.

Sie sind eher formell, ruhig und distanziert. Sie möchten die Kontrolle über Ihre Arbeit besitzen, um Fehler und Misserfolge so weit wie möglich auszuschließen. Sie sind vorsichtig und halten viel von Präzision, Sorgfalt und tadellosen Manieren. Sie beurteilen andere in hohem Maß danach, ob und wie sie ihre Versprechen erfüllen. Und Sie achten sehr darauf, welche Verpflichtungen Sie selbst eingehen.

Sie tendieren zu folgenden Verhaltensweisen:

- Sie möchten gerne Recht haben.
- Sie stehen im Ruf, logisch zu denken und zu handeln.
- Sie sammeln Daten, Untersuchungsergebnisse und Informationen.
- Genauigkeit, Diskretion und Zurückgezogenheit haben für Sie einen hohen Stellenwert.
- Sie meiden den Umgang mit gefühlsbetonten, sprunghaften oder übermäßig direkten Menschen.
- Sie achten sehr darauf, wie Sie nach außen wirken.
- Sie betonen Vernunft und Logik.
- Wenn Sie unter Druck stehen, haben Sie schlaflose Nächte und Sie versuchen, Risiken und Schwierigkeiten jeder Art auszuschließen.

Entwicklungschancen

Aufgaben: Sie sind oft unentschlossen, vor allem in komplexen Situationen und unter widrigen Umständen. Da Sie um jeden Preis vermeiden wollen, einen Fehler zu begehen oder sich zu blamieren, flüchten Sie sich manchmal in die für Sie typische »Schwarzmalerei«. Sie denken dann endlos über alle Optionen nach, bis Sie beschließen, nichts zu beschließen.

Sie können Ihre Effektivität verbessern, indem Sie Entscheidungen schneller treffen und lernen zu beurteilen, wann Sie genug Informationen gesammelt haben.

Menschen: Weil Sie Kritik schlecht ertragen, sind Sie nicht so kommunikativ wie viele andere Menschen. Sie sollten deshalb lernen, Ihre Gefühle zu äußern und anderen Ihre Wertschätzung zu vermitteln. Sie können viele Ihrer inneren Spannungen abbauen, indem Sie niedrigere Ansprüche an sich selbst stellen und weniger selbstkritisch sind.

Maßnahmen zur Persönlichkeitsentwicklung

- Versuchen Sie, Ihren Hang zur »Schwarzmalerei« in den Griff zu bekommen. Wenn Sie beispielsweise eine beunruhigende Situation meistern müssen, schreiben Sie zunächst auf, was »im schlimmsten Fall« und dann, was »im besten Fall« passieren könnte. Legen Sie fest, welche Faktoren erfüllt sein müssen, um den »besten Fall« herbeizuführen und welche Faktoren Sie vermeiden sollten, um sich vor dem »schlimmsten Fall« zu schützen. Dann überprüfen Sie, wie Sie jeden einzelnen Faktor am besten nutzen, ausschalten oder neutralisieren. Bitten Sie einen engen Freund um Rat, falls Sie nicht wissen, wie Sie dabei vorgehen sollen.
- Kommunizieren Sie mehr mit anderen, indem Sie häufiger über Gedanken und Gefühle sprechen.
- Lernen Sie, sich besser anzupassen, indem Sie andere beobachten. Besonders hilfreich ist es, genauer unter die Lupe zu nehmen, wie ein Direktor Menschen führt und wie ein Beziehungsmensch andere unterstützt.

Direktor/Denker

– »Das Superhirn« –

Direktoren/Denker sind geborene Führer und haben keinerlei Talent dazu, sich führen zu lassen. Sie möchten von allen Zwängen, die Ihre Leistung einschränken könnten, frei sein. Sie haben gerne die Kontrolle und konzentrieren sich dabei eher auf Abläufe als auf Menschen.

Qualität, Entdeckergeist und Originalität sind Eigenschaften, auf die Sie größten Wert legen.

Sie reagieren sehr empfindlich, wenn sich Konflikte, Widerstand und möglicher Ärger abzeichnen, vor allem dann, wenn Ihre Ziele davon betroffen sind.

Sie tendieren zu folgenden Verhaltensweisen:

- Sie gehen kalkulierte Risiken ein, wenn Sie Entscheidungen treffen.
- Sie wirken im Umgang mit Menschen konzentriert und beherrscht.
- Sie reagieren sofort auf Konflikte und Widerstand.
- Sie arbeiten lieber alleine oder zumindest in einem Team, das Sie selbst zusammengestellt haben.
- Sie sind zukunftsorientiert, vor allem in Bezug auf Ideen und Chancen.
- Sie befürchten oft den Verlust Ihrer Autonomie und Individualität.
- Sie planen, überwachen und messen gerne.
- Wenn Sie unter Druck stehen, verlassen Sie sich zu sehr auf analytische Fähigkeiten und verlieren Ihre Entscheidungsfreude.

Entwicklungschancen

Aufgaben: Sie neigen dazu, zu analytisch zu denken und behindern damit manchmal Ihre eigene Effektivität. Versuchen Sie schneller zu entscheiden und während der Entscheidungsfindung direkter mit Ihren Mitarbeitern zu kommunizieren.

Menschen: Eine der wichtigsten Empfehlungen für Sie, lautet, sich selbst wohlwollender und positiver zu sehen. Sie müssen sich mehr bestätigen und Ihre ausufernde Selbstkritik abbauen. Entwickeln Sie mehr Verständnis für Menschen, die ein eingehendes Coaching brauchen.

Maßnahmen zur Persönlichkeitsentwicklung

- Versuchen Sie, Ihre Zurückhaltung in der Kommunikation mit anderen abzubauen und direkter zu werden.
- Überprüfen Sie Ihre ablehnende Haltung gegenüber der Teamarbeit.
- Achten Sie darauf, Ihre Selbstkritik nicht zu übertreiben und andere nicht übermäßig zu kritisieren, vor allem, wenn Sie unter Druck stehen.

Unterhalter/Denker

– »Der Bewerter« –

Sie sind ein sehr analytischer Mensch mit einer schnellen Auffassungsgabe und können gut mit anderen umgehen – wenn Sie gerade Lust dazu haben. Denn meist pflegen Sie eine vornehme Zurückhaltung, die Sie nur in einem ausgewählten Kreis von engen Freunden und Kolleginnen aufgeben.

Als personenorientierter Denker hängt Ihre Selbstachtung davon ab, was Sie tun und wie gut Sie es tun. Es ist Ihnen sehr wichtig, wie man Sie und Ihre Arbeit beurteilt. Deshalb sind Sie bestrebt, gute Leistungen zu zeigen und dafür Anerkennung zu bekommen. Verweigert man Ihnen diese, aus welchem Grund auch immer, leiden Sie große Qualen.

Sie tendieren zu folgenden Verhaltensweisen:

- Wenn Sie unter Druck stehen, stellen Sie an sich selbst und andere hohe Ansprüche.
- Sie bringen anderen Menschen eine natürliche Neugierde entgegen.
- Sie wollen erfahren, was andere denken, fühlen und erwarten.
- Ihre persönlichen Interessen sind Ihnen sehr wichtig.
- Sie unterschätzen oft die Zeit, die für die Durchführung von Aufgaben benötigt wird.

- Sie sind im Umgang mit Menschen intuitiv und beobachtend.
- Ihr Selbstwertgefühl ist eng mit Ihrer Arbeit verknüpft.
- Sie legen großen Wert auf Konzepte, Ideen und Prozesse.

Entwicklungschancen

Aufgaben: Sie beschäftigen sich so ausgiebig mit Ideen, dass Sie dazu übergehen sollten, sich auch den Details zu widmen und Termine einzuhalten. Durch Ihre Neugierde lassen Sie sich manchmal zu leicht ablenken. Sie sollten deshalb lernen, Ihre Zeit besser einzuteilen. Um Ihre Anspannung im Berufsalltag etwas abzubauen, könnten Sie versuchen, regelmäßige Pausen einzulegen.

Menschen: Weil Sie das, was Sie tun, immer richtig tun, sind Sie leicht ungeduldig mit sich und anderen, vor allem dann, wenn die Dinge nicht so gut laufen. Versuchen Sie deshalb, auch unter Druck positiv zu bleiben. Wenn Sie Ihre Gedanken und Gefühle in Stresssituationen kontrollieren können, fällt es Ihnen leichter, kreative und praktikable Lösungen zu finden.

Maßnahmen zur Persönlichkeitsentwicklung

- Entwickeln Sie ein Gespür dafür, was andere erwarten. Erfüllen Sie diese Erwartungen, bevor Sie sich um andere Bereiche kümmern, die für Sie von größerem Interesse sind.
- Konzentrieren Sie sich auf Prioritäten. Teilen Sie dazu die anstehenden Aufgaben in die Kategorien »dringend«, »kurzfristig« und »langfristig« ein. Überlegen Sie, welche Aufgaben Sie alleine erledigen müssen, für welche Sie mitverantwortlich sind und für welche andere Mitarbeiter die Hauptverantwortung tragen.
- Gönnen Sie sich Pausen und entspannen Sie sich.

Der Beziehungsmensch/Denker

– »Der Perfektionist« –

Sie sind der introvertierteste von allen Persönlichkeitstypen. Sie arbeiten gerne unabhängig an vertrauten Aufgaben, die Sie selbst steuern können. Auf diese Weise vermeiden Sie es, sich der Gefahr einer Blamage auszusetzen.

Sie sind zurückhaltend, diplomatisch, entgegenkommend – und ein echter Perfektionist. Sie sehen immer die Alternativen, die Sie haben, und es fällt Ihnen nicht schwer, die beste davon herauszufiltern.

Sie tendieren zu folgenden Verhaltensweisen:

- Sie halten sich an vorgegebene Erwartungen und Regeln.
- Sie ziehen es vor, die Kontrolle über Abläufe zu haben.
- Sie halten sich präzise an Details.
- Sie mögen keine Opposition, Feindseligkeit oder Widerstand.
- Sie wünschen Stabilität und Klarheit.
- Sie sind zurückhaltend, möchten Ihr Gesicht wahren und scheuen Risiken.
- Sie arbeiten gut in verwaltenden und unterstützenden Rollen.
- Wenn Sie unter Druck stehen, ziehen Sie sich zurück und werden indirekt – vielleicht sogar geheimnistuerisch und überkritisch.

Entwicklungschancen

Aufgaben: Weil Sie ständig auf der Suche nach idealen Lösungen sind, könnten Sie viele gute Chancen verpassen. Oder Sie übersehen, dass es sich auch lohnen kann, schrittweise vorzugehen und auf diese Weise Fortschritte zu erzielen. Sie sollten realistischere Erwartungen entwickeln. Gewöhnen Sie sich an, mit Risiken und Ungewissheiten zu leben, statt sie völlig zu vermeiden. Geben Sie sich zur Abwechslung auch einmal mit Kompromissen zufrieden.

Menschen: Sie fühlen sich in engen Beziehungen unwohl und sollten deshalb daran arbeiten, Ihre Fähigkeiten im zwischenmenschlichen Umgang zu verbessern. Sie werden davon profitieren, wenn Sie mehr zusammenarbeiten und Ihre Gedanken offener und ehrlicher ausdrücken. Wenn Ihnen das gelingt, fühlen Sie sich auch in Gegenwart ganz unterschiedlicher Persönlichkeitstypen wohler und genießen das Zusammensein mehr. Dies wiederum fördert Ihre Selbstachtung.

Maßnahmen zur Persönlichkeitsentwicklung

- Finden Sie sich gelegentlich auch mit einer unvollkommenen Alternative ab, wenn sie funktioniert.
- Seien Sie offener und direkter, wenn Sie Ihre Gedanken äußern.
- Seien Sie aufrichtiger und offener zu Menschen, die anders sind als Sie. Legen Sie jährlich mindestens ein oder zwei Entwicklungsziele fest, um Ihre Anpassungsfähigkeit zu verbessern.

Kapitel 6

Der produktive Umgang mit anderen Persönlichkeitstypen

Wenn Gail witzelte, dass es – neben der Nutzung des Autotelefons und des Fitnessraums – zu ihren größten Freuden als Managerin gehöre, wichtige Personalentscheidungen zu treffen, dann lag in ihrem Scherz auch ein guter Schuss Ernsthaftigkeit. Sie sah sich als praxisnahe Mentorin, als anspruchsvolle, aber gleichzeitig hilfsbereite Chefin, die vielen talentierten Mitarbeitern auf die Sprünge geholfen hatte. Sie war felsenfest entschlossen, die stärkste Abteilung der Firma aufzubauen und die Klügsten und die Besten zu belohnen.

Warum aber war das dann so schwer?

Sie bewunderte Bernice. Sie waren seit Jahren Kolleginnen und Freundinnen. Bernice war intelligent, kompetent und ihrer Firma gegenüber absolut loyal. Sie war ausgeglichen, humorvoll und optimistisch. Sie teilte Gails Vorliebe für exotisches Essen, historische Spielfilme, Auslandsreisen, spannende Romane und lange Spaziergänge durch den Park, auf denen sie über ihre Träume und Ambitionen sprachen.

Nun hatte Gail die Chance, Bernice zu ihrer Stellvertreterin zu machen – aber sie konnte sich zu dieser Entscheidung einfach nicht durchringen. Gail fühlte sich hin- und hergerissen, ohne den Grund dafür nennen zu können. Aus Frustration fing sie schon an, ihre eigene Loyalität und ihre Motive in Frage zu stellen. Sie gab sich deshalb große Mühe, die Situation objektiv zu bewerten.

Ganz gewiss, so dachte sie, besaß Bernice die erforderlichen Fähigkeiten, das Wissen und die Erfahrung für den Job. Außerdem war sie so beliebt, dass ihre Beförderung von den anderen Mitarbeitern sicher begrüßt würde. Schließlich hatte Bernice sich diese Position schon lange gewünscht. Gail fühlte sich eng mit ihr verbunden und dachte an die vielen schönen Stunden, die sie gemeinsam als Freundinnen verbracht hatten.

Aber je mehr sie darüber nachdachte, desto mehr war Gail überzeugt, dass es ein Fehler wäre, Bernice zu befördern. Gail war bekannt für die Unerbittlichkeit, mit der sie Ergebnisse forderte und mit der sie schwierige Fragen frontal anging. Sie dachte daran, dass Bernice gerne nur die »guten« Nachrichten hörte und Unangenehmes lieber ausblendete. Sie erinnerte sich beispielsweise an Bernices Schwierigkeiten, Leistungsbeurteilungen für ihre Mitarbeiter zu schreiben, vor allem für diejenigen, die schwache Leistungen gezeigt hatten.

Andererseits verstand es Bernice wunderbar, andere zu motivieren, und sie strahlte einen gesunden Optimismus aus – alleine durch ihre Gegenwart konnte sie einen ganzen Raum mit Energie erfüllen. Und sie war *redegewandt!* Sie überblickte neue Ideen und Konzepte blitzschnell und steckte ihre Zuhörer in Windeseile mit ihrem Enthusiasmus an. Sie konnte ihre Meinung so begeistert vermitteln, dass andere, einschließlich Gail, den Raum hochmotiviert verließen – und sich später fragten: »Was hat sie denn eigentlich *gesagt?* Hat sie Untersuchungsergebnisse oder Fakten angeführt, um ihre Behauptungen zu untermauern?«

Es machte Spaß und war spannend, eine Freundin zu haben, die immer voller Ideen steckte, auch wenn nur wenige davon jemals verwirklicht wurden. Wenn man es sich recht überlegte, dachte Gail, lebten sie und Bernice eigentlich in zwei verschiedenen Welten, wenn es um solche Dinge wie die Entscheidungsfindung ging.

Gail war stolz auf ihre schnelle Auffassungsgabe. Sie freute sich über jede Gelegenheit, Probleme zu lösen. Dabei spielte es für sie keine Rolle, ob es um Menschen oder um Papierkram ging. Gail stieß sofort zum Kern einer Frage vor und traf auf der Grundlage der verfügbaren Fakten und Informationen eine fundierte Entscheidung. Sie verdrehte einem nicht das Wort im Mund und wenn sie sich einmal entschieden hatte, blickte sie auch nicht mehr zurück.

Dagegen lautete Bernices Methode der Problemlösung eher so:

»Los! Fertig! Achtung!« Sie flog wie ein Schmetterling von Problem zu Problem. Sie schob viele Entscheidungen auf und traf andere wiederum spontan, nur um sie dann wieder rückgängig zu machen, wenn ihr noch etwas Neues dazu einfiel.

Nach dieser Analyse schüttelte Gail seufzend den Kopf. Sie sah im Augenblick nur eine vernünftige Möglichkeit, nämlich Bernice als geschätzte Mitarbeiterin in ihrer derzeitigen Position zu lassen. Gail wollte sie zwar gerne als Freundin behalten, aber sie würde Bernice nicht zu ihrer Stellvertreterin befördern.

Doch es besteht noch Hoffnung, dass Gail und Bernice auch am Arbeitsplatz weiterhin ein gutes Verhältnis pflegen. Wenn sie lernen, sich besser an ihren jeweiligen Stil anzupassen, können sie immer noch eine stabile, langfristige Beziehung aufbauen. Wie das funktioniert, erfahren Sie im nächsten Kapitel.

Im Augenblick jedoch hat Gail die richtige Entscheidung getroffen. Das Dilemma, in dem sie sich befand, zeigt, dass es im Verhältnis zwischen den vier Persönlichkeitstypen natürliche Affinitäten und Animositäten gibt – und manchmal sogar zwischen zwei Menschen, die demselben Stil angehören.

Dies ist nicht zufällig. Vielmehr ist die Vereinbarkeit der Persönlichkeitsstile ziemlich vorhersagbar. Die *Platin-Regel* besagt, dass wir alle uns an bestimmte Grundsätze halten. Sobald Sie diese Grundsätze verstehen, werden Sie erkennen, dass Sie und Ihre Mitarbeiter nicht nur ein bunt zusammengewürfelter Haufen von Individuen sind, sondern Teile eines Puzzles, die sich harmonisch ineinander fügen können.

Die *Platin-Regel* hilft Ihnen, sich eine realistischere Vorstellung davon zu machen, welche Erwartungen Sie an welche Mitarbeiter richten können. Vielleicht kämpfen Sie mit einer schwierigen Chefin. Vielleicht treibt Sie auch der Kollege am Schreibtisch nebenan zum Wahnsinn. Oder Sie haben eine kluge, aber anscheinend unmotivierte Mitarbeiterin. Auf jeden Fall werden Sie in der Lage sein, Ihre Kollegen besser einzuschätzen – und dann so zu handeln, dass die Spannungen abgebaut werden.

Die Anwendung der *Platin-Regel* wird Ihnen zu mehr Effektivität verhelfen – und Ihre Arbeit zu einem *Vergnügen* machen. Als

Führungskraft erfahren Sie, wie Sie Aufgaben und Verantwortlichkeiten rationaler verteilen und Menschen besser führen. Als Mitarbeiter erkennen Sie, wie Sie Ihren Platz finden und Ihre Produktivität verbessern können. Unabhängig von Ihrer Position werden Sie jedenfalls in der Lage sein, bessere Arbeit zu leisten und bessere Ergebnisse zu erzielen.

Noch nie zuvor war es wichtiger, auf die Resultate zu blicken, die man mit den eingesetzten Ressourcen erzielen kann. Wenn Unternehmen an allen Ecken und Enden sparen, sich gesundschrumpfen und umstrukturieren, wird es immer wichtiger, mit der schwindenden Anzahl von Kollegen zurechtzukommen. Wenn Sie wissen, wo deren empfindliche Punkte liegen, können Sie Brücken schlagen, wo bisher vielleicht tiefe Gräben lagen.

Wann stimmt die Chemie?

Extravertierte Menschen wie Direktoren und Unterhalter fühlen sich automatisch zu anderen hingezogen, die ebenfalls aus sich herausgehen. Damit, wie laut und wie schnell sie reden, wie bereitwillig sie ihre Meinung äußern und manchmal sogar damit, wie sie sich anziehen, senden sie zahlreiche, sofort verständliche Signale aus.

Wenn Sie das nächste Mal auf einer Party sind, sollten Sie die Gäste unter diesem Gesichtspunkt beobachten. Sie werden förmlich sehen, wie Direktoren und Unterhalter sich geradezu magnetisch anziehen. Sie schätzen sich im Geiste blitzschnell ein und entscheiden: »Das ist jemand, mit dem ich klarkommen könnte. Das ist jemand wie ich!«

Genauso ist es auch bei den zurückhaltenderen Menschen, den Beziehungsmenschen und den Denkern. Eine unsichtbare Kraft führt sie sofort zusammen. Sie scheinen einander schon von weitem zu erkennen. Vielleicht liegt es an ihrer Körpersprache, an ihren Stimmen oder an den stummen Botschaften, die sie mit den Augen aussenden. Jedenfalls gibt es unleugbar eine starke Anziehungskraft, die zwischen Gleichgesinnten wirkt.

Sowohl Introvertierte wie Extravertierte verstehen sich untereinander also gut. Doch umgekehrt gilt dieser Grundsatz ebenso: Zwischen Persönlichkeitsstilen, die sich nicht ähnlich sind, herrschen natürliche Spannungen. Ob und wie sich diese Spannungen äußern, hängt allerdings in sehr hohem Maß davon ab, ob die betreffenden Menschen lediglich einen sozialen Kontakt pflegen oder ob sie an der Erledigung von Aufgaben zusammenarbeiten. Wenn man in der Lage ist, einen guten Kontakt zu halten, bedeutet das noch lange nicht, dass man auch gut zusammenarbeiten kann. Oft ist sogar das Gegenteil der Fall, wie wir sehen werden.

Der Mythos der Kompatibilität

Es ist kein großes Hexenwerk vorauszusagen, welche Menschen sich gut verstehen und welche nicht. Man kann ziemlich zutreffend prognostizieren, ob sich zwischen zwei Menschen eine harmonische oder eine spannungsgeladene Beziehung entwickelt, wenn man erst einmal weiß, wonach man suchen soll. Das Grundprinzip dafür lautet folgendermaßen: Bei sozialen Interaktionen (dazu gehören auch die Kontakte am Arbeitsplatz) gilt die Regel »Gleich und Gleich gesellt sich gern«. Wir fühlen uns von Menschen mit ähnlichen Gewohnheiten und Interessen (wie Gail und Bernice mit ihrer Vorliebe für Spaziergänge, Reisen, exotisches Essen und dieselben Filme und Romane) hingezogen. Wir genießen es, mit Menschen zusammen zu sein, die ähnliche Ansichten, Einstellungen und Verhaltensweisen wie wir selbst haben. Wir ziehen eine gewisse Befriedigung daraus, unter Menschen zu sein, denen das wichtig ist, was auch wir schätzen, die genießen, was auch wir gerne genießen, und die nach ungefähr denselben Regeln spielen wie wir selbst.

Wenn Sie ein Beziehungsmensch oder ein Denker sind, sind Sie methodisch und mögen keine Überraschungen. Also ziehen Sie stabile, vorhersagbare Beziehungen vor. Sie befreunden sich mit Menschen, die Sie nicht in Verlegenheit bringen, indem sie beispielsweise in einem knallroten Sakko aufkreuzen, Ihnen gleich beim ersten Treffen sehr persönliche Fragen stellen, Ihnen laut geschmacklose Witze erzählen oder in langen Tunnels hupen.

Vielleicht sind Sie auch ein Direktor oder Unterhalter und gehen mehr aus sich heraus. Sie glauben, dass das Leben zu kurz ist, um sich Sorgen darüber zu machen, ob Ihre Reifen den richtigen Druck haben, Ihre Socken zur Krawatte passen oder ob es gesünder fürs Herz ist, fettarm gegrillte Hühnchen zu essen statt des guten alten Schweinebratens. Wer wird in hundert Jahren danach fragen? Sie sind stolz darauf, als Genießer zu gelten und sind gerne in Gesellschaft anderer, die Ihre Gewohnheiten und Einstellungen teilen.

The Big Ten – und ihr Sozialverhalten

Was geschieht also, wenn diese manchmal widersprüchlichen Persönlichkeitstypen aufeinander treffen? Dies lässt sich am besten an zehn Kombinationen der vier Stile aufzeigen. Forschungsergebnisse aus den Verhaltenswissenschaften weisen eindeutig darauf hin, welche Kombinationen zusammenpassen und bei welchen Verbindungen Konflikte vorprogrammiert sind – falls die *Platin-Regel* nicht angewandt wird.

Im sozialen Umgang kommen zunächst einmal Menschen mit ähnlichen Merkmalen am besten miteinander zurecht. Der Grund dafür ist einfach: Wenn man in Gesellschaft von Freunden und Bekannten ist, die die eigenen Interessen, Gewohnheiten und Denkweisen teilen, steigert dies die Selbstachtung.

Es wird Sie also nicht überraschen, dass die folgenden Kombinationen im sozialen Umgang am besten zueinander passen:

Denker-Denker
Beziehungsmensch-Beziehungsmensch
Unterhalter-Unterhalter

Wo bleiben die Direktoren? Sie neigen zwar ebenfalls dazu, sich zusammenzutun – zumindest eine Zeitlang. Aber dabei sind sie so wettbewerbsorientiert, dass die Direktor-Direktor-Beziehung nicht so harmonisch verläuft wie die anderen. Deshalb erscheint diese Kombination in der Gruppe der zweithöchsten Kompatibilität:

Direktor-Direktor
Beziehungsmensch-Denker
Direktor-Unterhalter
Unterhalter-Beziehungsmensch

Die Vereinbarkeit dieser Persönlichkeitstypen ergibt sich nicht ganz so selbstverständlich. Aber mit etwas Mühe können auch sie durchaus gelungene Beziehungen aufbauen. Hinzu kommt, dass man bei einer fruchtbaren Zusammenarbeit mit Menschen, die einem eigentlich nicht so sehr liegen, ein Erfolgserlebnis hat, das die eigene Selbstachtung fördert.

Direktoren und Unterhalter sind nach außen gerichtet und haben oft gemeinsame Interessen. Beziehungsmenschen und Denker sind nach innen gerichtet und beschäftigen sich ebenfalls oft mit denselben Dingen.

Sowohl für Unterhalter wie für Beziehungsmenschen spielt die gegenseitige Unterstützung in einer Beziehung eine wichtige Rolle. Meist findet man den Beziehungsmenschen in der gebenden und den Unterhalter in der nehmenden Rolle.

Die temporeichen, extravertierten Direktoren und Unterhalter finden es im Allgemeinen schwer, eine Beziehung zu den gemächlichen, ruhigeren Beziehungsmenschen oder Denkern aufzubauen, denen es an Elan und spontaner Begeisterungsfähigkeit fehlt. Die Beziehungsmenschen und Denker wiederum bemängeln an den Direktoren, dass sie zu forsch, zu laut und zu anspruchsvoll seien.

Von den zehn Kombinationen haben daher die folgenden drei Paare die größten Schwierigkeiten miteinander:

Direktor-Beziehungsmensch
Unterhalter-Denker
Direktor-Denker

Für den Direktor, der stets die Effektivität im Auge hat und für den Unterhalter, der einfach nur Spaß haben möchte, können der vorsichtige Denker und der ausgeglichene Beziehungsmensch einfach nervtötend sein. Während sich Beziehungsmenschen mit dem Überschwang und Eifer der Direktoren und Unterhalter oft seufzend abfinden, zieht sich der Denker lieber ganz von ihnen zurück.

Der Denker möchte stets alles richtig machen, selbst dann, wenn er sich einfach nur entspannt. Ob es darum geht, Würstchen zu grillen, über politische Fragen zu diskutieren oder Tennis zu spielen – der Denker setzt Maßstäbe und beurteilt sich selbst und andere danach, ob und wie sie diese erfüllen. In den Augen des Direktors oder Unterhalters lebt er eigentlich gar nicht richtig, sondern er dient seine Zeit ab. Dieses Paar wird nie zueinander finden – zumindest nicht ohne die *Platin-Regel*.

Auf der positiven Seite ist dagegen zu verbuchen, dass die Gegensätze zwischen diesen drei Kombinationen auch eine gewisse Faszination ausüben. Auf dieser Grundlage können manche Brücken geschlagen werden. Die größten Erfolgschancen dabei haben diejenigen Menschen, die positiv und zielorientiert sind und sich selbst zu immer höherer Effektivität anspornen. Im Gegensatz dazu wird ein ängstlicher Mensch den jeweils entgegengesetzten Typen eher ablehnend und defensiv gegenüberstehen. Damit verurteilen sie natürlich auch jeden Versuch zum Aufbau einer guten Beziehung zum Scheitern.

Für gelungene Beziehungen ist es deshalb unabdingbar, dass beide Seiten mit den besten Absichten aufeinander zugehen. Vor allem dann, wenn der eine erkennt, wie viel er vom anderen lernen kann, werden sich die Gegensätze auch anziehen. Ein Direktor erkennt beispielsweise, dass er geduldiger werden und besser auf andere eingehen könnte, wenn er sich eine Scheibe vom Beziehungsmenschen abschneiden würde. Ein Beziehungsmensch dagegen kann sich die Stärken des Direktors zu Nutze machen und lernen, mehr Verantwortung zu übernehmen und Risiken einzugehen.

Ebenso kann ein sensibler Unterhalter die Besonnenheit des Denkers bewundern, während dieser wiederum feststellt, dass er im Zusammensein mit dem Unterhalter entspannter und umgänglicher wird.

Die vielleicht schwierigsten Hürden sind in der Direktor-Denker-Beziehung zu überwinden. Wenn sie funktionieren soll, müssen beide ihr starkes Kontrollbedürfnis zügeln, wobei der Direktor dem Denker genügend Freiraum lassen muss, während der Denker dem Direktor gegenüber direkter und offener wird.

Das Wichtigste ist jedoch, wie schon gesagt, folgende Erkenntnis: Alle zehn Kombinationen, von der absolut harmonischen bis zur schwierigsten, *können* funktionieren. Wenn wir bereit sind, uns selbst etwas in Frage zu stellen, haben wir schon den ersten Schritt zur Anpassung getan.

Nun haben Sie erfahren, wie die einzelnen Kombinationen im sozialen Umgang miteinander zurechtkommen, ob am Arbeitsplatz oder im Privatleben. Wenn es allerdings darum geht, konkrete Aufgaben zu erfüllen, dann bietet sich oft ein ganz anderes Bild.

Welche Paare arbeiten gut zusammen?

Wenn es um Aufgaben geht – eine Projektleitung am Arbeitsplatz, der Kauf eines Familienautos oder einfach nur die Verwaltung der persönlichen Finanzen –, dann sind ganz andere Kräfte am Werk. Es kann sein, dass Menschen, die sich im sozialen Umgang anziehen, bei der Erledigung von Aufgaben konkurrieren oder sogar überhaupt nicht miteinander zurechtkommen.

Bei der Erledigung von Aufgaben kann es passieren, dass sie durch ihre Ähnlichkeiten behindert werden, weil sie dieselben Bedürfnisse haben. Um eine Aufgabe zu erfüllen, braucht man Ressourcen, Zeit, Raum und Energie – und diese Faktoren sind bekanntlich immer knapp.

Daraus können Spannungen und Konflikte resultieren. Wenn der eine beispielsweise unbedingt »gewinnen« will, wird die andere finden, dass sie zu kurz gekommen sei. Beide haben sich hinterher nicht mehr viel zu sagen.

Aber bevor wir darauf eingehen, welche Paare es am schwersten haben, gemeinsam Aufgaben zu erledigen, wollen wir uns diejenigen Kombinationen ansehen, die am besten harmonieren:

Denker-Beziehungsmensch
Direktor-Beziehungsmensch
Unterhalter-Beziehungsmensch

Erkennen Sie das zugrunde liegende Muster? Der Beziehungsmensch kommt mit jedem klar, wenn es um Aufgaben geht. Er ist das Universalmittel gegen jegliche Disharmonie. Als Mitarbeiter übt er einen beruhigenden, stabilisierenden Einfluss aus. Er interessiert sich von Natur aus für andere und genießt es, ihnen nützlich sein zu können. Kein Wunder, dass er immer gut ankommt.

Die folgenden Kombinationen sind für die Erledigung von Aufgaben am zweitbesten geeignet:

Denker-Denker
Beziehungsmensch-Beziehungsmensch
Unterhalter-Denker

Denker spielen in dieser zweiten Kategorie eine große Rolle. Sie sind nicht so bedächtig wie die Beziehungsmenschen, haben aber ein Gespür für die Gefühle anderer. Gleichzeitig haben sie eine Vorliebe für Spitzenleistungen, die auch anderen schnell ins Auge springt.

Interessanterweise sind Denker, was den sozialen Umgang angeht, in den am wenigsten kompatiblen Kombinationen vertreten. Wenn es dagegen um Aufgaben geht, tauchen sie in den gut vereinbaren Kombinationen auf. Daraus könnte man den Schluss ziehen, dass die Qualität und Gründlichkeit ihrer Arbeit geschätzt wird, auch wenn man sie nicht besonders unterhaltsam findet.

An dritter Stelle schließlich stehen die Kombinationen, die in der Praxis die meisten Schwierigkeiten miteinander haben, weil sie einander primär als Konkurrenten sehen:

Direktor-Direktor
Direktor-Denker

Direktor-Unterhalter
Unterhalter-Unterhalter

Direktor-Direktor-Kombinationen funktionieren im sozialen Umgang noch recht gut, wie wir gesehen haben. Aber sobald es um Aufgaben geht, können die Wettbewerbsorientiertheit und das Kontrollbedürfnis des Direktors jede Zusammenarbeit unmöglich machen – vor allem die Zusammenarbeit mit den gleichgesinnten Direktoren.

Was die Kombination Direktor-Denker angeht, gibt es einen grundlegenden Widerspruch zwischen dem schnellen, kontrollierenden Wesen des Direktors und der langsamen, systematischen Vorgehensweise des Denkers.

Die Kombination zwischen zwei Unterhaltern war in sozialer Hinsicht äußerst harmonisch, während sie bei der Erledigung von Aufgaben die wohl unproduktivste von allen ist. Das liegt daran, dass es einem Unterhalter nun einmal sehr schwer fällt, sich mit den Details anstehender Aufgaben zu befassen.

In vergleichbarer Weise sind auch Direktoren und Unterhalter problemlos in der Lage, eine gute soziale Beziehung zu pflegen, aber wenn sie zusammenarbeiten sollten, ist es mit ihrer Kompatibilität nicht mehr weit her. Das liegt zum einen daran, dass sie beide sehr gerne delegieren. Außerdem kann sich ein »Kampf-oder Flucht«-Muster herausbilden, sobald es zu Schwierigkeiten kommt.

Das kann natürlich auch bei anderen Kombinationen mit Direktoren und Unterhaltern passieren. Aber die Direktor-Direktor-Kombination hat das größte Potential zum Super-Gau. Wenn ein Unterhalter im Spiel ist, wird er sich wahrscheinlich einfach abwenden und Trost für sein verletztes Ego bei verständnisvolleren Pendants suchen, die ihm die Anerkennung geben, die er so dringend braucht.

Das »Kampf-oder-Flucht«-Muster kann bei jedem Persönlichkeitstyp als Reaktion auf Stress auftreten, auch bei Beziehungsmenschen und Denkern, die auf Direktoren oder Unterhalter stoßen, oder sogar untereinander. Bei den Beziehungsmenschen und Denkern ist dies nur nicht so offensichtlich, weil beide mehr nach innen gerichtet sind. Da sie indirektere Verhaltensweisen haben, zeigen sie ihre Gefühle nicht so bereitwillig.

So reagieren Beziehungsmenschen auf einen derartigen Stress meist durch Rückzug, indem sie sich auf ihre eigene Arbeit konzentrieren, auch wenn sie unter der Oberfläche angespannt sind und sich unwohl fühlen. Der Denker dagegen tendiert dazu zurückzuschlagen – aber indirekt, fast unsichtbar. Er tobt seinen Ärger nicht aus, wie es ein Direktor tun würde, sondern denkt heimlich darüber nach, wie er es dem anderen »heimzahlen« kann. Zu dieser stillen Form der Rache könnte es gehören, Informationen oder benötigtes Know-how zurückzuhalten oder auf Tauchstation zu gehen, wenn man ihn dringend braucht.

So unverständlich es ihr also zum damaligen Zeitpunkt erschien, so verständlich ist nach den obigen Ausführungen, dass Gail zwar gerne mit Bernice befreundet war, sie aber nicht zu ihrer Stellvertreterin machen wollte. Gail, vermutlich ein Direktor-Typ, ahnte, dass sie und Bernice, die wahrscheinlich zum Unterhalter-Typ gehörte, nicht so gut zusammenpassten, wenn es um die Bewältigung von Aufgaben ging.

Aber für Bernice – und viele andere, die feststellen, dass ihr Persönlichkeitstyp sie in einer konkreten Situation eher behindert – gibt es Hoffnung. Im nächsten Kapitel werden wir untersuchen, mit welchen Methoden man sich an andere Typen anpassen kann, um diese natürlichen Barrieren zu überwinden. Mit Hilfe der *Platin-Regel* können Sie Ihre Kompatibilität so weit verbessern, dass Sie erfolgreich mit allen Persönlichkeitstypen zusammenarbeiten.

Verhandlungsführung

Eine Aufgabe, bei der sich die Persönlichkeitsunterschiede besonders deutlich zeigen, ist das Verhandeln. Per definitionem sind daran mindestens zwei Personen beteiligt und in der Regel birgt der Vorgang auch Konflikte, manchmal sogar persönliche Konflikte.

Auch wenn Sie das überraschen mag, sind wir alle irgendwann einmal Verhandlungsführer. In praktisch jedem Beruf müssen Sie ab und zu verhandeln. Man nennt es oft nur anders, weil man sich nicht unbedingt an einem großen Eichentisch gegenübersitzen muss, flankiert von Anwälten.

Sie verhandeln nämlich auch, wenn Sie eine bessere Bezahlung für Ihre Überstunden fordern, wenn Sie sich für ein besseres Speisenangebot in der Cafeteria einsetzen oder wenn Sie für ein höheres Budget für Ihre Abteilung kämpfen. Eigentlich verhandeln wir auf informeller Ebene fast täglich. Wer die Persönlichkeitsstile kennt und mit ihnen umgehen kann, hat schon viel für seine Erfolgschancen in all diesen Verhandlungssituationen getan.

Eine wahre Begebenheit:

Gary ist ein knallharter Versicherungsmakler, der gegenüber Wettbewerbern eine einschüchternde, kompromisslose Haltung an den Tag legt. Er erledigt Dinge zielstrebig und schnell. Dieser Stil hat ihm bisher immer zum Erfolg verholfen. Zumindest war das so, bis er es mit einem konservativen, zurückhaltenden Unternehmenschef zu tun bekam, der Gary zwei Millionen Dollar schuldete.

Gary benötigte das Geld unbedingt in einer Summe und nicht in Ratenzahlungen. Er traf sich in dieser Angelegenheit drei Mal mit dem Firmenchef. Drei Mal forderte er den Betrag knallhart und unmissverständlich und drei Mal bestand der andere stur auf seinen eigenen Modalitäten, da er sich nicht gerne herumkommandieren ließ.

Gary stand vor einer großen Niederlage, vielleicht sogar der finanziellen Katastrophe. Dann hörte er zum ersten Mal etwas von der *Platin-Regel* – und die zwei Millionen Dollar befanden sich binnen kurzem auf dem Konto.

Wie hatte er das geschafft? Beim vierten Treffen änderte Gary seine Vorgehensweise, nicht jedoch seine Botschaft. Er sorgte dafür, dass sein Gegenüber sich wohler fühlte. Er trat nicht mehr so kompromisslos auf. Er lieferte ihm mehr Informationen und erläuterte ihm genau, warum eine einmalige Zahlung für beide Seiten sinnvoller war.

Das Klima entspannte sich und beide Seiten bewegten sich aufeinander zu. Schließlich ging Gary mit einem Scheck über zwei Millionen Dollar nach Hause und nicht mit der Aussicht auf ein langwieriges Gerichtsverfahren.

Gary hatte erkannt, dass er den Firmenchef auf ganz individuelle Weise behandeln musste. Genau hier liegt der Dreh- und Angelpunkt der *Platin-Regel*: Wir alle brauchen eine solche individuelle Behandlung.

Nachdem er sich mit der *Platin-Regel* beschäftigt hatte, wusste Gary, dass er selbst ein Direktor und sein Gegenüber vermutlich ein Denker war. Dieser hatte gar nicht die Absicht, ihm das Geld vorzuenthalten, sondern er verstand einfach nur Garys Sichtweise des Problems nicht. Folglich sah er auch keinen Anlass, auf seine Wünsche einzugehen.

Auch Sie können derartige Erfolge erzielen, wenn Sie ein Gespür dafür entwickeln, wie man jeden der vier Verhaltensstile anspricht und motiviert. Machen Sie sich klar, dass Gary seine Grundsätze nicht aufgab und dass er sein Gegenüber nicht belog und nicht manipulierte. Statt dessen beobachtete er ihn einfach und handelte dann so, dass dieser sich wohl fühlte.

Oft gehen wir, so wie Gary, nur mit den falschen Voraussetzungen in Verhandlungen. Wir unterstellen, dass alle Beteiligten dasselbe Ziel haben, nämlich so viel wie möglich einzukassieren und dem anderen so wenig wie möglich übrig zu lassen.

Diese Einstellung führt jedoch zwangsläufig zu Reibungen und Konflikten. Es bleibt immer eine Seite übrig, die tief enttäuscht ist – und manchmal sind es auch beide. Statt dessen schlagen wir vor, die *Platin-Regel* anzuwenden, um Verhandlungen reibungsloser zu gestalten und ein für beide Seiten vorteilhaftes Ergebnis zu erreichen.

Effektives Verhandeln mit allen vier Persönlichkeitstypen

Überlegen Sie zunächst einmal, welche Verhaltensweisen die einzelnen Persönlichkeitsstile in Verhandlungen an den Tag legen könnten. Wodurch fühlen sie sich am meisten motiviert?

Ein Direktor will, wie Sie mittlerweile wissen, immer gewinnen. Er hat eine Kämpfernatur und will am Verhandlungstisch entweder erobern oder erobert werden. Mit dem »Win-Win«-Konzept kann er nicht viel anfangen. Wenn einer gewinnt, muss der andere zwangsläufig verlieren, glaubt der Direktor.

Halten Sie an dieser Stelle einmal inne! Liegt hier vielleicht die Achillesferse des Direktors? Könnten Sie diese Denkweise zu Ihrem Vorteil verwenden? Wir werden darauf gleich noch einmal zurückkommen.

Wie verhält sich ein Unterhalter in Verhandlungen? Wie in allen anderen Situationen, ist er auch in Verhandlungen positiv und optimistisch – und zwar so sehr, dass er sich vielleicht gar nicht mit den Details Ihres Verhandlungsvorschlags beschäftigt. Behalten Sie das im Gedächtnis.

Der Beziehungsmensch wünscht sich natürlich, dass jeder zufrieden vom Verhandlungstisch aufsteht, auch wenn er selbst dabei nicht persönlich profitiert. Er ist in dieser – wie in fast jeder anderen – Hinsicht das genaue Gegenteil des Direktors.

Denker können – wen wundert es – in Verhandlungen etwas verbissen sein. Sie halten ihre Prinzipien hoch und sind wenig pragmatisch. Für sie stehen beim Verhandeln die Fakten und nicht die Beziehungen im Vordergrund. Wenn Sie dieses Wissen im Hinterkopf behalten, verfügen Sie schon über einen Vorteil, wie wir noch sehen werden.

Jeder Stil verfolgt in Verhandlungen also unterschiedliche Ziele und wendet unterschiedliche Methoden an. Der Direktor möchte den Sieg und zwar für sich alleine. In seinen Augen besteht die Welt aus Gewinnern und Verlierern – und er weiß, auf welcher Seite er stehen will. Der Unterhalter sucht einfach nur Anerkennung und Bewunderung. Der Beziehungsmensch dagegen möchte Harmonie und Freundschaft. Und der Denker sehnt sich nach geordneten Abläufen und einem rationalen, auf Fakten begründeten Ergebnis.

Roger Dawson, Autor von *Secrets of Power Negotiating for Salespeople* schrieb: »Das Win-Win-Verhandeln kann nur klappen, wenn man versteht, dass die Menschen beim Verhandeln eben nicht dasselbe wollen.«

Erfolgreiches Verhandeln bedeutet also nicht nur, über die Einzelheiten einer Vereinbarung zu feilschen. Es geht auch nicht nur darum, das zu bekommen, was man möchte. Man muss nämlich auch im Auge haben, was der andere möchte. Das bedeutet, dass die *Platin-Regel* viel mit der alten Kunst des Tauschhandels zu tun hat.

Der geschickte Verhandler setzt seine Kenntnis der Persönlichkeitsstile ein, um eine »Win-Win«-Vereinbarung zu schmieden. Er fragt nicht einfach nur: »Was kann ich für mich herausholen?« Der geschickte Verhandler stellt die Schlüsselfrage: »Was kann ich dem anderen geben, was mir nicht fehlen wird?«

Zur Illustration nehmen wir einmal an, dass Sie Büroräume vermieten wollen. Alle wichtigen Einzelheiten – die Miethöhe, die Mietvertragsdauer, die Ausstattung und das Bezugsdatum – sind noch nicht geregelt.

Zunächst verhandeln Sie mit einem Direktor. Sie wissen, dass er das Feld gerne als Gewinner verlassen möchte. Also wird er sich erst dann zufrieden geben, wenn er den Mietpreis heruntergehandelt hat.

Da Sie die Persönlichkeitstypen kennen, wissen Sie auch, dass es zu den Schwächen des Direktors gehört, sich an ein, zwei Themen festzubeißen – und die anderen aus den Augen zu verlieren. Wie Sie wissen, braucht der Direktor auch das Gefühl, dass Sie ihm in wesentlichen Punkten nachgegeben haben, weil er sich ja sonst nicht als Gewinner betrachten kann.

Wie gehen Sie also vor? Zunächst einmal sollten Sie es vermeiden, auch nur andeutungsweise vom »Win-Win«-Prinzip zu sprechen, da Sie in den Augen des Direktors sonst sofort als Waschlappen eingestuft werden. Bestehen Sie statt dessen zunächst hartnäckig auf Ihrem Mietpreis, nur um dann nachzugeben und zu beteuern, wie schwer Ihnen dies falle. Gleichzeitig legen Sie die Mietvertragsdauer, die Ausstattung und das Bezugsdatum so fest, dass Sie die finanziellen Nachteile aus den niedrigeren Mieteinnahmen wieder ausgleichen.

Der Direktor wird das Gefühl haben, dass er Sie in der Verhandlung bezwungen hat und sich noch jahrelang damit brüsten, welch gutes Schnäppchen er gemacht hat. In Wahrheit haben Sie sich an ihn angepasst. Sie haben dafür gesorgt, dass der Direktor bekam, was ihm wichtig war, während Sie gleichzeitig Ihre eigenen Bedürfnisse erfüllten.

Wenn Ihr potentieller Mieter ein Unterhalter wäre, würden Sie sich ins Gedächtnis rufen, dass er ein besonderes Faible dafür hat, andere für seine Ideen zu begeistern. Vielleicht möchte er die Büroräume zur zentralen Schnittstelle für alle Filialen seines Unternehmens machen und sich im Glanz sonnen, den dies auf ihn werfen würde.

Sobald der Unterhalter sich einmal für eine Idee begeistert, tritt alles andere in den Hintergrund – einschließlich Geld und Logik. Geben Sie ihm also, was er möchte. Ermutigen Sie ihn, sich ein Tadsch Mahal zusammenzuträumen. Sichern Sie ihm zu, goldene Wasserhähne und italienischen Marmor in die Toilettenräume einbauen zu lassen. Denken Sie über ein Foyer nach, auf das auch Tut-Ench-Amun stolz gewesen wäre. Während Sie ihm helfen, seine Träume zu verwirklichen, nämlich repräsentative Büroräume zu bekommen, verfolgen Sie auch Ihr Ziel, nämlich eine hohe Miete.

Ein Beziehungsmensch wünscht sich die Welt im Grunde seines Herzens als warmen und kuscheligen Ort. Mag sein, dass er Ihre Büroräume gerne mieten würde, aber noch wichtiger ist ihm, dass die Verhandlungen harmonisch und in beiderseitigem Einvernehmen verlaufen. Was tun Sie also? Gehen Sie langsam und gemächlich vor, seien Sie freundlich und entgegenkommend. Sorgen Sie dafür, dass seine Bedürfnisse befriedigt werden – dann werden Sie wahrscheinlich auch Ihre eigenen Ziele erreichen.

Der Denker dagegen legt wenig Wert auf allumfassende Harmonie und ihm liegt auch nichts am Aufbau einer guten Beziehung mit Ihnen. Er möchte Fakten und Informationen und braucht das Gefühl, dass die Verhandlungen schnell gute Fortschritte machen. Geben Sie also Ihr Bestes, um diese Bedürfnisse zu erfüllen. Werfen Sie mit Diagrammen um sich, beschaffen Sie Ausdrucke, Zahlenkolonnen, Zertifikate und Grundrisse – alles, was dem Denker das Gefühl vermitteln könnte, dass Sie außergewöhnlich sorgfältige Recherchearbeit geleistet haben. Er möchte zur Schlussfolgerung gelangen, dass er mit dieser Bürosuite den besten Gegenwert für sein Geld bekommt und dass jeder vernünftige Mensch sich ebenso entschieden hätte. Wenn Sie ihm dabei helfen, wird er nicht mehr so viel Wert auf die anderen Punkte legen, die für Sie wiederum wichtig sind.

Kurz gesagt: Eine erfolgreiche Verhandlungsführung ist zunächst einmal eine Frage der Wahrnehmung und dann eine Frage der Anpassung. Jeder der vier Persönlichkeitstypen definiert den Verhandlungserfolg anders. Wenn Sie also einem anderen Stil angehören als Ihr Verhandlungspartner, streben Sie aller Wahrscheinlichkeit nach ganz unterschiedliche Ziele an.

Wenn Sie aber die *Platin-Regel* anwenden, können Sie herausfinden, wie Ihr Verhandlungspartner den Erfolg definiert und sich dann daran anpassen. Statt ihn von seiner Position abzubringen, berücksichtigen Sie seine Interessen und sorgen gleichzeitig dafür, dass Ihre eigenen Interessen erfüllt werden.

Kapitel 7

Wie man sich an jeden Stil anpasst... und dabei die eigene Identität wahrt

Ein wichtiger Kunde ruft Sie an und erinnert Sie: »Hallo! Wir wollten uns doch mal treffen! Wie wäre es mit Samstag früh? Wir könnten zusammen frühstücken und um sieben Uhr am ersten Loch stehen. Auf diese Weise haben wir den Golfplatz fast für uns alleine und schaffen noch vor Mittag achtzehn Löcher. Und wer weiß, vielleicht reicht es danach sogar für eine weitere Runde.«

Leider sind Sie, um es vorsichtig auszudrücken, kein Frühaufsteher und Sie spielen auch kein Golf. Die Idee, samstags um halb sechs Uhr in der Frühe aufzustehen, um sechs zu frühstücken und danach Golf zu spielen, finden Sie ungefähr so verlockend wie die Aussicht auf eine Wurzelbehandlung beim Zahnarzt.

Aber nehmen wir an, dass das Treffen mit diesem Kunden tatsächlich von enormer Bedeutung wäre. Es ginge um einen Riesenabschluss, der Ihre Karriere mit einem Schlag voranbringen würde. In diesem Fall wären Sie sicherlich bereit, sich den Wünschen und Vorstellungen Ihres Kunden anzupassen.

Oder nehmen wir an, dass Ihr Chef in Ihr Büro kommt, Ihnen mit dem Bericht, auf den er lange gewartet hat, vor der Nase herumwedelt und behauptet: »Mir scheint, dass Sie einen großen Fehler bei der Berechnung der Projektkosten gemacht haben!«

Sie haben Tage an diesem Bericht gesessen. Sie haben die Zahlen geprüft und gegengeprüft – sie können einfach nicht falsch sein! Da sind Sie sich ganz sicher.

Wie reagieren Sie? Springen Sie vom Stuhl hoch und bestreiten empört die Behauptung Ihres Chef? Stapfen Sie zornig aus dem Zimmer? Oder hören Sie ihm ruhig zu und versuchen erst einmal zu erfahren, wie er zu seinem Urteil gekommen ist?

Wenn es Ihnen wichtig genug wäre, mit Ihrem Chef weiterhin auf gutem Fuß zu stehen, würden Sie sich um Ruhe und Selbstbeherrschung bemühen, nicht wahr? Natürlich.

Was ist Anpassungsfähigkeit?

Ein anpassungsfähiger Mensch ist bereit und fähig, ein wenig nachzugeben, wenn dies der Fortführung einer Beziehung dient. Es handelt sich um eine Methode, um mit bestimmten Menschen in bestimmten Situationen besser zurechtzukommen. Sie impliziert, dass man zuerst redet und dann handelt und nicht spontan tut oder sagt, was einem gerade einfällt.

Die Wahrheit lautet: Eigentlich tun Sie das ohnehin schon.

Wenn Sie bei Ihrem Chef zu Hause zum Essen eingeladen sind, zeigen Sie vermutlich eine andere Seite von sich selbst als mit Freunden beim Kartenspielen. Beim Tennis verhalten Sie sich anders als in einer Projektbesprechung, auf einer Kunstausstellung anders als auf einer Halloween-Party.

Sie passen sich an, weil Sie instinktiv spüren, dass unterschiedliche Verhaltensweisen gefragt sind, wenn Sie Erfolg und Anerkennung suchen. Dieses Gefühl ist völlig berechtigt. Der entscheidende Punkt dabei lautet: Sie können lernen, noch besser einzuschätzen, wann und wie Sie sich anpassen. Sie können lernen, sich an alle Arten von Menschen und Situationen anzupassen. Wenn Ihnen das gelingt, werden Sie Erfolg und Anerkennung in einem ungeahnten Ausmaß finden.

Warum ist Anpassungsfähigkeit wichtig?

Erfahrene Geschäftsleute wissen, dass sie bestimmte kulturelle Unterschiede kennen und respektieren müssen, wenn sie sich beispielsweise in Japan engagieren. Vielleicht lernen sie, sich richtig zu verbeugen, mit Stäbchen zu essen oder auf eine neue, zurückhaltendere Weise zu verhandeln. Damit zeigen sie, dass sie ihre Geschäftspartner respektieren.

Aber auch an Ihrem eigenen Arbeitsplatz ist es wichtig, andere zu respektieren und sich an ihren Persönlichkeitsstil anzupassen. Mehr als Sie manchmal glauben mögen, hängen Ihr Glück, Ihre Effektivität und Ihre Zukunft davon ab, wie gut Sie mit anderen zurechtkommen. Dies wiederum hängt in hohem Maß von Ihrer Fähigkeit ab, sich anzupassen.

Ein Beispiel soll dies illustrieren:

Deborah ist eine Geschäftsfrau, der es gelingt, sogar am Telefon Wärme auszustrahlen. Sie setzt Kundengespräche mit Vorliebe in Restaurants an und kommt nie zu spät. Beim ersten Treffen schüttelt sie Ihnen begeistert die Hand, erkundigt sich, ob Sie gerne Rum trinken und bestellt dann einen Drink, von dem sie behauptet, dass er Ihnen bestimmt schmecken wird. Während Sie trinken, erzählt sie Ihnen eine amüsante Geschichte darüber, wie sie diesen Drink zum ersten Mal in New Orleans getrunken hat.

Das Essen dauert zweieinhalb Stunden: 15 Minuten geht es ums Geschäftliche, 20 Minuten werden neue Witze erzählt und die restliche Zeit vergeht mit dem Geplauder über Deborahs Erfolge und Interessen. Während des Essens schließt Deborah mit dem Geschäftsführer und drei Kellnerinnen Bekanntschaft, einschließlich derjenigen, mit der sie zusammenstieß, als sie bei einer ihrer Pointen gerade wild gestikulierte.

Deborah verkörpert den Typ des Unterhalters in Reinkultur. Wenn Sie nicht auch zu diesem Typ gehören (dann würde das Treffen allerdings vier und nicht zweieinhalb Stunden dauern), müssen Sie sich anpassen. Nur dann werden Sie das Restaurant mit einem befriedigenden geschäftlichen Ergebnis verlassen.

Wenn es Ihnen nun an Anpassungsfähigkeit mangelt und Sie auf alle Persönlichkeitstypen in allen Situationen gleich reagieren, werden Sie mit Deborah nicht viel Glück haben. Dasselbe gilt für die anderen drei Viertel der Bevölkerung, die nicht zu Ihrem Stil gehören. Ohne ein Mindestmaß an Flexibilität werden Sie Ihre Bemühungen, gute Beziehungen aufzubauen, regelmäßig selbst sabotieren.

Dagegen geht ein Mensch, der sich angemessen anpassen kann, auf die Bedürfnisse anderer ebenso ein wie auf seine eigenen. Unsere Untersuchungen haben gezeigt, dass:

- die meisten Menschen nicht so anpassungsfähig sind, wie sie glauben,
- sie aber lernen können, diese Fähigkeit weiterzuentwickeln.

Dieses Kapitel zeigt, wie man den eigenen Stil so anpasst, dass er mit jedem anderen Stil auf bestmögliche Weise harmoniert. Viele Menschen tun dies in geringem Ausmaß schon instinktiv, wenn sie etwa mit gesprächigen Menschen mehr reden oder in Gesellschaft hartgesottener Denker stiller werden. Wirklich durchschlagende Erfolge und Verbesserungen erzielen Sie jedoch erst dann, wenn Sie lernen, wie Sie ganz systematisch auf andere Menschen eingehen können.

Aber auch wenn Sie Ihren eigenen Stil angleichen, müssen Sie die eigene Identität wahren. Jemand, der sich in übertriebener Weise anpasst, wirkt leicht unecht und unaufrichtig. Dieses Kapitel soll Ihnen deshalb dabei helfen, Ihre individuellen Eigenschaften zu modifizieren, nicht aber, sie zu verleugnen.

Die richtige Einstellung

Anpassungsfähigkeit bedeutet nicht, den Stil eines anderen blindlings nachzuahmen und die eigene Identität oder die eigenen geschäftlichen Interessen aufzugeben. Es bedeutet nur, die eigene Offenheit und Direktheit, das Tempo und die Prioritäten so anzupassen, dass die Beziehung funktioniert.

Dies setzt zwei Dinge voraus, nämlich die Bereitschaft und die Fähigkeit zur Anpassung.

Die Bereitschaft zur Anpassung bedeutet, dass Sie grundsätzlich willens sind, Ihr Verhalten in einer gegebenen Situation anzupassen und »flexibel« zu sein. Diese *Einstellung* ist ein Zeichen von Reife.

Untersuchungen haben ergeben, dass sehr flexible Menschen folgende Eigenschaften haben:

Selbstvertrauen: Sie sind einfallsreich und vertrauen auf ihr Urteilsvermögen.
Toleranz: Sie verurteilen abweichende Meinungen und Verhaltensweisen nicht.
Empathie: Sie berücksichtigen die Gefühle anderer.
Positiv: Sie sehen Menschen, Situationen und das Leben von der positiven Seite.
Respektvoll: Sie verstehen, akzeptieren und achten andere.

Wenn Sie flexibler sein möchten, sind dies also die Merkmale, auf die es ankommt. Unflexible Menschen sind dagegen oft dogmatisch, zu konkurrenzorientiert, unzufrieden und unzugänglich. Sie tendieren zur Schwarzweißseherei und haben kein Gespür für die Zwischentöne. Sie denken in der Kategorie »Entweder-Oder« und verscherzen sich damit alle Vorteile, die man durch das »Sowohl-als-auch«-Denken gewinnt.

Mit einer höheren Anpassungsfähigkeit und Flexibilität dagegen sind Sie vielseitiger. Sie benötigen dafür Fähigkeiten, die Sie manchmal erst noch entwickeln und einüben müssen. Dazu zählen:

Entschlossenheit: Emotionale Stärke, um sich von Rückschlägen zu erholen und Grenzen zu überwinden.
Visionäre Kraft: Die Fähigkeit, Chancen vorauszusehen und Alternativen zu schaffen.
Wachsamkeit: Sensibilität für die Gefühle anderer und den Instinkt für das richtige Timing zu besitzen.
Selbstkritik: Die Fähigkeit, das eigene Verhalten objektiv zu bewerten und aus Fehlern zu lernen.

Diese Eigenschaften und Fähigkeiten sollten Sie ausbauen, um mehr Beweglichkeit zu gewinnen. Kämpfen Sie gleichzeitig gegen andere

Eigenschaften an, die Sie daran hindern, sich effektiv anzupassen. Dazu gehören Insensibilität, der Widerstand gegen alles Neue, Engstirnigkeit, leichtfertiger Umgang mit Risiken sowie eine ausgeprägte Subjektivität, also die Unfähigkeit, von der eigenen Perspektive zu abstrahieren. Wenn Sie diese Eigenschaften bei sich feststellen, sollten Sie versuchen, sich davon zu lösen oder sie zumindest so weit in den Griff zu bekommen, dass sie Ihre Flexibilität nicht wesentlich beeinträchtigen.

Ein Gleichgewicht herstellen

So wie die Verwaltung Ihrer privaten Finanzen erfordern auch Beziehungen ein durchdachtes Management. Ein anpassungsfähiger Mensch erfüllt die Bedürfnisse des anderen ebenso wie die eigenen. Auch Sie können dies lernen. Sie werden einen Blick dafür bekommen, wann Sie Ihr Verhalten gar nicht anzupassen brauchen, wann ein bescheidener Kompromiss angemessen ist und wann eine weitergehende Anpassung an den Verhaltensstil eines anderen notwendig ist.

Sie können lernen, Beziehungen so zu führen, dass jeder profitiert und jeder sich besser fühlt. Sie haben die Möglichkeit, es in der Anwendung der *Platin-Regel* zu wahrer Meisterschaft zu bringen.

Zur Flexibilität gehört jedoch mehr als nur die Absicht, die Spielregeln der Anpassung zu lernen. Es geht um die knallharte Realität. Anpassungsfähig zu sein bedeutet, heikle Situationen souverän zu meistern und mit schwierigen Menschen besser umzugehen. Dabei spielt es auch eine Rolle, wie andere die Beziehung zu Ihnen empfinden und beurteilen. Wenn Sie anpassungsfähig sind, schenkt man Ihnen Vertrauen und hält Sie für glaubwürdig. Inflexibilität dagegen verhindert, dass Vertrauen überhaupt erst aufkommt.

Die Entscheidung liegt bei Ihnen!

Im Wesentlichen bedeutet Anpassungsfähigkeit, die eigene Kompatibilität zu steuern. Kein Stil ist von Natur aus anpassungsfähiger als ein anderer und jeder Mensch muss andere Anpassungen vornehmen.

Das liegt daran, dass die Anpassungsfähigkeit etwas ist, wofür man sich entscheidet. Es liegt ganz alleine bei Ihnen, ob Sie sich heute an den Persönlichkeitsstil eines Menschen anpassen und morgen nicht. Sie entscheiden darüber, ob Sie in der einen Situation flexibel reagieren und in der anderen nicht.

Ein Unterhalter kann sich etwa an einen Denker anpassen, indem er weniger spricht, mehr zuhört und sich auf die anstehende Aufgabe konzentriert. Ein Beziehungsmensch kann sich an einen Direktor anpassen, indem er beim Thema bleibt, sich nicht allzu salopp gibt und zügig vorangeht. Direktoren wiederum können sich an Unterhalter anpassen, indem sie sich die Zeit nehmen, ihnen zuzuhören, auf ihre Ideen einzugehen und sie kennen zu lernen.

Wie fangen Sie an?

In Kapitel 4 haben Sie erfahren, wie man die Signale, die andere Menschen aussenden, schnell entschlüsselt. Sie haben gelernt, wie man Rückschlüsse aus ihrer Sprechweise und anderen Merkmalen zieht und ihren Stil identifiziert, indem man beobachtet, wie direkt oder indirekt, offen oder reserviert sie sind.

Auf vergleichbare Weise können Sie lernen, sich auf der Grundlage dieser wenigen Signale und Anhaltspunkte anzupassen. Je mehr Teile des Persönlichkeitpuzzles dann im Verlauf der Beziehung aufgedeckt werden, desto besser können Sie Ihre Anpassungsversuche weiter abstimmen.

Für jeden Persönlichkeitsstil gibt es einfache Maßnahmen, um die eigene Anpassungsfähigkeit zu verbessern.

CHECKLISTE ZUR VERBESSERUNG DER ANPASSUNGSFÄHIGKEIT

Beziehungsmenschen sollten...
lernen, nein zu sagen

mehr Risiken eingehen

mehr delegieren

Neuem offener gegenüberstehen

darauf achten, mit wem sie über Gefühle sprechen und mit wem nicht

Aufgaben erledigen, ohne den Gefühlen anderer oberste Priorität einzuräumen

Denker sollten...
offener zeigen, dass sie andere wahrnehmen und respektieren

neue Projekte vorschlagen

bei der Zusammenarbeit nach einem gemeinsamen Nenner suchen

Entscheidungen nicht hinausschieben

Unterhalter sollten...
ihre Zeit besser planen und Gefühle kontrollieren

versuchen, objektiver zu sein

Versprechen einhalten

sich nicht ablenken lassen

logischer und vorhersehbarer handeln

mehr Zeit darauf verwenden zu organisieren, Fortschritte zu überwachen und Angefangenes zu Ende zu führen

Direktoren sollten...
sich gelassener geben, indem sie ihr Tempo zügeln

offener und geduldiger zuhören
Richtlinien nicht wie Dogmen behandeln
Geduld, Sensibilität und Empathie entwickeln

anderen aufrichtiges Lob aussprechen
gelegentlich eine schnelle Lösung anwenden und dadurch Zeit sparen

überlegter und vorsichtiger handeln
sich mit der Gruppe identifizieren

Anpassung in spezifischen Situationen

Es gibt also einige Veränderungen, um die Sie sich in jedem Fall bemühen sollten, um Ihre Anpassungsfähigkeit zu steigern. Aber wie können Sie sich in spezifischen Situationen anpassen?

Zur Illustration soll das folgende Beispiel dienen, in dem Deirdre ihren ersten Arbeitstag als Marketingmanagerin hat. Sie arbeitet mit Henry zusammen, der bisher alleiniger Manager war.

Deirdre ist ein Beziehungsmensch. Sie hat Henry bisher nur wenige Male gesehen, so dass sie seinen Stil noch nicht gut kennt. Sie betritt Henrys Büro durch die offen stehende Tür und reicht ihm lächelnd die Hand: »Schön, Sie wiederzusehen. Ich freue mich darauf, mit Ihnen zusammenzuarbeiten!« sagt sie fröhlich.

Henry steht auf und erwidert Ihren Händedruck, sagt dabei aber mürrisch: »Hat Ihnen meine Sekretärin nicht gesagt, dass ich in ein paar Minuten eine Besprechung habe? Wenn Sie draußen warten, können wir uns in einer Stunde wieder treffen. Hat sie Ihnen nicht gesagt, dass ich nur mit einem Termin zu sprechen bin? Ich bin diese Woche sehr beschäftigt. Vielleicht können wir uns ja nächste Woche mal zusammensetzen.«

Deirdre kennt zum Glück die *Platin-Regel* und sieht sofort, dass Henry kein Beziehungsmensch ist. Er ist schnell und aufgabenorientiert, aber offensichtlich nicht personenorientiert.

Sie hat nun zwei Möglichkeiten, wie sie reagieren könnte:

Ihre spontane Reaktion, die wir *Deirdre Nr. 1* nennen, könnte folgendermaßen ausfallen: »Oh Henry, tut mir schrecklich leid, dass ich Sie gestört habe. Entschuldigen Sie! Natürlich werde ich mit Ihrer Sekretärin reden. Dann vereinbare ich einen Termin in ein oder zwei Wochen, wenn Sie wieder mehr Luft haben.«

Sie könnte auch eine andere Antwort wählen, die wir *Deirdre Nr. 2* nennen: »Ich möchte Sie nur ungern stören. Aber es gibt auch ein paar Dinge, die wir bald in Angriff nehmen müssen, weil andere auf unsere Ergebnisse warten. Haben Sie denn schon überlegt, wie wir den Übergang zur gemeinsamen Leitung des Marketing gestalten? Wenn Sie etwas für mich haben, was ich lesen oder erledigen könnte, dann werde ich gleich damit anfangen.«

Welche Antwort zeugt von größerer Anpassungsfähigkeit? Vielleicht meinen Sie, dass die erste Reaktion mehr Flexibilität beweise: Deirdre hat sich Henrys Wünschen gefügt, ob es vernünftig war oder nicht. Aber genau dies ist nicht gemeint, wenn man von der Anpassungsfähigkeit im Sinne der *Platin-Regel* spricht. Flexibilität darf nicht mit Nachgiebigkeit verwechselt werden, auch wenn ein Beziehungsmensch von Natur aus bereitwillig einlenkt.

In ihrer zweiten Reaktion dagegen passt sich Deirdre an, weil sie blitzschnell begriffen hat, dass ihr Persönlichkeitsstil in dieser Situation nicht angemessen wäre. Deshalb hat sie ihr Verhalten so modifiziert, dass sie mit dem schnellen, temporeichen Henry besser kommunizierte. Sie hat ihre Position mit einer eindeutigen und trotzdem positiven Antwort behauptet. Sie passte sich an, indem sie sofort zur Sache kam und aufgabenorientiert argumentierte.

Kein Zeichen von Schwäche

Deirdre Nr. 2 hat ihre Interessen, die sich auf die beiderseitige Beziehung sowie auf die anstehenden beruflichen Aufgaben bezogen, selbstbewusst vertreten. Mit dieser Reaktion gelingt es ihr besser als mit der ersten Alternative, Henrys Aufmerksamkeit zu gewinnen und ihn zur Zusammenarbeit zu bewegen.

Sich anzupassen ist also keineswegs ein Zeichen der Schwäche. Es bedeutet nicht, aus Prinzip nachzugeben und sich von anderen überrollen zu lassen. Es bedeutet zunächst einmal, lediglich zu erkennen, ob der andere schnell oder langsam, aufgabenorientiert oder personenorientiert denkt und sich dann ein Stück in die entsprechende Richtung zu bewegen.

Deirdre standen nur einige wenige Momente zur Verfügung, um Henry einzuordnen und sich anzupassen. Sie stellte trotzdem ganz selbstverständlich eine schnelle und zutreffende Diagnose seines Tempos und seiner Prioritäten.

Nehmen wir nun an, dass sie mit Henry häufig zusammenarbeitet und damit Gelegenheit hat, seinen Persönlichkeitsstil zu beobachten. Wenn sie in ihrem neuen Job Erfolg haben will, wird die Anpassung an Henry eine wichtige Daueraufgabe sein. Deshalb möchte sie ihre Anpassung einen Schritt weiterführen.

Im Verlauf der ersten Besprechungen mit ihm achtet sie also auf weitere Signale. Sie stellt fest, dass Henry lieber hinter seinem Schreibtisch sitzt als auf der Couch oder am kleinen Tisch in seinem Büro, wo die räumliche Distanz zwischen ihnen geringer wäre. Normalerweise beginnt er das Gespräch mit einem kurzen Blick auf die Uhr. Einmal leitet er ein Treffen folgendermaßen ein:

Henry: »Offen gesagt, Deirdre, Sie sind diesem Job nicht gewachsen. Ich habe schon andere junge Nachwuchskräfte gesehen, die man einfach zu früh befördert hat. Es funktioniert nicht. Es nimmt immer ein böses Ende. Sie sollten mit dem Holzkopf sprechen, der Sie befördert hat und überlegen, welche Alternativen es für Sie gibt. Kurz: Ich brauche Sie hier nicht. Sie werden hier nicht zufrieden sein und langfristig schaden Sie sich selbst, weil es für Sie nichts zu tun gibt. Und selbst wenn, dann wären wir beide doch wie Öl und Wasser. Das ist hart, ich weiß. Aber ich halte es für das Beste, ganz offen zu Ihnen zu sein, in Ihrem eigenen Interesse.«

Deirdre hört zu und versucht mühsam, ihren Zorn zu zügeln, während sie über die passende Reaktion nachdenkt. Henry ist sehr direkt: bestimmend, herrisch, unverblümt. Er hat keinerlei Hemmungen, die Kontrolle auszuüben.

Außerdem ist er eher reserviert als offen: Er ist aufgabenorientiert, verschwendet keine Zeit und ist etwas formell und steif. Er hat Deirdre zwar gesagt, dass sie für ihre Position nicht geeignet sei, aber er hat fast nichts darüber preisgegeben, wie die Stelle seiner Meinung nach ausgefüllt werden sollte. Er hat keinerlei Gefühle geäußert – weder über seine Arbeit noch über die Firma noch über Deirdre.

Henry, so folgert Deirdre, ist direkt und reserviert, also ein Direktor. Deirdre geht im Geiste blitzschnell durch, welche Möglichkeiten sie nun hat. Ihre instinktive Reaktion als Beziehungsmensch wäre die folgende:

Deirdre Nr. 1: »Hmm, das ist interessant. Vielleicht haben Sie Recht.

Ich möchte diesen Job zwar gerne haben, aber andererseits müssen wir uns natürlich auch darüber einigen, wie das mit der gemeinsamen Marketingleitung funktionieren soll. Ich weiß zu schätzen, was Sie mir über meine langfristige Zukunft hier im Unternehmen gesagt haben. Lassen Sie mich darüber nachdenken und dann reden wir noch einmal darüber.«

Aber gleichzeitig weiß sie, dass sie damit nicht weiterkommt. Henry wird sie wie eine Dampfwalze überrollen, so wie er schon viele andere überrollt hat. Deshalb muss sie versuchen, sich seiner Wellenlänge anzunähern, indem sie direkter und weniger offen, als es eigentlich ihrer Art entspräche, reagiert.

Sie könnte also sagen:

Deirdre Nr. 2: »Ich möchte Sie nur daran erinnern, Henry, dass meine Beförderung in der Zentrale beschlossen wurde. Offensichtlich glaubt also jemand weiter oben, dass ich etwas kann und dass Sie Hilfe brauchen. Offen gesagt: Wenn man in der Zentrale der Ansicht wäre, dass Sie die Abteilung hervorragend im Griff hätten, dann hätte man mich nicht hergeschickt. Deshalb gehe ich davon aus, dass wir zusammenarbeiten. Ich möchte, dass das Experiment mit der gemeinsamen Leitung der Abteilung funktioniert und werde selbst mein Bestes dazu beitragen. Wenn Sie dazu nicht ebenfalls bereit sind, habe ich keine andere Wahl, als die entsprechenden Leute über Ihren Widerstand aufzuklären. Und das wäre weder für Sie noch für Ihre Karriere gut, Henry. Nein, bestimmt nicht.«

Eine solche Reaktion wäre zwar sehr direkt, aber auch viel zu diktatorisch. Deirdre würde in die Rolle eines Direktors schlüpfen, sich dadurch aber jede Chance auf eine wirklich gute Zusammenarbeit mit Henry verbauen. Mit dem Versuch, Henrys Kompromisslosigkeit noch zu übertreffen, würde sie weit über ihr Ziel hinausschießen und sie könnte vermutlich alle Hoffnungen auf eine gemeinsame Leitung der Abteilung endgültig begraben.

Deirdre entscheidet sich also klugerweise für eine dritte Möglichkeit:

Deirdre Nr. 3: »Ich verstehe Ihre Bedenken, Henry, weil ich weiß, wie sehr Ihnen der Erfolg der Abteilung am Herzen liegt.

Ich an Ihrer Stelle würde es mir auch sehr genau überlegen, mit wem ich meine Verantwortung teile und ob die Betreffende die notwendigen Voraussetzungen mitbringt. Aber seien wir doch einmal ehrlich, Henry. Ich wäre nicht hier, wenn nicht andere auf höheren Etagen davon überzeugt wären, dass ich meiner Aufgabe gewachsen bin. Dieses Vertrauen muss ich rechtfertigen. Ich möchte das tun, indem ich so viel wie möglich von Ihnen lerne. Sie haben mehr Erfahrung und ich möchte mit Ihnen zusammenarbeiten. Ich will dazu beitragen, die Erfolge auszubauen, die Sie bisher erreicht haben.«

»Natürlich haben Sie Recht damit, dass wir unterschiedlich sind. Aber denken Sie auch einmal an die Vorteile, die es hat, wenn wir uns sinnvoll ergänzen! Wir könnten eine richtige Vorzeigeabteilung schaffen, um die uns die anderen beneiden werden!«

Was hat Deirdre in ihrer letzten Antwort getan?

Sie hat ihre Offenheit und Direktheit abgewandelt, um Henry etwas entgegenzukommen. Sie war weniger offen, dafür geschäftsmäßiger, rational und an den Fakten orientiert. Sie steigerte ihre Direktheit, indem sie schneller sprach, eine Empfehlung an ihn richtete, statt ihn um seine Meinung zu bitten, den Konflikt ansprach, direkte Aussagen machte, statt Fragen zu stellen, und ihm unterschwellig zu verstehen gab, dass sie sich von ihm nicht unterbuttern lassen würde.

Deirdre zeigte auch ein Verständnis für Henry, das in den ersten beiden Alternativen fehlte. Würden Sie als Henry nicht auch am ehesten mit *Deirdre Nr. 3* zusammenarbeiten wollen?

Natürlich. Denn beide Seiten profitieren von Deirdres Fähigkeit und Bereitschaft, ihren Stil zu modifizieren. Henry hatte die Chance zu erkennen, welches Potential in der Zusammenarbeit mit dieser klugen Frau lag, die sich nicht herumschieben ließ und die seine Motive verstand und akzeptierte.

Deirdre wusste nun, dass sie mit Henry zusammenarbeiten konnte, auch wenn es sie einige Mühe kosten würde. Es gelang ihr, seine ursprüngliche Kompromisslosigkeit abzubauen. Da sie erkannt hatte, dass er die Macht anderer respektierte, führte sie ihm ihre eigene Macht vor Augen. Aber sie zeigte ihm gleichzeitig auch, dass sie ihn grundsätzlich akzeptierte. Ihre Beziehung könnte nun für beide Seiten noch vorteilhaft verlaufen, nachdem der Konflikt schon unvermeidlich schien.

Deirdre hat sich an Henry, einen Direktor, angepasst. An diesem Beispiel sind einige allgemeine Strategien für die Anpassung an Direktoren deutlich geworden, die im Folgenden erläutert werden.

Anpassung an Direktoren

Demonstrieren Sie Ihre Effizienz und Kompetenz, indem Sie:

- die Ziele der Direktoren nach Möglichkeit unterstützen,
- Ihre Beziehung auf einer geschäftsmäßigen Ebene halten,
- mit Fakten – und nicht mit Gefühlen – argumentieren, wenn Sie anderer Meinung sind,
- präzise, effizient und gut vorbereitet sind,
- Alternativen vorschlagen und mit knappen Analysen untermauern,
- schnell zum Kern einer Sache kommen,
- auf Ergebnisse und Entwicklungschancen hinweisen.

Interessant ist auch folgende Überlegung: Wenn Henry die *Platin-Regel* ebenfalls angewandt hätte, wäre er zum Schluss gekommen, dass Deirdre ein Beziehungsmensch ist. Es ist leicht vorstellbar, wie viel weniger Reibungen es gegeben hätte und wie viel schneller sie gemeinsam an einem Strang gezogen hätten, wenn Henry sich ebenfalls ein Stück weit angepasst hätte.

Anpassung an Beziehungsmenschen

Demonstrieren Sie Wärme und Aufrichtigkeit, indem Sie:

- auf die Gefühle der Beziehungsmenschen eingehen und persönliches Interesse an ihnen zeigen,
- davon ausgehen, dass sie die Dinge persönlich nehmen,
- ihnen Zeit zugestehen, um Vertrauen zu gewinnen,
- über persönliche Gefühle – nicht Fakten – sprechen, wenn Sie unterschiedlicher Meinung sind,

- langsamer und informell, aber vorhersehbar handeln,
- zeigen, dass Sie »aktiv« zuhören,
- versprechen, nur die nötigsten Risiken einzugehen.

Das Picknick

Ein weiteres Beispiel:

Tom ist ein aufstrebender Nachwuchsmanager in einer expandierenden Elektronikfirma. Er ist ein Denker und rühmt sich seiner Detailgenauigkeit, Sorgfalt und Zuverlässigkeit. Er möchte Karriere in dieser Firma machen, in der großer Wert auf ein gutes Betriebsklima gelegt wird.

Tom ist nicht gerade begeistert, als sein Abteilungsleiter ihn bittet, das bevorstehende Picknick zu organisieren, das für das gesamte Unternehmen veranstaltet werden soll. Bisher hat jede Abteilung immer ihr eigenes Picknick durchgeführt. Aber der Firmenchef möchte das Zusammengehörigkeitsgefühl aller Mitarbeiter stärken und hat sich deshalb in diesem Jahr für eine gemeinsame Veranstaltung ausgesprochen.

Tom kann sehr gut organisieren, lobt ihn sein Chef, und er fügt hinzu: »Sie brauchen es nicht alleine zu tun. Joel aus dem Vertrieb wird Ihnen zur Seite stehen. Am besten setzen Sie sich bald mit ihm in Verbindung.«

Tom besucht Joel also in seinem Büro. Er sieht mit einem Blick, dass Joels Schreibtisch überquillt und unordentlich ist. Zahlreiche Abzeichen und Urkunden hängen an den Wänden. Ein kleiner Sombrero, ein Souvenir von einem Mexikotrip, ziert eine Bowling-Trophäe. Dahinter steckt ein Bild von Joel in einer Karaoke-Bar. Wenn dieses Büro sprechen könnte, denkt Tom, würde es sagen: »Beachte mich.« Tom, der vom Wesen her viel zurückhaltender ist, spürt schon, wie sein Magen sich verkrampft.

Joel unterhält sich angeregt am Telefon, während er Tom hereinwinkt. Als er das Gespräch beendet hat, schüttelt er ihm herzlich die

Hände, hält viel Augenkontakt und klopft ihm auf die Schulter, während er ihm einen Platz anbietet.

Tom weiß innerhalb kürzester Zeit mehr über Joels Familie und seine finanzielle und berufliche Vergangenheit, als er jemals wissen wollte. Joel redet schnell und lebhaft, lacht und gestikuliert dabei und übertreibt offensichtlich auch sehr. Tom nimmt an, dass Joel ein sehr guter Verkäufer ist. Gleichzeitig muss er aber auch den unschönen Gedanken niederkämpfen, dass jemand, der so überschwänglich freundlich ist, auch ein Heuchler sein könnte.

Als Tom schließlich auf das Picknick zu sprechen kommt und vorschlägt, sich gemeinsam mit Joel an die Arbeit zu machen, kühlt dessen Überschwang plötzlich ab. Er gibt sich völlig unbeeindruckt und sorglos.

»Ach Tom, das sind doch noch sechs Wochen bis dahin. Außerdem ist doch gar nicht viel zu tun, oder? Wir brauchen doch nur ein paar Frikadellen zu bestellen, ein paar Brötchen dazu und Luftballons für die Kinder.« Er schnippt mit den Fingern und meint lässig: »Das schaffen wir doch mit links. Kein Problem.«

Jetzt macht sich Tom ernsthaft Sorgen. Auf diesen Menschen, der beinahe so tut, als ginge ihn die ganze Sache nichts an, soll er also zählen.

Aber Tom weiß, dass gerade so scheinbar nebensächliche Anlässe wie dieses Picknick einen großen Einfluss darauf haben, wie man von den Managern eingestuft wird. Eine Blamage unter den Augen von Big Boss könnte für ihn wie für Joel durchaus längerfristige Konsequenzen haben.

Joel begreift einfach nicht, dass diese Aufgabe für sie beide wichtig ist. Tom findet, dass es höchste Zeit ist, einen geeigneten Ort für das Picknick zu suchen, das Essen zu bestellen, für die Unterhaltung zu sorgen und viele andere Dinge zu organisieren. »Wir hätten eigentlich schon einen Plan haben müssen, mit festen Terminen und klar verteilten Aufgaben«, denkt er ratlos.

Toms spontane Reaktion auf den Konflikt mit Joel wäre wahrscheinlich die, sich zurückzuziehen, wie es für Denker typisch ist. Er würde Joel einfach als Fliegengewicht abtun und sich sagen: »Wenn dieser kleine Wichtigtuer es nicht schafft, mit mir etwas auf die Beine zu stellen, dann muss ich es eben alleine tun. Wahrscheinlich fahre ich mit dieser Lösung noch am besten.«

Hilfe durch die Platin-Regel

Aber dann erinnert sich Tom an die *Platin-Regel*. Er rekapituliert im Geiste schnell, was er bisher über Joel weiß: Er ist offen (immerhin hat er Tom schon seine ganze Lebensgeschichte erzählt) und direkt (er hat zu jedem Thema, das angesprochen wurde, seinen Senf gegeben – unter anderem hat er behauptet, die besten Picknicks würden immer ganz spontan organisiert). Daraus folgt, dass er zu den Unterhaltern gehört – also zu dem Typ, mit dem Tom oft die meisten Schwierigkeiten hat.

Tom möchte jedoch keine Türen zuschlagen, indem er sich zurückzieht und ohne eine weitere Vereinbarung wieder geht. Er beschließt also, seine Antwort anzupassen. Er will sein Tempo beschleunigen, etwas lockerer sein, Interesse an Joel demonstrieren und zeigen, dass ihm nicht nur seine Pflichten, sondern auch die Menschen wichtig sind.

»Vielleicht haben Sie ja Recht, Joel. Diese Aufgabe wird nicht gerade das Highlight unseres Lebenslaufs werden. Aber wir müssen sie nun mal erledigen, denke ich.«

Joel nickt.

»Aber ich habe schon gemerkt, dass Sie gut mit Menschen umgehen können. Und unsere Aufgabe, falls wir sie übernehmen«, fährt er mit einem Grinsen fort, »lautet, ein Picknick zu organisieren, bei dem sich alle amüsieren, bei dem das Gemeinschaftsgefühl gestärkt wird und so weiter. Haben Sie gewusst, dass das Ganze eine Idee des Chefs war? Wahrscheinlich hätten weder Sie noch ich uns diese Aufgabe freiwillig ausgesucht, aber ich denke, der Chef wird ein Auge darauf haben, wie wir uns dabei anstellen.

Wie wäre es deshalb mit folgendem Vorschlag: Ich sehe mir ein paar Plätze an und arbeite eine Schätzung aus, was und wie viel wir für das

Essen brauchen. Vielleicht könnten Sie sich um die Spiele und Aktivitäten kümmern. Dann treffen wir uns in einer Woche wieder und besprechen, wie weit wir gekommen sind.«

Was hat Tom getan? Er ist einer Konfrontation aus dem Weg gegangen. Er hat versucht, sich dem Stil des Unterhalters etwas anzunähern. Er sandte Signale aus, um Joel zu vermitteln, dass er ihn akzeptierte und der Meinung war, dass sie trotz unterschiedlicher Prioritäten zusammenarbeiten könnten.

Tom ist immer noch nicht sicher, ob Joel tatsächlich eine große Hilfe sein wird, vor allem wenn es um die konkrete Umsetzung geht. Aber er hat auch keine Brücken hinter sich abgebrochen. Er hat alles dafür getan, um das Picknickprojekt zu einem Erfolg für beide zu machen und eine harte Kollision zwischen den beiden Persönlichkeitstypen zu vermeiden.

Beim nächsten Treffen kann Tom die Beziehung vielleicht einen weiteren Schritt voranbringen.

Vorübergehende Anpassungen

Tom erkannte genau, was er tun musste, um Joel nicht vor den Kopf zu stoßen. Er verleugnete weder sich selbst noch seine Grundsätze. Er nahm lediglich einige vorübergehende Veränderungen in seiner Vorgehensweise vor, weil so viel auf dem Spiel stand. Er wandte einige klassische Strategien an, um sich an Joel anzupassen.

Die folgenden Richtlinien zeigen, wie man sich an Unterhalter anpassen kann.

Anpassung an Unterhalter

Demonstrieren Sie Interesse an ihnen, indem Sie:

- ihre Meinungen, Ideen und Träume nach Möglichkeit unterstützen,
- sich gutgelaunt, anregend und lebhaft mit ihnen unterhalten,

- Ablenkungen tolerieren und Diskussionen nicht beschleunigen,
- versuchen, nicht mit ihnen zu argumentieren – Sie werden selten gewinnen,
- schwungvoll, spontan und locker sind,
- ihnen zeigen, wie sie ihr Image aufpolieren können,
- ihnen Details ersparen.

Wenn Joel ebenfalls die *Platin-Regel* angewandt hätte, wäre er Toms Position näher gerückt. Er hätte erkannt, dass Tom indirekt und zurückhaltend ist – ein klassischer Denker. Dann hätte er weniger geredet, mehr zugehört und sich auf die Fakten konzentriert. Damit wäre der Erfolg des Picknicks eigentlich schon garantiert gewesen: Es wäre gut geplant, gut durchgeführt und sehr lustig gewesen und beide, Tom und Joel, hätten die Lorbeeren dafür ernten können.

Joel hätte einige der folgenden Strategien anwenden können, um Tom entgegenzukommen.

Anpassung an Denker

Demonstrieren Sie Sorgfalt und Gewissenhaftigkeit, indem Sie:

- die systematische, durchdachte Vorgehensweise des Denkers unterstützen, wenn möglich
- auf Worte auch Taten folgen lassen,
- über die Details sprechen und präzise und logisch sind,
- die Vorteile und Nachteile eines Plans auflisten,
- fundierte Beweise vorlegen,
- sich an etablierte Abläufe halten,
- ihnen versichern, dass Entscheidungen nicht auf sie zurückfallen werden.

Es besteht also Hoffnung für Tom, Joel und das Picknick. Tatsächlich ist es so, dass die Unterschiede in den Persönlichkeitsstilen den Problemlösungsprozess durchaus würzen können. Das Ganze ist mehr als die Summe seiner Teile. Ein Team kann aus den Eigenarten seiner Mitglieder eine Dynamik beziehen, die ihm fehlen würde, wenn nur die gut harmonisierenden Persönlichkeitstypen darin vertreten wären (siehe Kapitel 8).

Flexibilität bedeutet also nicht, einen anderen Stil zu imitieren. Es bedeutet nicht, die eigenen Ecken und Kanten zu verwischen, zwei Gesichter zu zeigen oder etwas zu sein, was man nicht ist.

Deirdre beispielsweise versuchte nicht, die Zusammenarbeit mit Henry zu erzwingen. Sie hätte sich dabei auch nicht wohl gefühlt – und es hätte auch nicht funktioniert. Statt dessen passte sie ihren Stil so an, dass er Henrys Wellenlänge besser entsprach.

Auch Tom widerstand der Versuchung, sich umzudrehen und den Raum zu verlassen. Er kapitulierte aber auch nicht, indem er die Planung des Picknicks dem Zufall oder der Tagesform von Joel überließ. Er bemühte sich, Joel zumindest auf halbem Weg entgegenzukommen. Genau darum geht es, wenn Sie anpassungsfähig sind und die *Platin-Regel* anwenden.

Gegenmittel zum Konflikt

Das Gegenmittel für die meisten Persönlichkeitskonflikte ist also offensichtlich: Entwickeln Sie einen anpassungsfähigen Stil. Widmen Sie Ihrem Gegenüber Ihre volle Aufmerksamkeit und versuchen Sie es mit Kooperation, nicht mit Konfrontation.

Anpassungsfähigkeit ist der Schlüssel zum Erfolg im Umgang mit Menschen. Einige passen sich von Natur aus an, andere müssen diese Fähigkeit erst erwerben, weil lebenslange Gewohnheiten nicht über Nacht verändert werden können. Aber man kann durchaus lernen, die eigene Wettbewerbsorientiertheit, die Konfliktscheu oder den Widerstand gegen alles Neue aufzugeben. Es wird Ihnen gelingen, wenn Sie es nur wollen und wenn Sie Kopf und Herz dafür einsetzen.

Das verdeutlicht auch die folgende Parabel, die eine alte Weisheit über die Anpassungsfähigkeit vermittelt. Zwei buddhistische Mönche gingen eines Tages durch den Wald und gelangten an einen Gebirgsfluss, der über große Findlinge talabwärts stürzte.

Eine arme Bauersfrau stand am Ufer des Flusses und wusste nicht, wie sie ihn überqueren sollte. Sie fürchtete sich vor der Strömung. Die Mönche hatten sich jedoch mit einem Eid zum Zölibat verpflichtet, der von ihnen auch verlangte, niemals eine Frau zu berühren.

Trotzdem hob einer der Mönche die Bäuerin hoch und trug sie über den Fluss. Am anderen Ufer dankte ihm die Frau und die beiden heiligen Männer setzten ihren Weg fort. Keiner erwähnte den Vorfall mit einem Wort.

Schließlich, nachdem einige Stunden vergangen waren, fragte der zweite Mönch: »Wie konntest du nur diese Frau über den Fluss tragen? Erinnerst du dich nicht an deinen Schwur, niemals eine Frau zu berühren?«

Der andere Mönch antwortete: »Ich habe sie schon vor mehreren Stunden wieder losgelassen. Warum hast du es nicht getan?« Der erste Mönch wusste, dass er den Geist der Klosterregeln nicht verletzt hatte. Er hatte einfach nur eine weise, praktische und menschliche Entscheidung getroffen. Er hatte sich dafür entschieden, flexibel zu sein, indem er einem anderen Menschen half, der in Not war. Das bedeutete keineswegs, dass er seine Glaubenshaltung aufgab oder etwas sein wollte, was er nicht war.

Anpassungsfähig zu sein bedeutet also, das eigene Verhalten dann zu verändern, wenn es Sinn macht. Es bedeutet, offen für Alternativen zu sein. Es bedeutet, sich von alten Gewohnheiten zu lösen, wenn die Bedingungen sich verändern und andere »Regeln« gefragt sind. Vor allem anderen bedeutet es jedoch, eine flexible, positive, humane Einstellung an den Tag zu legen, während man sich darum bemüht, die eigenen Ziele zu verfolgen.

Kapitel 8

Teamarbeit mit der Platin-Regel

Die Szene: Der Konferenzraum eines Unternehmens.

Die Aufgabe: Organisation eines neuen Großprojekts.

Die Ausschussmitglieder: ein Direktor, ein Unterhalter, ein Beziehungsmensch und ein Denker.

Was wird geschehen? Streit? Chaos? Mord?

Sie sehen wahrscheinlich schon vor Ihrem geistigen Auge, wie der Direktor die Sitzung eröffnet und verkündet: »Also gut, dann wollen wir mal loslegen. Mein Plan sieht folgendermaßen aus.«

Woraufhin der Unterhalter aufheult: »Wie kommen Sie dazu, die Sache alleine in die Hand zu nehmen? Wir haben doch genug Zeit, um alles gemeinsam auszuarbeiten. A propos Zeit, das erinnert mich an die Geschichte über den Mann mit einer dieser Mickey-Maus-Uhren, der...«

Der Denker hat bisher geduldig zugehört und wirft nun ein: »Ich denke, unser Ausschuss sollte sich auf eine Struktur und eine Mission einigen. Also wollen wir erst mal entscheiden...«

Der Unterhalter ist mittlerweile bei der Pointe seiner Geschichte angelangt, während der Denker zur Ordnung ruft und der Direktor schon ganz rot im Gesicht ist, weil die anderen nicht beim Thema bleiben. Der Beziehungsmensch fleht währenddessen: »Wir wollen doch miteinander klarkommen und gute Teamarbeit leisten. Ich bin mir sicher, dass jeder seinen Teil dazu beitragen kann.«

Die Wahrheit ist die, dass es unter den vier Grundtypen natürliche Verbündete und natürliche Widersacher gibt. Unterhalter betrachten

Denker häufig als analytische Pedanten. Direktoren würden lieber sterben, als sich mit so eintönigen Arbeiten zufriedenzugeben, wie es ihrer Meinung nach die Beziehungsmenschen tun. Denker fühlen sich häufig zu den Beziehungsmenschen hingezogen und haben Schwierigkeiten, die mangelnde Konzentrationsfähigkeit des Unterhalters oder die Ungeduld des Direktors zu verstehen. Und Beziehungsmenschen möchten einfach nur, dass alle anderen ebenso nett wären, wie sie selbst.

Das Konfliktpotential ist also immer vorhanden. Aber es steht keineswegs unausweichlich fest, dass es auch zum Konflikt kommen muss. Denn, wie der Beziehungsmensch sagte, jeder kann tatsächlich einen Beitrag leisten.

Die kluge Anwendung der *Platin-Regel* ermöglicht es nicht nur, Konflikte auf ein Mindestmaß zu begrenzen oder ganz zu vermeiden, sondern auch Arbeitsgruppen zu ungeahnter Effektivität zu verhelfen. Wenn man versteht, wie Gruppen insgesamt funktionieren und wie einzelne Stile sich ergänzen oder sich behindern, kann man ein Team aufbauen, das viel mehr als nur die Summe seiner Teile ist.

Wie viele Arbeitsstunden verbringen Sie in Besprechungen mit mindestens zwei weiteren Menschen? Vielleicht nehmen auch Sie an Planungsbesprechungen, Personalbesprechungen, Projektbesprechungen, Budgetbesprechungen etc. teil. Die Liste ließe sich in fast allen Unternehmen beliebig fortsetzen*f*. Kein Wunder, dass ein Spaßvogel einmal Besprechungen »die beste Alternative zur Arbeit« nannte. Einigen Schätzungen zufolge verbringen Manager 50 bis 80 Prozent ihrer Zeit in Meetings.

In jedem Unternehmen werden also Arbeitsgruppen eingesetzt, die Teams, Ausschüsse, Sondergruppen, Gremien oder Foren heißen. Und warum auch nicht? Wenn sie gut kooperieren, können Gruppen die Koordination verbessern, zu einer stärkeren Einbeziehung der Mitarbeiter beitragen und vielleicht sogar Innovationen fördern.

Aber wenn die Zusammenarbeit in einem Fiasko endet – oder, was häufiger vorkommt, wenn einfach nur mittelmäßige Arbeit geleistet wird –, können Teams einem Unternehmen sehr viel Energie entziehen und ein Klima der Resignation und Frustration erzeugen. Machtkämpfe und Missverständnisse nehmen so überhand, dass man sich zu Recht die Frage stellen sollte, ob nicht allen Seiten besser gedient wäre, wenn die Arbeitsgruppen aufgelöst würden.

Eine schlechte Bilanz

Einer der Hauptgründe für die schlechte Erfolgsbilanz von Arbeitsgruppen besteht darin, dass man sie im Allgemeinen mit viel zu großer Naivität gründet. Wir gehen kurzerhand davon aus, dass eine Gruppe automatisch ein Team sei. Wir tun so, als könne man ein gutes Team per Knopfdruck bestellen. Deshalb nehmen wir das nächstbeste Modell von der Stange, anstatt eine Gruppe zu bilden, die für die Erledigung einer spezifischen Aufgabe die jeweils besten Voraussetzungen mitbringt.

»Bringen Sie mir die üblichen Verdächtigen«, befahl der Gendarm in dem berühmten Zitat aus *Casablanca*. Genau so scheinen auch Manager zu denken, wenn sie Ausschüsse oder Arbeitsgruppen ins Leben rufen: »Wir setzen ein paar unserer besten Leute auf dieses Problem an!« Oder: »Wir sollten jemanden suchen, der sich ein bisschen mit dem Thema auskennt.« Oder: »Schnappen Sie sich jemanden, der mit dieser Angelegenheit schon mal zu tun hatte.«

Aber so einfach ist es leider nicht, effektive Arbeitsgruppen zusammenzustellen. Die Qualität der Ergebnisse, die am Ende erreicht werden, hängt nun einmal von den Teammitgliedern ab. Deshalb lautet die wichtigste Aufgabe bei der Zusammenstellung eines Teams, das Ziel zu analysieren, das es erreichen soll. Dann sucht man gezielt diejenigen Mitarbeiter aus, die sich für die Aufgabe am besten eignen.

Einer der wichtigsten Gründe für das Scheitern von Teams besteht darin, dass Persönlichkeitsunterschiede ignoriert werden. Der Fehler kann bei der Person liegen, die das Team gebildet hat oder bei den Teammitgliedern selbst oder auch an beiden. Auf jeden Fall spielt die *Platin-Regel* eine entscheidende Rolle.

Denn wer die Unterschiede zwischen den einzelnen Persönlichkeitsstilen kennt, kann auch die Stärken eines jeden Teammitglieds optimal nutzen. Direktoren sind in mancherlei Hinsicht den Unterhaltern überlegen. Ein Denker erledigt bestimmte Aufgaben mit links, die einen Beziehungsmenschen zum Wahnsinn treiben würden.

Wenn Sie die *Platin-Regel* in Ihrem Werkzeugkasten haben, wird es Ihnen besser gelingen:

- Projekte an diejenigen Mitarbeiter zu vergeben, die sie wahrscheinlich am besten erledigen,
- ein Klima der Zusammenarbeit zu pflegen, in dem jeder Einzelne Respekt und Anerkennung findet,
- Arbeitsgruppen zu bilden, die optimale Ergebnisse auf die effizienteste Weise erzielen.

Die vier Persönlichkeitstypen in der Gruppe

Die vier Persönlichkeitstypen bringen unterschiedliche Perspektiven und Arbeitsweisen in eine Gruppe ein. Zuerst wollen wir einige Grundmerkmale beschreiben, die für die vier Stile typisch sind, wenn sie im Team arbeiten: Wie kommunizieren sie, wie verschaffen sie sich Einfluss in der Gruppe, wie bilden sie Ziele, wie beziehen sie andere ein und wie treffen sie Entscheidungen?

Kommunikation

Jeder Persönlichkeitstyp kommuniziert auf unterschiedliche Art und Weise, so dass es kein Wunder ist, wenn Missverständnisse auftreten. Direktoren tendieren zu knappen, aufgabenbezogenen Bemerkungen, vor allem zu Beginn einer Besprechung, wenn sie ihre Führungsrolle gerne sofort festigen möchten. Mehr als die Vertreter der anderen drei Stile legen sie Wert darauf, eine klar strukturierte Tagesordnung zu haben und den Ton anzugeben. Sie achten darauf, dass man nicht vom Thema abkommt und auch pünktlich wieder Schluss macht.

Direktoren reden zu Beginn und am Ende von Besprechungen am meisten, während ihr Interesse zwischendurch manchmal erlahmt. Sie können aber auch unvermittelt in ein Gespräch eingreifen und neue Anregungen einbringen. Genauso schnell ziehen sie sich auch wieder zurück, wenn sie enttäuscht darüber sind, dass keine schnellen, greifbaren Fortschritte erzielt wurden. Irgendwann fangen sie an, darauf hinzuweisen, wie viel Zeit schon vergangen ist, und drängen dann energisch auf konkrete Entscheidungen.

Unterhalter dagegen melden sich im Verlauf einer Besprechung häufiger und regelmäßiger zu Wort. Sie machen oft Scherze und sprechen über eine so große Bandbreite von Themen, dass sie den Eindruck erwecken, überall mitzumischen.

Beziehungsmenschen scheinen sich für alles gleichermaßen zu interessieren, was im Verlauf einer Besprechung gesagt wird. Sie fragen oft nach, versuchen, die Ansichten anderer zu verstehen oder zu erfahren, welche Konsequenzen einzelne Entscheidungen haben. Sie agieren von Natur aus als Vermittler, indem sie Dinge sagen wie: »Jetzt verstehe ich, was Jane und Tom meinten, nämlich, dass der nächste Schritt darin besteht…« oder »Um darauf zurückzukommen, was Samantha sagte: Ihre Idee ergänzt auf ideale Weise den Vorschlag, den Bob vor ein paar Minuten gemacht hat.«

Die Denker schließlich fühlen sich in der Beobachterrolle am wohlsten. Sie melden sich erst dann zu Wort, wenn sie eine Angelegenheit vollständig verstanden und sich ihren Gesprächsbeitrag detailliert zurechtgelegt haben. Meist beginnen sie mit einigen gezielten Fragen. Wenn ihnen das Klima günstig scheint, kommen sie zur Sache und sagen, was ihrer Meinung nach richtig ist.

Einfluss

Die Vertreter der einzelnen Persönlichkeitsstile versuchen auf verschiedene Arten, die Gruppe zu beeinflussen oder sie in ihrem Sinne zu lenken. Dies wirft häufig Probleme auf, weil jedes Team zu Beginn seiner Arbeit erst einmal eine gewisse Hackordnung erstellt, wie später in diesem Kapitel noch gezeigt wird.

Direktoren beeinflussen andere gerne, indem sie die Tagesordnung festlegen und Aufgaben zuweisen. Gegebenenfalls verweisen sie auch auf ihre Position: »Ich bin nun seit achtzehn Jahren Geschäftsführer und habe genau dieses Problem vorausgesehen, und ich glaube...«

Unterhalter versuchen die anderen mit Schmeicheleien oder Komplimenten für sich einzunehmen und zu erreichen, dass sie sich im Team wohl fühlen. Oft gelingt es ihnen, Spannungen oder Konflikten mit ihrem Humor die Spitze zu nehmen. Sie vertreten keine Hardliner-Positionen, weil sie fürchten, dann die Anerkennung der Gruppe zu verlieren.

Beziehungsmenschen kümmern sich in Besprechungen oft darum, die Kommunikation in Gang zu halten, unabhängig davon, ob sie Führungspositionen innehaben oder nicht. Sie führen weiter, was andere gesagt haben und ermutigen jeden, sich zu Wort zu melden. Sie üben auf indirekte Weise Einfluss aus, indem sie dafür sorgen, dass der Kommunikationsprozess nicht ins Stocken gerät.

Der Denker dagegen stützt sich auf Daten und logische Argumente, um Einfluss auszuüben. Er beruft sich auf diejenigen Informationen, die direkt oder indirekt seinen Erfahrungsschatz und seinen Sachverstand untermauern. (»Erinnern Sie sich daran, dass ich zu denen gehörte, die den ursprünglichen Plan vorgeschlagen haben? Das Grundprinzip war damals klar, und ich denke, wir wollen nun ...«) Sie stellen die objektive »Richtigkeit« oder Logik einer Lösung in den Vordergrund, anstatt damit zu argumentieren, wer durch eine Entscheidung Vorteile hat oder benachteiligt wird.

Ziele

Die Vertreter der verschiedenen Stile haben in der Regel unterschiedliche Ziele im Hinterkopf. Selbst die Zahl ihrer Ziele variiert erheblich.

Direktoren konzentrieren sich gerne auf ein großes Ziel, das erfordert, dass sie effizient, produktiv und kostenbewusst vorgehen. Unterhalter dagegen definieren ihre Ziele weniger konkret und verändern sie häufig im Lauf der Entwicklung. Ihr Motto lautet, anstehende Aufgaben flott zu erledigen und sie so häufig zu modifizieren, wie es eben notwendig ist.

Beziehungsmenschen tendieren dazu, einzelnen Zielen Priorität einzuräumen. Am liebsten arbeiten sie an Aufgaben, die ihnen selbst und anderen die Chance eröffnen, gut zusammenzuarbeiten. So sind sie in der Regel gerne bereit, ein Projekt aufzugliedern und Untergruppen zu bilden, die die Teilaufgaben bearbeiten.

Im Gegensatz dazu konzentrieren sich Denker, so wie Direktoren, am liebsten auf ein großes Ziel, an dem die Gruppe arbeitet. Denker befassen sich gerne mit Zielen, bei denen Genauigkeit und Qualität von zentraler Bedeutung sind. Sie geben lieber grünes Licht für die Herstellung eines Spitzenprodukts als für ein Produkt von schlechterer Qualität, das schneller oder billiger hergestellt wird. Denker verfolgen außerdem gerne Ziele, die Wachstum bedeuten. Sie lieben es, ihre Erfolge in Kurvendiagrammen darzustellen, in denen Steigerungen der Gewinne, der Effizienz oder der Kundenzufriedenheit abgebildet werden.

Zusammenarbeit

In einer Gruppe zusammenzuarbeiten bedeutet per definitionem, andere einzubeziehen. Aber es gibt Unterschiede darin, wie die Vertreter der vier Stile ihre Zusammenarbeit am liebsten gestalten.

Im Allgemeinen sind Gruppen, die ein Direktor zusammengestellt hat, kleiner und ihre Besprechungen dauern weniger lange. Häufig möchte der Direktor, dass die Gruppe einige zentrale Entscheidungen zu Schlüsselthemen trifft, um dann den Rest der Arbeit an einzelne Mitarbeiter oder Unterausschüsse zu delegieren.

Unterhalter arbeiten von Natur aus gerne in Gruppen. Sie sehen die Vorteile des gegenseitigen Gebens und Nehmens. Nicht jeder, der von einem Unterhalter in einen Ausschuss berufen wurde, hat eine wirklich wichtige Aufgabe darin. Er ist vielleicht nur für eine Statistenrolle bestimmt, die dem Spiel mehr Farbe verleihen soll, während die Hauptrollen schon anderweitig verteilt sind.

Auch Beziehungsmenschen fühlen sich von Gruppen angezogen. Anstatt aber Besprechungen für die Präsentation von Berichten zu nutzen, halten sie es für wichtiger, auf einen Konsens hinzuarbeiten, während sie Informationen aus den verschiedensten anderen Quellen beziehen.

Auch Denker beziehen andere in Gruppen ein, um sich Informationen zu verschaffen. Sie fühlen sich jedoch im Team nicht allzu wohl. Sie ziehen es vor, einen Großteil der Teamaufgabe hinter den Kulissen durch Untergruppen oder einzelne Mitarbeiter erledigen zu lassen. Der Denker sieht sich gerne in der Rolle des Lenkers, der als Einziger weiß, wie alle Teile des Puzzles zusammenpassen.

Entscheidungen

Schließlich unterscheiden sich die vier Stile auch in der Art und Weise, wie sie Entscheidungen treffen.

Ein Direktor trifft Entscheidungen in von ihm geleiteten Besprechungen gerne selbst oder er läßt abstimmen – vor allem, wenn er weiß, dass die Mehrheit auf seiner Seite steht. Er hält Abstimmungen für eine saubere, schnelle und effiziente Sache. Mit einer Abstimmung wird verhindert, dass Diskussionen und Debatten grenzenlos ausufern. Außerdem sind Abstimmungen fair. Und die Tagesordnungspunkte werden auf diese Weise effizient abgearbeitet. Nächster Punkt bitte!

Allerdings haben Abstimmungen auch Nachteile – auch wenn die Direktoren das nicht gerne zugeben. Bei einer Abstimmung gibt es nämlich Gewinner und Verlierer. Die personenorientierten Unterhalter versuchen lieber, Kompromisse zu finden und Unterschiede auszugleichen. Sie würden die Unterschiede in der Gruppe am liebsten ausradieren und halten deshalb nicht viel von Abstimmungen.

Auch Beziehungsmenschen ziehen Konsensentscheidungen vor.

Sie möchten die ganze Gruppe an Bord sehen. Deshalb kommt es unter ihrer Leitung vor, dass so lange diskutiert wird, bis schließlich fast alle zustimmen.

Denker brauchen »rationale« Entscheidungen. Im besten Fall wird die Entscheidung durch die Fakten und die Logik der Situation einfach diktiert. Denker stellen die Vorteile und Nachteile einer Lösung gerne systematisch gegenüber, am besten mit Zahlen untermauert, um die »richtige« Entscheidung zu finden. Sie glauben, dass sich die beste Vorgehensweise im Laufe dieses Prozesses von alleine herauskristallisiert.

All diese Unterschiede sind also dafür verantwortlich, dass Arbeitsgruppen nicht so leicht zu führen sind, wie es auf den ersten Blick scheint. Aber dieselben Unterschiede können auch in Vorteile verwandelt werden.

Im heutigen Geschäftsleben ist es besonders wichtig, mit Unterschieden umgehen zu können. Der Führungsstil von gestern lautete: »Entweder wir arbeiten mit meiner Methode oder Sie gehen.« Heute jedoch wird immer klarer, dass es darauf ankommt, einen Konsens herzustellen. Gute Kommunikationsfähigkeiten sind daher kein schmückendes Beiwerk, sondern unabdingbare Voraussetzung jeder Teamführung.

Verschiedene Forschungsergebnisse und unsere eigenen praktischen Erfahrungen weisen darauf hin, dass der Erfolg von Teams davon abhängt, wie gut sie:

- mit dem Persönlichkeitsstil der einzelnen Teammitglieder umgehen können und wie anpassungsfähig sie sind,
- ihre Ziele und Aufgaben auf die Stärken der Mitglieder abstimmen,
- sich mit anderen Gruppen im Unternehmen vernetzen können.

Diese Faktoren sind für den Erfolg oder Misserfolg von Teams sehr oft von zentraler Bedeutung. Im Folgenden werden Sie erfahren, wie man die Effektivität von Gruppen steigern kann, indem man die Unterschiede der einzelnen Mitglieder zum Vorteil des ganzen Teams verwendet.

Zuvor aber muss darauf hingewiesen werden, dass es grundsätzlich zwei verschiedene Formen der Gruppenbildung gibt: gemischte Teams und zielgerichtete Teams.

Gemischte Teams

In gemischten Teams sind Vertreter aller vier Persönlichkeitstypen vertreten, so wie im Beispiel am Anfang des Kapitels. Gemischte Teams haben Vor- und Nachteile.

Einer der Nachteile besteht etwa darin, dass Direktoren darauf drängen, Debatten zum Abschluss zu bringen, während die Beziehungsmenschen und Unterhalter noch damit beschäftigt sind, weitere Argumente zu diskutieren und Risse zu kitten. Auf der Positivseite ist jedoch zu verbuchen, dass solche Teams die Einzelaufgaben an die am besten geeigneten Mitglieder verteilen, wenn sie es erst einmal geschafft haben, ihre Unterschiede zu erkennen und zu akzeptieren. Dann leistet tatsächlich jeder einen maximalen Beitrag.

Jeder Persönlichkeitsstil kann besondere Leistungen erbringen. Denker sind hervorragende Analytiker und echte Qualitätsfanatiker. Sie können dem Team helfen, seine Optionen einzugrenzen und ein gutes Qualitätsmanagement zu betreiben. Beziehungsmenschen, die ein natürliches Talent zur Kooperation haben, können Prozesse oft bedeutend erleichtern. Direktoren können einer Gruppe den notwendigen Antrieb verleihen und Unterhalter können verhindern, dass Konflikte die Arbeit lahm legen.

Jeder Stil hat Stärken, mit denen die Schwächen anderer ausgeglichen werden können. Wenn eine Arbeitsgruppe die *Platin-Regel* beachtet, stellt sie ein unschlagbares Team dar. Es löst breitgefächerte Probleme besser und kreativer als eine homogene Gruppe und arbeitet effektiver als jedes andere Team, in dem unterschiedliche Stile vertreten sind, die sich nicht respektieren.

Wann sollte man nun versuchen, ein gemischtes Team zu bilden? Untersuchungsergebnisse haben gezeigt, dass gemischte Teams dann zu empfehlen sind, wenn:

- das zu lösende Problem eher diffuser Natur ist,
- noch kein Ziel vereinbart wurde,
- die Aufgabe sehr vielschichtig ist und deshalb möglichst viele Perspektiven und Fähigkeiten eingebracht werden sollen.

Ein Beispiel dafür könnte eine Bank sein, die herausgefunden hat, dass sie in der Öffentlichkeit ein sehr schlechtes Image genießt. Die Führungskräfte haben keine Ahnung, ob diese Ablehnung auf die allgemeine Strategie der Bank, auf die Mitarbeiter, auf die Werbung oder vielleicht auch nur auf eine Verwechslung mit einer Bank, die einen ähnlichen Namen hat, zurückzuführen ist.

In einem solchen Fall empfiehlt es sich, Vertreter aller vier Persönlichkeitstypen in eine Arbeitsgruppe aufzunehmen, weil man so ein umfassenderes Bild erhält. Niemand hat sich schon auf eine spezifische Antwort eingeschworen. In einer gemischten Gruppe hat man in diesem Fall bessere Chancen, brauchbare Ideen und Lösungsvorschläge zu erhalten, die einen echten Durchbruch ermöglichen.

Ein weiterer Vorteil eines gemischten Teams besteht darin, dass es den Markt und damit auch die Kundenpräferenzen repräsentativer spiegelt. Wenn es also darum geht, ein Verbraucherprodukt oder einen Service zu entwickeln, kann ein gemischtes Team sinnvoll sein.

Wie immer im Leben, muss man die Vor- und Nachteile abwägen. In einem gemischten Team steckt eben immer ein größeres Konfliktpotential. Wenn ein Teammitglied die Besonderheiten eines Kollegen nicht versteht und respektiert, wird er auch seine Arbeit nicht akzeptieren und sie offen oder verdeckt sabotieren. Darunter leidet die Arbeit des gesamten Teams. Die Lösung dieses Problems besteht natürlich darin, dass wir die *Platin-Regel* selbst anwenden und sie auch anderen nahe bringen.

Zielgerichtete Teams

In den meisten Gruppen und Teams sind wohl alle Persönlichkeitstypen vertreten. Aber man hat durchaus auch die Möglichkeit, ein Team zusammenzustellen, in dem die Mehrheit der Mitglieder – oder sogar alle – einen gemeinsamen Stil haben. Dies verleiht der Gruppe eine klare Identität und kann ein immenser Vorteil sein – wenn der richtige Stil mit der richtigen Aufgabe gepaart wird.

Viele Ausschüsse oder Teams streben ein konkretes Ergebnis an. Sie wollen kurzfristig ein Problem lösen, eine Position besetzen, ein Produkt vermarkten oder nach Kostensenkungsmaßnahmen suchen. In einem solchen Fall kann es sehr vorteilhaft sein, ein zielgerichtetes Team zu bilden, das sich für die anstehende Aufgabe am besten eignet.

Lautet das Problem beispielsweise herauszufinden, warum in Turbine Nr. 3 ständig Störungen auftreten, möchten Sie wahrscheinlich analytisch begabte und ergebnisorientierte Teammitglieder wie Denker und Direktoren. Jeder Stil ist für bestimmte Aufgaben und Situationen besser als ein anderer geeignet.

Die Schlüsselfrage

Die Schlüsselfrage lautet nun: Welches Ergebnis steht für Sie im Vordergrund? Wollen Sie hauptsächlich:

1. Ergebnisse ERZIELEN?
2. Ideen, Chancen oder Menschen FÖRDERN?
3. die Zusammenarbeit KOORDINIEREN?
4. in die Zukunft PLANEN?

Ihr Hauptziel lautet, Ergebnisse zu erzielen

Hier können Sie Ihre Direktoren einsetzen, die die Dinge schnell in den Griff bekommen. Sie sind Problemlöser, die sich auf praktische Aufgaben und Chancen konzentrieren.

Sie sind effizient, handlungsorientiert, schnell und sie denken unternehmerisch. Sie achten besonders auf Kosten und Nutzen einer Maßnahme und wägen Risiken besonnen ab. Ihr Team wird schnelle

Entscheidungen treffen, diese konsequent umsetzen und nur dann, wenn es notwendig ist, kalkulierte Risiken eingehen.

Die Besprechungen eines Direktoren-Teams verlaufen sachlich und zügig, wobei die Tagesordnung frühzeitig feststeht. Es geht fast nur um Sachthemen und darum, wer was innerhalb welcher Zeit erledigen wird. Ein Großteil der tatsächlichen Arbeit wird außerhalb des Teams von einzelnen Mitarbeitern oder Untergruppen erledigt.

Folgetreffen werden dazu genutzt, dem Team die einzelnen Zwischenergebnisse zu präsentieren. Dann, nach einer meist kurzen Diskussion, werden alle verbleibenden offenen Fragen entweder vom Teamleiter oder per Abstimmung entschieden.

Vorteile: Eine zielgerichtete Gruppe aus Direktoren leistet hervorragende Arbeit, wenn klar definierte Aufgaben, die leicht in Teilbereiche untergliedert werden können, schnell erledigt werden sollen.

Nehmen wir beispielsweise an, dass Sie eine neue Fabrik errichten wollen und eine Option auf ein in Frage kommendes Gelände haben. Sie haben dreißig Tage Zeit, um diesen Standort mit anderen Alternativen zu vergleichen und sich dann für oder gegen den Kauf zu entscheiden.

Ein Team, in dem Direktoren dominieren, würde sich mit Freuden auf diese Aufgabe stürzen. Der Teamleiter würde die Mitglieder anweisen, sich unverzüglich mit den verschiedenen Optionen zu befassen und dann Bericht zu erstatten, so dass schnell eine Entscheidung getroffen werden könnte.

Nachteile: Das schnelle Tempo des Direktors kann die Arbeit der Gruppe beeinträchtigen, nämlich dann, wenn das Problem komplex ist und sich einer schnellen Analyse entzieht. Nehmen wir an, dass die Optionen im obigen Beispiel viel komplizierter sind, als es den Anschein hatte. Es gibt ungeklärte komplizierte juristische Fragen sowie Umweltbelange, die berücksichtigt werden müssen. In diesem Fall könnten die ungeduldigen Direktoren versucht sein, manche Informationen zweckdienlicherweise zu ignorieren und eine Entscheidung übers Knie zu brechen. In der Regel passiert das aber nicht, solange das zu lösende Problem der Natur des Direktors entspricht.

Ihr Hauptziel lautet, Ideen, Chancen oder Menschen zu fördern

Die lockeren, informellen Unterhalter bilden ein großartiges Team, wenn man ein Klima des Optimismus, der Hoffnung und der Unterstützung haben möchte. Im Gegensatz zu den Direktoren halten sie nicht viel davon, einzelne Aufgaben zu verteilen, und sie gehen mit sehr viel Humor an die Arbeit, vor allem dann, wenn eine Diskussion zum Stillstand kommt.

Besprechungen von Unterhalter-Teams »folgen selten einer festen Tagesordnung. Wenn eine Tagesordnung aufgestellt wurde, dann wird sie ignoriert«, schreibt unser Kollege Dr. Phillip Hunsaker in seinem Buch *The Dynamic Decision Maker*. »Wenn Unterhalter eine Besprechung beginnen, lassen sie den Dingen meist einfach ihren Lauf. Normalerweise heißt das, dass sie viele verschiedene Themen in schneller Abfolge behandeln.«

Unterhalter-Teams zeichnen sich deshalb dadurch aus, dass sie eine Fülle von unterschiedlichen Ideen liefern.

Vorteile: Diese Gruppen eignen sich gut zur Bearbeitung von Aufgaben, bei denen es darauf ankommt, die Interessen verschiedener Parteien unter einen Hut zu bringen oder ganz neuartige Lösungen zu finden. Nehmen wir an, dass Ihr Unternehmen vor dem Problem steigender Krankenversicherungskosten steht – immerhin ein Thema mit hohem Konfliktpotential.

Da Unterhalter personenorientiert sind und Konfrontationen scheuen, werden sie wahrscheinlich Wege finden, um die drohenden Spannungen abzubauen. Sie halten sich kaum mit unwichtigen Details oder mit dem Blick in die Vergangenheit auf. Auf diese Weise kann es ihnen gelingen, Kompromisse zu schmieden oder Auswege zu finden, für die andere blind sind.

Nachteile: Die Gefahr bei den Unterhaltern besteht immer darin, dass sie sich verzetteln. Wenn jedes Mitglied in eine andere Richtung geht, wird das Team blockiert und die Produktivität leidet. Es empfiehlt sich deshalb, Besprechungen möglichst kurz zu halten und die Diskussion immer wieder sanft auf die anstehenden Themen zurückzuführen.

Denken Sie daran: Die Stärke der Unterhalter liegt darin, Ideen zu produzieren, nicht darin, sie umzusetzen.

Ihr Hauptziel lautet, die Zusammenarbeit zu koordinieren

Ein Team aus Beziehungsmenschen zieht seine größte Befriedigung daraus, systematisch und kollegial zu arbeiten. Wer die Zusammenarbeit als höchstes Ziel ansieht, befindet sich mit einem Team aus Beziehungsmenschen im siebten Himmel.

Mit seinen an den Menschen und an der Produktivität orientierten Mitgliedern kann ein solches Team viele Ideen austauschen und aus diesen dann eine endgültige Lösung herausfiltern. Beziehungsmenschen versuchen, widersprüchliche Informationen und unterschiedliche Meinungen aufzulösen. Sie konzentrieren sich fest auf ihre Ziele, wobei das Team den Großteil der Analyse selbst erledigt, statt ihn zu delegieren.

Nach Dr. Hunsaker zeichnen sich Teams aus Beziehungsmenschen vor allem dadurch aus, dass sie die Fortschritte im Team ständig reflektieren. Eine typische Aussage in einer Besprechung wäre beispielsweise: »Ed, Sie haben zu diesem Thema noch gar nichts gesagt. Was halten Sie davon?« oder: »Lassen Sie uns noch kurz überlegen, wie es nun weitergehen soll.« Die meisten Teams, in denen andere Persönlichkeitsstile vertreten sind, erstellen vielleicht Abschlussberichte, doch nur im Team mit Beziehungsmenschen werden die aktuellen Fortschritte überwacht. Auf diese Weise können sie ihren eingeschlagenen Kurs zuverlässig beibehalten.

Vorteile: Ein Team aus Beziehungsmenschen wird kreative Problemlösungen finden, weil es außergewöhnlich neugierig und aufgeschlossen ist. In der Regel können die Mitglieder die internen Grabenkämpfe weitgehend vermeiden, die andere Teams oft behindern. Dadurch wachsen die Chancen auf eine gelungene Zusammenarbeit und optimale Synergieeffekte. Ein Team mit Beziehungsmenschen leistet also gute Arbeit, wenn es darum geht, Konflikte zu lösen, die Zusammenarbeit zu fördern und auf den Ideen Einzelner aufzubauen.

Ein Beispiel: Ihr Unternehmen liegt in einem älteren Stadtteil, in dem es zu wenig Parkplätze gibt. Ihre Außendienstmitarbeiter müssen auf der Straße parken, wenn sie ihre Verkaufsverträge vorbeibringen. Sie kassieren dann entweder Strafzettel oder verschwenden viel Zeit mit dem Hin- und Herlaufen, wenn sie die Parkuhren füttern. Jedenfalls wirkt sich die Parksituation schlecht auf die allgemeine Stimmung aus. Allerdings kann das Unternehmen es sich nicht leisten, viel Geld für die Lösung des Problems auszugeben.

Diese Aufgabe ist wie maßgeschneidert für ein Team von Beziehungsmenschen. Sie sind sensibel für Fragen, die das Betriebsklima angehen, und verlieren gleichzeitig auch das angestrebte Ergebnis nicht aus den Augen. Sie würden jede Möglichkeit in Betracht ziehen und unvoreingenommen prüfen: von Shuttle-Bussen über die Einführung der Gleitzeit bis hin zur Zahlung von Prämien für Fahrgemeinschaften. Sie würden sich sogar mit dem Vorschlag auseinandersetzen, Obdachlose anzuheuern, die die Parkuhren füttern könnten.

Die Beziehungsmenschen würden es genießen, aktiv und kreativ eine Lösung zu erarbeiten, die sich auf jeden einzelnen Mitarbeiter positiv auswirkt.

Nachteile: Beziehungsmenschen können zwar gut mit anderen zusammenarbeiten und Ideen sammeln, aber manchmal fällt es ihnen auch schwer, etwas Begonnenes zu Ende zu führen. Regelmäßige Erfolgskontrollen und die Vorgabe eines Terminplans sind Mittel, um sie davor zu bewahren, sich zu sehr zu verzetteln.

Ihr Hauptziel lautet, in die Zukunft zu planen

Denker sind die geborenen Planer. Deshalb können sie im Team besonders gut Fragen wie die folgenden lösen: Lohnt es sich, bestimmte Geschäftsfelder weiter zu betreiben oder sollten sie aufgegeben werden? Sollen wir unsere Prioritäten oder Methoden ändern? Wären andere Methoden effektiver?

Ein Team aus Denkern wird nur selten mit Überraschungen aufwarten. Sie werden viele Informationen auf vorhersagbare Weise präsentieren und dazu ernsthafte Fragen diskutieren. Die Besprechungen werden klarer strukturiert sein als bei den anderen Gruppen und sie dauern relativ lange. Aber Denker arbeiten nicht ins Blaue hinein. Sie analysieren so lange, bis sie wissen, was sie wie und wann tun sollen – und meist können sie auch sagen, warum!

In Denker-Teams wird selten abgestimmt. Statt dessen einigt man sich auf das, was man als die logischste und rationalste Entscheidung betrachtet, gemessen an den vorher aufgestellten Kriterien.

Vorteile: Denker sind sorgfältig, akkurat und detailorientiert. Nehmen wir beispielsweise an, dass eine Entscheidung darüber ansteht, ob in Ihrer Abfüllfabrik ein weiteres Band eingerichtet werden soll. Hier könnte ein Denker-Team genau richtig sein. Die Teammitglieder würden die Kosten für die Ausrüstung überprüfen, die Arbeitskosten kalkulieren, die Kosten pro produzierter Einheit mit dem wahrscheinlichen Marktpreis vergleichen und die Veränderungen in Ihrem Marktanteil prognostizieren. Kurz gesagt, sie würden alle Vorteile und Nachteile der Maßnahme auflisten und mit Fakten und Zahlen untermauern.

Nachteile: Bei Denkern besteht die Gefahr, dass sie sich mit immer unwichtigeren Details befassen, bis sie schließlich den großen Zusammenhang aus den Augen verlieren. Denker bilden sich ihre Meinung ziemlich langsam, halten dann aber stur daran fest. Leider behalten sie ihre Meinung oft auch lieber für sich. Somit besteht die Gefahr, dass die Teamarbeit zum Stillstand kommt. Hier kann aber ein kluger Moderator helfen, den Entscheidungsprozess wieder in Gang zu setzen.

Vor der Zusammenstellung eines Teams sollten Sie sich also zuerst klar machen, was Sie genau erreichen möchten. Der Erfolg des Teams hängt weitgehend davon ab, ob die darin vertretenen Persönlichkeitstypen für die bevorstehende Aufgabe optimal geeignet sind.

Die Bedeutung der Anpassungsfähigkeit

Wenn sich in einem Team also eine gute Mischung von Persönlichkeitsstilen befindet, stehen die Chancen gut, dass es die erwünschten

Ergebnisse auch erzielen kann. Aber noch wichtiger als der eigentliche Verhaltensstil der Mitarbeiter ist ihre Bereitschaft zur Anpassung. Hier liegt der Schlüssel für jedes effektive Team, ob es nun gemischt oder zielgerichtet ist.

Wenn Sie das heikle Krankenversicherungsthema angehen wollen, sollten Sie also nicht nur darauf achten, Unterhalter in Ihr Team zu bringen. Sorgen Sie vielmehr dafür, dass Sie *auch* andere an Bord haben, die flexibel und beweglich genug sind, um die notwendigen Schritte zu tun.

Anpassungsfähige Menschen denken, fühlen oder handeln nicht wie Gefangene ihres eigenen Stils. Statt dessen benutzen sie ihren gesunden Menschenverstand, um herauszufinden, welche Verhaltensweisen in welchen Situationen angemessen sind. Dann verhalten sie sich entsprechend oder sorgen dafür, dass jemand anderer die notwendigen Maßnahmen ergreift.

Ein anpassungsfähiger Direktor würde sich also nicht nur darauf beschränken, die Kontrolle auszuüben und Abläufe zu steuern. Wenn die Situation es erfordert, würde er auch kommunizieren wie ein Unterhalter, koordinieren wie ein Beziehungsmensch oder planen wie ein Denker. Anpassungsfähige Unterhalter, Beziehungsmenschen und Denker wiederum erkennen ebenfalls, wann sie von ihren gewohnten Verhaltensmustern abrücken und sich im Interesse der Gruppenziele anpassen müssen. Die beste Arbeitsgruppe ist also eigentlich diejenige, die über genügend Anpassungsfähigkeit verfügt, um Veränderungen und widrige Umstände zu meistern.

Erfolglose Teams sind dagegen häufig mit weniger anpassungsfähigen Menschen besetzt. Die Teammitglieder halten an ihrem Persönlichkeitsstil fest und lehnen es ab, neue Ideen und Verhaltensweisen auszuprobieren. In solchen Teams kommt die Arbeit schnell zum Stillstand, wenn Frustrationen und sogar Feindseligkeiten überhand nehmen. Sie betreten selten neues Terrain.

Diese Erfahrung musste auch eine große Hotelkette machen. Sie war mit einem ihrer Führungsteams »extrem frustriert«. Die Teammitglieder waren ständig unterschiedlicher Meinung, alle redeten durcheinander und jeder befürchtete, von den anderen überfahren zu werden. Nicht wenige Besprechungen endeten damit, dass die Mitglieder zornig auseinander gingen, ohne etwas erledigt zu haben.

Als die Mitglieder dieses Teams die Grundsätze der *Platin-Regel* kennen lernten, wurde ihnen bewusst, dass der ganze Ärger eigentlich vorhersehbar gewesen war: Sie gehörten alle zu den Direktoren. Jeder war bestrebt gewesen, die Zügel in der Hand zu halten. Nachdem sie mehr über ihren Persönlichkeitsstil erfahren hatten, bemühten sich die Teammitglieder, anpassungsfähiger zu werden. Sie überlegten, welche Merkmale der anderen Stile ihnen hilfreich sein konnten und versuchten, einige dieser Verhaltensweisen zu übernehmen.

»Sie haben immer noch die eine oder andere Kollision«, berichtet ein Firmensprecher, »aber die *Platin-Regel* hat bewirkt, dass sie viel besser als je zuvor zusammenarbeiten.«

Der natürliche Lebenszyklus von Teams

Ob zielgerichtet oder gemischt, anpassungsfähig oder starr, Arbeitsgruppen durchlaufen in der Regel eine bestimmte Entwicklung, so wie die Unternehmen, in denen sie arbeiten. Sie überwinden vorhersehbare Hindernisse, wachsen oder scheitern an Chancen und entwickeln sich in der Folge entweder zum Positiven oder zum Negativen. Im Folgenden sollen die einzelnen Phasen dieses Lebenszyklus genauer betrachtet werden. Sie werden sehen, wie die verschiedenen Persönlichkeitsstile die Entwicklung von Teams fördern oder behindern können.

Phase 1: Ein Schwerpunkt wird festgelegt

Wenn eine Arbeitsgruppe gebildet wird, versucht sie zuerst, einen gemeinsamen Schwerpunkt zu finden. Sie muss festlegen, zu welchem Zweck sie gegründet wurde und mit welchen Strukturen, Prozeduren und Zielen sie arbeiten wird. Die einzelnen Mitglieder fragen sich, ob sich der Aufwand und die Mühe überhaupt lohnen werden. Wird das Team brauchbare Ergebnisse liefern? Oder wird es einfach eine weitere Arbeitsgruppe sein, die noch mehr Besprechungen abhält und noch mehr Berichte produziert, die keiner liest.

In der Anfangsphase versuchen die einzelnen Mitglieder des Teams auch, ihre individuelle Rolle zu finden. Sie stellen sich insgeheim die Fragen: Passe ich in die Gruppe oder bin ich ein Außenseiter? Werde ich eine wichtige Rolle spielen und brauchbare Beiträge leisten können, oder bin ich nur aus formalen Gründen dabei? Werde ich meine Zeit verschwenden?

In dieser Anfangsphase können die Denker und Direktoren besonders hilfreich sein. Sie verstehen es beide, Schwerpunkte festzulegen, wobei der eine direkter vorgeht als der andere. Sie könnten etwa sagen: »Wir wollen uns nun über unsere Ziele und Methoden einigen....«, oder sie könnten lediglich gezielte Fragen stellen und durchdachte Gesprächsbeiträge liefern.

In der Anfangsphase kommt es darauf an, dass die Teammitglieder den Sinn dieser Entscheidungen erkennen und sich dem Ziel der Zusammenarbeit verschreiben. Je komplexere Probleme das Team lösen muss, desto wahrscheinlicher ist es, dass ein Denker oder ein sehr anpassungsfähiger Nicht-Denker der Gruppe zu einem guten Start verhelfen. Eine vernünftige Analyse der Aufgaben trägt dazu bei, Licht ins Dunkel zu bringen. Dann erkennt jeder Einzelne, welche Vorteile es für ihn hat, sich der gemeinsamen Sache zu verschreiben, und welche Aufgaben ihm dabei zufallen.

Je mehr die Gruppe über ihre Ziele gespalten ist und je mehr Missstimmigkeiten es schon gegeben hat, desto wahrscheinlicher ist es, dass ein Direktor die Schlüsselrolle spielt. Die Gruppe sehnt sich in solchen Fällen nach einer Führungspersönlichkeit. Sie wünscht sich jemanden, der die Luft reinigt und die Mitglieder vor die Entscheidung stellt, entweder mitzuarbeiten oder das Team zu verlassen, damit zumindest die anderen noch sinnvolle Arbeit leisten können. Diese Situation ist dem Direktor geradezu auf den Leib geschneidert.

In jedem Fall ist es wahrscheinlich, dass Direktoren und Denker sowie diejenigen, die ihre Verhaltensmuster zeitweilig übernehmen können, in der Anfangsphase eine entscheidende Rolle spielen. Sie führen die Gruppe zielbewusst in ihr nächstes Entwicklungsstadium.

Phase 2: Die Realität wird analysiert

Diese Phase verläuft oft stürmisch. Während in der Anfangsphase oft ein einzelner Denker oder Direktor die entscheidenden Fortschritte herbeiführt, kommt es in der zweiten Phase auf die »Teamarbeit« an. Das liegt zum Teil daran, dass das Team sich nun mit seinen eigentlichen Aufgaben und nicht mehr nur mit seiner internen Dynamik auseinandersetzen muss.

In diesem Stadium beschäftigt sich das Team mit der Realität. Die Gruppe erkennt, wie schwierig ihre Aufgabe wirklich ist oder wie wenig Zeit und Ressourcen ihr zur Verfügung stehen. Vielleicht setzt auch schon Ernüchterung darüber ein, dass es wohl keine rauschenden Triumphe feiern kann, sondern schon über bescheidene Ergebnisse froh sein muss.

All diese Faktoren können zu Ernüchterung, Enttäuschung und Verwirrung führen. Zwar wird von diesen Gefühlen kaum jemand verschont, doch am häufigsten werden sie von den Direktoren und Unterhaltern zum Ausdruck gebracht.

In dieser Phase ist der Wille zur Zusammenarbeit noch nicht sehr gefestigt. Hier entscheidet sich oft Wohl und Wehe der weiteren Entwicklung des Teams. Wird es ihm gelingen, ein echtes Team zu werden? Wird es die wichtigen Fragen sinnvoll lösen? Oder wird es sich in seine internen Machtkämpfe verstricken?

In dieser Phase muss die grundsätzliche Frage beantwortet werden: Wer verfügt über welche Macht? Obwohl die Gruppe hauptsächlich an ihrer eigentlichen Aufgabe arbeiten sollte, bleiben auch die internen Fragen aktuell: Wer ist der Boss? Wer hat das Führungstalent und wer wird es anerkennen? Wer wird am meisten profitieren und wer wird am Ende als Verlierer dastehen?

In dieser Phase kommt es entscheidend darauf an, dass die Mitglieder über den Tag hinaus denken und überlegen, was für die Gruppe gut ist. In diesem Stadium sind Partizipation, Kommunikation und Engagement entscheidend, denn sonst zerbricht das Team. Eine sehr wichtige Rolle spielen hier oft die Unterhalter.

Unterhalter oder andere Teammitglieder, die ihre Verhaltensweisen zeitweise übernehmen können, beziehen andere wirkungsvoll ein und ermutigen sie, indem sie über ihre eigenen Gedanken und Gefühle sprechen. Ihr informeller Stil kann klare Signale aussenden, die verdeutlichen, dass das Team durchaus zu einer guten Zusammenarbeit fähig ist und dass der Beitrag jedes einzelnen Mitglieds wichtig ist.

Sehr viele Gruppen kommen über dieses Stadium nie hinaus. Es gelingt ihnen nicht, ihr Freund-Feind-Denken zu überwinden. Auf diese Weise bringen sie sich selbst um den Erfolg, denn wenn sie lernen würden, effektiv zusammenzuarbeiten, ob in gemischten oder zielgerichteten Gruppen, könnten sie bald über sich selbst hinauswachsen.

Findet dieser Lernprozess jedoch nicht statt, wird ein solches Team weiterhin »Besprechungen« abhalten und allerhand Lippenbekenntnisse über den Willen zur »Zusammenarbeit« ablegen, aber es wird nur wenige Ergebnisse vorweisen können. Statt dessen verpufft die Energie der einzelnen Mitglieder weiterhin in ihren internen Auseinandersetzungen und Rangeleien. Der eigentliche Verlierer jedoch ist das Team und damit auch das gesamte Unternehmen.

Allerdings besteht immer die Hoffnung, dass zumindest einige Teammitglieder erkennen, welche Vorteile es für sie selbst und für das Team hat, wenn die Rivalitäten beigelegt werden. Sie hören auf, Sieger und Verlierer zu unterscheiden, und lernen statt dessen zusammenzuarbeiten, um die Schwierigkeiten dieses zweiten Stadiums zu überwinden.

Auf diese Weise wird ein Durchbruch in der Entwicklung des Teams herbeigeführt. Die Mitglieder fangen an zu erkennen, dass es weniger wichtig ist, wer das Sagen hat, als wer das Know-how und gute Ideen einbringt. Wenn die Gruppe diesen Punkt erreicht hat, steht sie vor der Schwelle zur nächsten Phase.

Phase 3: Das Team wächst zusammen

Die Zusammenarbeit gelingt nun immer besser. An diesem Punkt können Beziehungsmenschen der Teamentwicklung einen spürbaren Antrieb geben. Weil sie eine Synthese zwischen unterschiedlichen Ansichten herstellen können, tragen die Beziehungsmenschen oder sehr anpassungsfähige Teammitglieder dazu bei, dass individuelle Unterschiede in der Gruppe verschmelzen. Indem sie ihre Gedanken und Gefühle bereitwillig äußern, führen sie die widerstreitenden Klänge zu einer einheitlicheren Melodie zusammen. Das Team fängt nun an, mit vereinten Kräften an den früher vereinbarten Zielen zu arbeiten.

Die Gruppe ist jetzt zu einem echten Team geworden. Es hat eine Verlagerung der Identität stattgefunden. Während für die Gruppenmitglieder bisher hauptsächlich das »Ich«-Denken im Vordergrund stand, ist nun das »Wir« von maßgeblicher Bedeutung.

Phase 4: Der Griff nach den Sternen

Im vierten und letzten Stadium schließlich werden die »Spitzenleistungen« erreicht, die sonst eher die Ausnahme als die Regel sind. Wenn ein Team diese Phase erreicht hat, signalisiert es, dass es in bestmöglicher Weise funktioniert. Es ist zu einem Ganzen zusammengewachsen, das viel mehr als nur die Summe seiner Teile darstellt.

Die einzelnen Teammitglieder sind stolz darauf, zu ihrem Team zu gehören und bringen das auch zum Ausdruck. Sie haben gelernt, wie man zusammenarbeitet. Die Arbeitsmoral und das Arbeitsklima sind sehr gut. Die Gruppe liefert ständig qualitative und quantitative Ergebnisse und kann sich selbst effektiv steuern.

In den vorangegangenen drei Phasen waren oft die Fähigkeiten der Direktoren gefragt, wenn wichtige Entscheidungen getroffen werden mussten. Aber in diesem Stadium ist ein kontrollierender Stil nicht mehr notwendig. Wenn ein Team erst einmal die Schlagkraft des vierten Stadiums erreicht hat, könnte ein autoritärer Stil sogar kontraproduktiv sein und den bisherigen Fortschritt der Gruppe torpedieren.

Statt dessen führt der Entscheidungsfindungsprozess in der Gruppe ganz natürlich zu guten Ergebnissen. Unterschiede zwischen den Mitgliedern werden zur Quelle der Stärke, nicht des Streits.

Ob man sie liebt oder hasst, Arbeitsgruppen wird es immer geben. Sie können Spitzenleistungen erbringen, brauchen aber auch viel Pflege, vor allem in den Anfangsstadien. Der Prozess der Teamentwicklung muss verantwortungsvoll überwacht werden, sowohl von den Verantwortlichen, die das Team zusammengestellt haben, wie von den Mitgliedern selbst. Nur ein Team, in dem die Persönlichkeitsstile der Mitglieder gewürdigt werden, kann wirklich produktiv sein.

In zu vielen Teams werden die falschen Menschen mit der falschen Aufgabe betraut. Von solchen Teams kann man keine Spitzenleistungen erwarten. Aber sobald man ihnen Aufgaben zuweist, für die sich die darin vertretenen Persönlichkeitstypen besonders gut eignen, werden sie erfolgreich arbeiten – wenn sie die *Platin-Regel* anwenden.

Bei der Anwendung der *Platin-Regel* kommt der Kommunikation entscheidende Bedeutung zu. Die Teammitglieder müssen immer wieder versuchen, die Wünsche und Bedürfnisse ihrer Kollegen anzusprechen und nicht zu verurteilen. (Denken Sie daran: Bei der *Platin-Regel* geht es um Persönlichkeits*unterschiede*, nicht um Charakter*mängel*!)

Letztlich also kommt es bei der Teamarbeit darauf an, dass man andere nicht verurteilt, sondern sich in sie einfühlt, dass man die Stärken anderer nutzt und ihre Schwächen sinnvoll ausgleicht. Das Ergebnis kann – allen Unterschieden zum Trotz – grandios sein!

In diesem Kapitel haben wir Material aus *The Dynamic Decision Maker: Five Decision Styles for Executive and Business Success* von M. J. Driver, K. R. Brousseau, und P. L. Hunsaker verwendet.

Kapitel 9

Effektiv führen mit der Platin-Regel

Don, Inhaber eines Telemarketingunternehmens und ein typischer Direktor, beschloss eines Tages, seine Vertriebsmitarbeiter mit einer Karibik-Kreuzfahrt zu belohnen. Er freute sich über die hervorragende Geschäftsentwicklung der letzten Zeit und gratulierte sich selbst dazu, ein so anerkennender und großzügiger Chef zu sein. Er verkündete die Neuigkeit mit stolz geschwellter Brust bei einer Besprechung:

»Meine Damen und Herren! Ich habe ein großartiges Bonbon für Sie! Sie haben im vergangenen Jahr so exzellente Arbeit geleistet, dass ich für Sie und Ihre Partner und Partnerinnen eine viertägige Kreuzfahrt organisiert habe ... auf Firmenkosten! In einem Monat, am 11. Oktober, stechen wir in See und fahren nach Cancun, Cozumel und zu den Großen Kaimaninseln. Sie werden mit dem besten Essen verwöhnt, können sich ins Nachtleben stürzen, einkaufen, Besichtigungen unternehmen, was auch immer Sie wollen. Ich habe sogar ein paar Kurzseminare mit den besten Motivationstrainern organisiert, außerdem einen Zauberer zur Unterhaltung und einen Tanzlehrer, der Ihnen beibringt, wie Sie noch besser zu diesen wunderschönen romantischen Stücken tanzen.«

Don lächelte erwartungsvoll und hielt einen Moment inne, weil er dachte, dass nun donnernder Applaus einsetzen würde. Aber es kam keiner. Statt dessen sah er auf den meisten Gesichtern ein gezwungenes Lächeln und manche runzelten sogar die Stirn, während sie mit gedämpfter Stimme ihre Reaktionen austauschten. Dann erwähnte jemand, dass sein Sohn gerade in der Woche der Kreuzfahrt ein wichtiges

Fußballturnier habe. Eine Mitarbeiterin sagte, dass ihr Vater im Sterben liege und sie deshalb nicht mit gutem Gewissen wegfahren könne. Andere äußerten eine mehr oder weniger ausgeprägte Begeisterung oder führten weitere Verhinderungsgründe an. Don war bass erstaunt.

Nach der Besprechung nahm er den Verkäufer, den er am besten kannte, beiseite und fragte ihn: »Was ist los? Ich lege mich für euch ins Zeug und gebe eine Menge Geld aus und zwar freiwillig, um einen kostenlosen Urlaub an einem der schönsten Orte der Welt zu organisieren. Und ihr seht mich an, als hätte ich euch gerade hinausgeworfen. Was ist los? Ich bin total perplex.«

Der Verkäufer erklärte, dass die Mitarbeiter seine Geste wirklich schätzten, ganz ehrlich. Aber es wäre klüger gewesen, vorher mit ihnen abzuklären, ob ihnen das Datum überhaupt passte, ob sie in der Gruppe reisen wollten, ob sie eine Kreuzfahrt überhaupt für eine gute Idee hielten und wenn ja, wie sie dann ihre Zeit auf dem Schiff am liebsten verbrachten. »Ich zum Beispiel sehe mir nicht gerne Zauberkunststücke an. Und ich weiß, dass Fred lieber sterben würde, als die Tanzfläche zu betreten«, erklärte der Verkäufer seinem Chef.

»Don«, fuhr er fort, »wir schätzen Sie wirklich sehr. Sie sind ein großartiger Chef. Aber wir sind nicht alle so wie Sie. Sie sind ein paar Jahre älter als die meisten von uns und Ihre Kinder sind erwachsen, so dass Sie freier über Ihre Zeit verfügen können. Bei uns ist das anders. Außerdem sind Sie ein Partylöwe, Sie trinken und tanzen gerne und gehen gerne spät zu Bett. Wunderbar, aber das trifft nicht auf alle von uns zu.«

»Also ist mein Versuch, Ihnen meine Anerkennung auszudrücken, gründlich danebengegangen?«

»Nein. Natürlich finden wir alle es toll, dass Sie unsere Leistungen würdigen wollen. Aber Sie dürfen dabei nicht vergessen, dass Sie uns nicht einfach über einen Kamm scheren können. Es ist eine wunderbare Geste, dass Sie uns eine Kreuzfahrt finanzieren. Aber langfristig gesehen ist es vielleicht wichtiger, den individuellen Unterschieden der Mitarbeiter mehr Aufmerksamkeit zu schenken.«

»Okay«, erwiderte Don mit einem Seufzer. »Ich verstehe, was Sie meinen. Aber warum hat mir das bisher noch nie jemand gesagt?«

»Das haben wir doch, Don, wirklich. Erinnern Sie sich noch daran, wie Sie den Freitag im Büro zum ›Hippietag‹ erklärten und vorschlugen, jeder solle mit Batik-T-Shirt, Jeans und Birkenstocks zur Arbeit kommen – so wie Sie es früher getan haben –, aber nur ganz wenige tatsächlich so gekleidet kamen? Erinnern Sie sich, wie Sie die Cola-Automaten in der Eingangshalle durch Mineralwasser-Automaten ersetzten und fast einen Aufstand hervorriefen? Wissen Sie noch...«

Ein Extra

Hätte Don die *Platin-Regel* angewandt, wäre ihm all dies nicht passiert. Statt seinen Mitarbeitern einen Plan vorzulegen, in dem das Reisepaket samt Vergnügungsprogramm schon fix und fertig geschnürt war, hätte er auch einfach *zuhören* können. Wenn er sich gemeinsam mit ihnen beraten hätte, wäre sein Geld besser angelegt gewesen und seine Mitarbeiter hätten das Gefühl gehabt, wie Erwachsene behandelt zu werden.

Die *Platin-Regel* liefert dieses Extra, das Führungskräfte auf die vielfältigste Weise für sich und für ihr Unternehmen nutzen können. Wenn sie ihre Anpassungsfähigkeit steigern, können Führungskräfte Brücken zu ihren Mitarbeitern schlagen und ihnen ihre Anerkennung vermitteln. Indem sie lernen, auf ihre Interessen und Belange einzugehen und ihre Stärken und Schwächen zu berücksichtigen, können sie ihre Mitarbeiter optimal einsetzen und gleichzeitig deren Zufriedenheit steigern.

Das folgende Beispiel illustriert dies eindrucksvoll. Ein Sportartikelhersteller aus Florida wurde von einem klassischen Direktor geführt, den wir Edward nennen wollen. Er hatte das Unternehmen mit fünfzehn Mitarbeitern geerbt und mit seinem ausgepägt diktatorischen Führungsstil an den Rand des Bankrotts getrieben.

»Ich weiß nicht mehr weiter«, klagte er einem Unternehmensberater sein Leid. »Meine Verkäufer arbeiten nicht, sie wissen nicht, wie man verkauft. Ich sage ihnen den ganzen Tag: ›Hängt euch ans Telefon, hängt euch ans Telefon‹.«

Der Berater konfrontierte ihn zunächst mit seinem Persönlichkeitsstil. Er erklärte ihm, dass er mit seiner Ungeduld und Dickköpfigkeit die Mitarbeiter keineswegs motiviere, sondern damit nur Probleme schaffe. Nachdem er etwas über die Persönlichkeitsstile erfahren hatte, erkannte Edward auch, dass viele seiner Mitarbeiter die falsche Position innehatten. Er hatte beispielsweise keinen einzigen Unterhalter in seiner Verkaufstruppe, obwohl gerade die Angehörigen dieses Stils dazu prädestiniert sind, Kontakte zu knüpfen und andere zu überzeugen.

Zwei Wochen lang bemühte sich Edward darum, seinen Stil anzupassen, die richtigen Leute auf die richtigen Positionen zu setzen und seine Mitarbeiter mit dem Konzept der Persönlichkeitstypen und der *Platin-Regel* bekannt zu machen. Die Ergebnisse waren phänomenal.

Mitarbeiter, die noch nie etwas von den verschiedenen Persönlichkeitsstilen gehört hatten, erkannten plötzlich, warum sie und ihre Kollegen so und nicht anders handelten. Sobald sie sich diese Unterschiede bewusst machten, fingen sie an, die guten Seiten ihrer Kollegen – selbst die von Edward – wahrzunehmen und zu schätzen. Bald arbeiteten sie alle besser als je zuvor zusammen.

»Sie können sich nicht vorstellen, wie sich mein Unternehmen verändert hat«, erzählte Edward seinem Coach. »Ich habe viele Mitarbeiter versetzt. Die Verkaufszahlen schnellen in die Höhe. Alles läuft bestens.« Innerhalb kurzer Zeit hatte Edward den Bankrott abgewandt und fing nun sogar an zu expandieren.

Die Spitze muss mitziehen

Eine derartige Wende kann nur dann gelingen, wenn das neue Konzept von der Firmenleitung höchstpersönlich mitgetragen wird. Die Unternehmensberaterin Nikki Sweet meint: »Wir lehnen es ab, mit Firmen zusammenzuarbeiten, die uns nicht sofort Zugang zum Boss verschaffen.« Aber sobald der Chef überzeugt sei, sagt sie, eröffneten sich praktisch »unbegrenzte« Möglichkeiten.

Die *Platin-Regel* kann sich tatsächlich positiv auf fast jeden Aspekt der Führungsarbeit auswirken. Es gibt beispielsweise verschiedene Methoden, um mit den vier Persönlichkeitstypen in den folgenden Bereichen umzugehen:

- Kommunikation und Aufgabenverteilung,
- Lob und Kritik,
- Motivation und Coaching.

Wenn Sie diese Methoden beherrschen, können Sie Ihre Sensibilität und Effektivität als Manager erheblich steigern. Dies sind Eigenschaften, die heutzutage von Führungskräften immer mehr verlangt werden. Jemand sagte einmal, die Sensibilität sei eine Radaranlage im zwischenmenschlichen Umgang. Wenn dies zutrifft, dann leistet die *Platin-Regel* wertvolle Hilfe dabei, die Radarantennen richtig auszurichten.

Wie üben Sie Macht aus?

Sie haben Ihren primären Verhaltensstil kennen gelernt, Sie haben festgestellt, ob Sie zu einem der Mischtypen gehören und erfahren, welche Maßnahmen Ihnen helfen können, die Anforderungen am Arbeitsplatz sowie im zwischenmenschlichen Umgang besser zu erfüllen. Behalten Sie dieses Wissen im Hinterkopf.

Für unsere weiteren Ausführungen ist es wichtig, dass Sie sich klar machen, woher Sie den Einfluss ableiten, den Sie auf Ihre Mitarbeiter ausüben. Dafür gibt es nämlich zwei Quellen. Zunächst einmal leiten Sie Ihren Einfluss aus Ihrer Position ab. Je nachdem, ob Sie Vorstandsmitglied, Abteilungsleiter oder Regionalleiter sind, haben Sie unterschiedliche Machtbefugnisse.

Aber fragen Sie einmal einen Unternehmenschef, was passiert, wenn er versucht, in der Cafeteria eine neue Ketchup-Marke einzuführen. Fragen Sie die Abteilungsleiterin, was passiert, wenn sie beschließt, die Zahl der Überstunden zu reduzieren. Fragen Sie den Regionalvertriebsleiter, was passiert, wenn er alle Geschäftsführer der Filialen bittet, die Ladenschilder auszutauschen. Manchmal setzen die Chefs sich durch, manchmal auch nicht.

Selbst wenn Sie einen Titel haben – und einen eigenen Parkplatz und einen festen Platz in der Kantine der Führungskräfte –, können Sie sich nicht alleine auf die Macht Ihrer Position verlassen, um etwas zu erreichen. Sie brauchen auch »persönliche Macht«. Dies ist die zweite Einflussquelle.

Die Rolle der Mitarbeiter im Unternehmen hat sich in den vergangenen Jahrzehnten deutlich verändert. Durch kulturelle Veränderungen und ein teamorientiertes Management ist ein Forum entstanden, in dem Mitarbeiter ihre Wünsche und Einstellungen besser zum Ausdruck bringen können. Tatsächlich ist die Ansicht mittlerweile weit verbreitet, dass eine Führungskraft nicht wirklich führen kann, wenn sie von den Geführten nicht akzeptiert wird.

Wenn es einem Unternehmenschef, Abteilungsleiter oder Regionalvertriebsleiter gelingt, mit seinen Mitarbeitern gut zusammenzuarbeiten, dann liegt das nicht nur an ihren jeweiligen Titeln und Positionen und den daraus resultierenden Kompetenzen. Es liegt daran, dass sie auch das Vertrauen ihrer Mitarbeiter gewonnen haben. Sie haben persönliche Macht erlangt.

Die Macht der Position wird also aus der hierarchischen Stellung abgeleitet, während man sich die persönliche Macht verdienen und erarbeiten muss. Die Macht der Position kann lediglich ein Sprungbrett dafür sein, andere zu beeinflussen. Aber erst die persönliche Macht verwandelt reinen Gehorsam in echte Zusammenarbeit.

Der Weg zu persönlicher Macht

Sie benötigen also persönliche Macht, um effektive Führungsarbeit leisten zu können. Aber wie gewinnen Sie diese?

Zunächst einmal ist es hilfreich, eine *Vision* zu haben. Dazu müssen Sie ein so überzeugendes Bild der Zukunft entwerfen, dass die Mitarbeiter einen überzeugenden Grund haben, sich für Ihre Ziele einzusetzen.

Weiterhin brauchen Sie *Selbstvertrauen*. Das hat nichts mit Selbstüberschätzung oder gespielter Courage zu tun, sondern mit einem inneren Glauben an Ihre Fähigkeiten. Mit einem gesunden Selbstvertrauen wird es Ihnen gelingen, Ihre Vision überzeugend darzustellen.

Weiterhin benötigen Sie *Sachverstand*. Wenn Sie nicht über das Sachwissen, die fachlichen Fähigkeiten und die notwendigen Erfahrungen verfügen, wird Ihnen niemand folgen, unabhängig davon, wie mitreißend Sie für Ihren großartigen Plan werben.

Aber am wichtigsten ist, dass Sie in der Lage sind:

- zu kommunizieren und
- zu motivieren.

Persönliche Macht – also letztlich Ihre Fähigkeit, mit Menschen umzugehen – ist von entscheidender Bedeutung für Sie und Ihr Unternehmen. Die *Platin-Regel* kann Ihnen den Schlüssel dafür liefern, persönliche Macht zu gewinnen. Warum?

- Wenn Sie die Verhaltensstile der Mitarbeiter erkennen und sich anpassen, werden Sie viel effektiver mit ihnen umgehen als jemand, der ihre »Sprache« nicht spricht.
- Wenn Sie Brücken schlagen, indem Sie die Hoffnungen, Ängste und Träume Ihrer Mitarbeiter verstehen und ansprechen, werden sie Ihnen das mit Höchstleistungen vergelten.
- Wenn Sie die besten Fähigkeiten Ihrer Mitarbeiter fördern und Vertrauen in ihre Leistungen demonstrieren, werden diese wiederum mehr Selbstvertrauen aufbauen und zufriedener und produktiver sein.

Kurz gesagt: Wenn Sie die Individualität Ihrer Mitarbeiter honorieren und ihre *wesentlichen Unterschiede* kennen, werden sie mehr und besser für Sie arbeiten. Aber dazu müssen Sie ihnen auch wirkliche Freiräume und echte Verantwortung überlassen, statt nur zu versuchen, Macht über sie auszuüben.

Sie können dies erreichen, indem Sie lernen zuzuhören, zu beobachten und mit ihnen zu reden. Dann passen Sie sich so an, dass Ihre Mitarbeiter das Gefühl gewinnen, einen unmittelbaren und wesentlichen Beitrag zum Unternehmenserfolg zu leisten. So wird die *Platin-Regel* in die Praxis umgesetzt. Sie werden sehen, dass Spannungen und Konflikte abnehmen und Ihre Truppe effektiver und motivierter arbeitet.

Persönlichkeitsstile in der Führungsarbeit

Sie kennen nun die *Platin-Regel* und ihre Bedeutung. Wie können Sie die Regel im Umgang mit Ihren Mitarbeitern anwenden? Diese Frage soll anhand von sechs typischen Führungssituationen beantwortet werden.

1. Motivation

Die Situation: Sie sind Geschäftsführer eines Unternehmens, das unter starkem Konkurrenzdruck steht. Sie müssen Ihren Mitarbeitern sagen, dass die Preise im kommenden Monat um zehn Prozent angehoben werden. Der Hauptbestandteil des Gehalts dieser Verkäufer besteht aus umsatzabhängigen Provisionen. Deshalb brechen sie bei der Aussicht auf eine Preiserhöhung, die sie gegenüber der Konkurrenz benachteiligt, keineswegs in Begeisterungsstürme aus. Allerdings wurde die Entscheidung schon längst einige Ebenen über Ihnen abgesegnet. Ihre Aufgabe lautet lediglich, sie umzusetzen, nicht aber, sie zu diskutieren.

Unter Ihren Verkäufern sind alle vier Grundstile vertreten. Wie würden Sie gezielt auf jeden Stil eingehen?

Der Direktor: Kommen Sie direkt und ohne Umschweife zur Sache. Nennen Sie die neuen Preise, führen Sie die Gründe für ihre Anhebung an und erklären Sie, welche Konsequenzen diese Maßnahme für die Beteiligten hat. Dann könnten Sie sagen: »Lassen Sie uns jetzt überlegen, wie wir am besten damit klarkommen.« Denken Sie daran, dass der Direktor sehr kämpferisch eingestellt ist. Beschreiben Sie das Problem und machen Sie konkrete Lösungsvorschläge, statt sich zu verzetteln, indem Sie die Preissteigerung rechtfertigen oder die einzelnen Auswirkungen auf das »Team« beschreiben.

Vermitteln Sie dem Direktor so weit wie möglich das Gefühl, die weitere Entwicklung beeinflussen zu können, etwa durch eine Anpassung seiner Verkaufsziele, die ihn zu weiteren Leistungen anspornt. »Sie sind ein einfallsreicher Verkäufer. Ich muss Ihnen nicht sagen, wie Sie Ihre Arbeit erledigen sollen, und es nützt ja auch nichts mehr, darüber nachzugrübeln, ob diese Preiserhöhung eine gute Idee war. Der Punkt ist doch der: Die Würfel sind längst gefallen. Und jetzt müssen wir eben zeigen, was in uns steckt.«

Weisen Sie darauf hin, dass die neuen Preise die Wettbewerbssituation verändern können und machen Sie konkrete Vorschläge, wie man verhindern kann, dass die Mitbewerber daraus Vorteile ziehen.

Der Unterhalter: Weisen Sie ihn darauf hin, dass es durch die Preiserhöhung vielleicht schwerer sein mag, das Produkt zu verkaufen, dass aber diejenigen, die trotzdem gute Umsätze vorweisen, als Helden gefeiert werden.

Erinnern Sie ihn daran – sofern es stimmt –, dass er zu den besten Verkäufern der Firma gehört, und führen Sie seine Auszeichnungen und Leistungen an. Wiederholen Sie positive Aussagen, die Sie von anderen über seine Arbeit gehört haben.

Erklären Sie, wie sein Status und sein Image steigen werden, wenn er seine guten Leistungen halten oder sogar verbessern kann. »Dies ist eine seltene Chance, kein Rückschlag. Alle Augen richten sich jetzt auf uns. Wir haben die große Chance, unser Können unter Beweis zu stellen. Und wir werden das tun!«

Machen Sie ihm die Aufgabe schmackhaft, die Kunden davon zu überzeugen, dass das Produkt einfach mehr kosten muss, weil es anderen Erzeugnissen weit überlegen ist. Weisen Sie ihn darauf hin, dass er trotz allem einen großartigen Arbeitsplatz hat, an dem er mit kompetenten Profis zusammenarbeitet und auch der Spaß nicht zu kurz kommt.

Der Beziehungsmensch: Erwarten Sie Widerstand, auch wenn er diesen auf passive Art äußert, indem er hartnäckige Fragen stellt: »Und wie sieht es mit ... aus?« oder »Ja, aber wie...?« Der Beziehungsmensch steht Veränderungen besonders zurückhaltend gegenüber – und zwar allen Veränderungen. Zeigen Sie Verständnis für seine Gefühle. Sagen Sie ihm freundlich und ruhig, dass die Preiserhöhung rein wirtschaftliche Gründe hat und die Teamarbeit davon in keiner Weise berührt wird.

»Das, wofür unsere Firma steht – und wofür insbesondere Sie bekannt sind –, sind Vertrauen und Zuverlässigkeit. Daran wird sich mit Sicherheit *nichts* ändern. Die Chefs haben über diese Preissteigerung ganz offen gesprochen und sie versuchen nicht, sie über Servicegebühren oder andere Mittel durch die Hintertür einzuführen«, sagen Sie ihm.

Betonen Sie, dass sich einzig und allein der Preis ändert und sonst nichts. Machen Sie ihm deutlich: »Die Kunden treffen ihre Kaufentscheidungen auch aus vielen anderen Gründen, etwa weil sie Ihre Zuverlässigkeit schätzen. Die Firma, ihr Ruf und die Führungsstruktur sind Dinge, die sich nicht ändern. Die Preiserhöhung ist kein Vorbote für weitere Veränderungen in der Firmenpolitik, sondern sie ist einfach eine Folge der gestiegenen Produktionskosten.«

Falls es zutrifft, versichern Sie Ihrem Mitarbeiter, dass sich die Preiserhöhung langfristig nur minimal auf ihn persönlich auswirken wird, weil er so zuverlässig arbeitet. Versprechen Sie ihm, sich in einigen Monaten noch einmal darüber zu unterhalten, welche Konsequenzen die Preiserhöhung auf seinen Umsatz und seine Provision hatte. Stellen Sie ihm in Aussicht, gemeinsam mit ihm eine Lösung zu suchen, falls ihm dann Nachteile entstanden sind.

Es kommt also darauf an, dem Beziehungsmenschen zu zeigen, dass nur der Produktpreis sich ändert und dass Sie die Auswirkungen dieser Maßnahme hoffentlich mit vereinten Kräften meistern können.

Der Denker: Er wird von der Preiserhöhung nicht begeistert sein, interessiert sich aber für die genauen Gründe dafür. Er möchte unbedingt wissen, warum der Preis jetzt und gerade um diesen Betrag erhöht wurde. Insgeheim denkt er schon darüber nach, wie er die Preissteigerung vor den Kunden rechtfertigen wird.

»Das sind also die Fakten«, könnten Sie ihm sagen. »Ich wünschte, es wäre anders, aber so sieht es nun mal aus. Das Beste, was wir tun können, ist die Entscheidung zu akzeptieren und uns auf ihre Auswirkungen vorzubereiten, so gut wir können. Dann gehen wir an unsere Arbeit.«

Machen Sie möglichst präzise Angaben. Es wäre hilfreich, eine schriftliche Preisanalyse vorzubereiten und mit der Preisgestaltung der Konkurrenten zu vergleichen. Vielleicht erstellen Sie gemeinsam mit dem Denker eine Liste der wichtigsten Produktvorteile, die er seinen Kunden nennen kann, nachdem er ihnen die neuen Preise mitgeteilt hat.

Versichern Sie Ihrem Gegenüber, dass dieses für lange Zeit die letzte Preissteigerung bleiben wird. Sprechen Sie mit ihm darüber, wie er vorgehen soll, falls Kunden sich beschweren oder Aufträge stornieren.

In diesem Gespräch mit dem Denker ist es wichtig, dass Sie systematisch vorgehen und präzise Erläuterungen geben. Liefern Sie Beweise für Ihre Aussagen und beschreiben Sie genau und erschöpfend, was sich alles ändern wird.

Mit diesen unterschiedlichen Methoden sind Sie also individuell auf die vier Verhaltenstypen eingegangen. Sie haben nichts versprochen, was Sie nicht halten könnten. Aber Sie haben jeden Einzelnen optimal auf die bevorstehende Veränderung vorbereitet – dank der *Platin-Regel*.

Sie haben sich dafür entschieden, von Ihrem eigenen typischen Verhalten etwas abzurücken und sich an die Verhaltensmuster der jeweiligen Mitarbeiter anzupassen. Auf diese Weise konnten Ihre Gesprächspartner die Neuigkeit besser verarbeiten. Höchstwahrscheinlich haben Sie sich selbst und der Firma sehr viel Unruhe und Unzufriedenheit erspart. Und Sie haben Ihren Verkäufern bewiesen, dass Sie sich um sie kümmern.

Den meisten Mitarbeitern ist klar, dass es im Geschäftsleben nun einmal gute und schlechte Zeiten gibt. Aber es spielt eine eminent wichtige Rolle, wie ihr Chef sie in den schweren Zeiten behandelt. Berücksichtigen Sie ihre individuellen Unterschiede und Sie werden feststellen, dass sich Ihre Mühe hundertfach auszahlt.

2. Lob

Die Situation: Der Chef hat Ihnen, dem Supervisor, mitgeteilt, dass die Arbeitsmoral unter den Mitarbeitern nachzulassen scheint. Er bittet Sie darum, sie durch Lob und positive Bestärkung wieder zu mehr Leistung zu animieren.

Sie wissen, dass unter Ihren Mitarbeitern alle vier Persönlichkeitsstile vertreten sind. Jeder bezieht seine Motivation aus anderen Quellen. Feedback, das den einen zu Höchstleistungen mobilisiert, halten andere für irrelevant oder sogar überheblich. Wie äußern Sie Ihr Lob so, dass es auf jeden Einzelnen abgestimmt ist?

Der Direktor: Fassen Sie seine bisherigen Leistungen und Erfolge zusammen und gehen Sie kurz auf die verschiedenen Stellen ein, die er im Lauf seines Aufstiegs innehatte. Loben Sie seine Produktivität, sein Arbeitstempo und seine Entscheidungsfreude. Sagen Sie ihm, dass Sie ihn dafür bewundern – oder ihn sogar darum beneiden –, wie konzentriert er an seinen Aufgaben arbeitet.

»Sie haben hier sehr viel geleistet. Sie gehören zu den Menschen, die immer Ergebnisse vorweisen können. Und Sie ruhen sich auf Ihren Lorbeeren nie aus. Sie versuchen stets, Ihr Bestes zu geben, und stecken Ihr Team mit diesem Elan an, so dass die Resultate tatsächlich oft alle Erwartungen übertreffen. Ich denke, dass gerade diese Energie von den Chefs langfristig sehr geschätzt wird.«

Der Unterhalter: Bewundern Sie seine Ideen und seine Kreativität: »Sie haben in einer Woche mehr Ideen als ich in einem ganzen Jahr!«

Sagen Sie ihm, wie beliebt er bei den Kollegen ist und wie stark sein Charisma und seine Anziehungskraft wirken. Bewundern Sie, wie gut er andere mitreißen und überzeugen kann!

Sagen Sie ihm, dass es einfach Spaß macht, ihn in der Abteilung zu haben, und dass seine Warmherzigkeit sehr geschätzt wird.

Der Beziehungsmensch: Gehen Sie besonders auf seine Fähigkeit zur Zusammenarbeit ein. Falls es zutrifft, weisen Sie ihn darauf hin, wie sehr er von den Kollegen geschätzt wird, nicht nur als Leistungsträger, sondern als freundlicher Mitarbeiter, der immer für ein gutes Klima im Büro sorgt.

Loben Sie seine besonderen Fähigkeiten im Umgang mit anderen. Bewundern Sie sein Talent, mit den unterschiedlichsten Menschen klarzukommen und erwähnen Sie lobend, dass er immer ein offenes Ohr für die Kollegen hat.

Zollen Sie ihm Anerkennung für seine kontinuierlich guten Leistungen. Erklären Sie, wie es kam, dass Sie sich mittlerweile blind auf ihn verlassen, wenn es um Qualität und um die störungsfreie Zusammenarbeit mit dem Management geht. »Mitarbeiter wie Sie können anderen die Arbeit zum Vergnügen machen!«

Weisen Sie ihn darauf hin, dass Sie selbst ihn als Kollegen und als Menschen sehr schätzen.

Der Denker: Loben Sie die Qualität seiner Arbeit und die Sorgfalt, Präzision und Effizienz, mit der er sie ausführt.

Bewundern Sie seine Disziplin und Systematik, die es ihm ermöglichen, reibungslos und methodisch zu arbeiten.

»Ich bewundere auch Ihre Gewissenhaftigkeit und Ihr Durchhaltevermögen. Wenn Sie einmal in einem Projekt drin sind, sind Sie wie eine Bulldogge. Sie graben alle wichtigen Informationen aus und bleiben dann so lange bei der Sache, bis das Projekt abgeschlossen ist. Ich weiß, dass jede Aufgabe, die ich Ihnen gebe, auch richtig erledigt wird.«

3. Beratung

Die Situation: Sie haben vier Mitarbeiter, deren Leistung nachgelassen zu haben scheint. Sie scheinen launenhafter und unmotivierter als sonst. Sie vermuten, dass sie berufliche oder private Sorgen haben. Wie würden Sie das Thema ansprechen, wenn jeder der vier Mitarbeiter einem anderen Persönlichkeitsstil angehören würde?

Der Direktor: Halten Sie sich an die Fakten. Versuchen Sie, Informationen zu gewinnen, indem Sie über die gewünschten Ergebnisse sprechen, statt das Problem zu Tode zu analysieren.

Dann sprechen Sie über das konkrete Problem, wobei Sie aber mehr auf die nackten Tatsachen denn auf Gefühle eingehen. Fragen Sie Ihren Mitarbeiter, wie er das Problem lösen würde.

»Sagen Sie es mir. Welches ist Ihrer Meinung nach der beste Lösungsweg? Ich weiß, dass Sie eigentlich nur zufrieden sind, wenn Sie Ihre maximale Leistung geben. Sie gehören einfach zu dieser Sorte Menschen. Sie handeln lieber als zu reden und wir beide möchten diese Sache klären. Was würden Sie also vorschlagen?«

Der Unterhalter: Lassen Sie ihm viel Zeit. Er wird sich dem Problem wahrscheinlich nicht gleich frontal stellen wollen.

»Sie wirken normalerweise immer so zufrieden und gut gelaunt. Ihre positive Einstellung gehört zu Ihren echten Stärken. Aber in letzter Zeit schienen Sie mir anders als sonst zu sein. Sie sollen nur wissen, dass Sie mir vertrauen können. Jederzeit. Wir beide hatten immer ein gutes Verhältnis. Und es gehört zu meinen wichtigsten Aufgaben, anderen zuzuhören und für sie da zu sein, wenn sie mich brauchen.«

Wenn der Unterhalter schließlich auf sein Problem zu sprechen kommt, dann tut er das vielleicht eher versteckt und untertreibt dabei. Wenn Sie der Sache wirklich auf den Grund gehen wollen, müssen Sie genau zuhören und immer wieder nachfragen.

Häufig reicht es dem Unterhalter schon, wenn er sich seine Sorgen einmal von der Seele reden konnte. Das Problem ist vielleicht schon gelöst, wenn Sie ihm geduldig zugehört haben.

Der Beziehungsmensch: Nehmen Sie sich viel Zeit, um auch die emotionalen Aspekte des Problems zu verstehen. Stellen Sie ihm vorsichtig formulierte Fragen und hören Sie ihm aufmerksam zu.

Schaffen Sie eine Atmosphäre, in der er sich völlig sicher fühlt: »Wir beide kennen einander nun schon lange. Wir haben zusammen viele Höhen und Tiefen erlebt. Ich hoffe, dass Sie wissen, wie nahe ich Ihnen stehe, ganz abgesehen von unserer beruflichen Arbeit. Ich bin immer für Sie da, wenn Sie etwas auf dem Herzen haben. Falls es ein Problem gibt, dann werde ich tun, was ich kann, um Ihnen zu helfen, egal, worum es geht.«

Der Denker: Erzählen Sie ihm, dass Sie sich gefragt haben, ob er Sorgen hat. Stellen Sie ihm gezielte Fragen, damit es ihm leichter fällt, Ihnen die richtigen Informationen zu geben. Animieren Sie ihn dazu, etwas aus sich herauszugehen.

Sie könnten ihm einen Plan vorlegen, um das Problem in den Griff zu bekommen: »Wie wäre es, wenn wir uns ein oder zwei Mal pro Woche treffen, um über die Sache zu sprechen? Wenn Ihnen das lieber ist, könnte ich auch dafür sorgen, dass Sie mit einer anderen Person sprechen – mit einem Unternehmensangehörigen oder jemand anderem. Ich möchte Ihnen nur versichern, dass Sie nicht alleine dastehen, sondern Hilfe bekommen. Es gibt eine Reihe verschiedener Möglichkeiten, die wir ganz flexibel handhaben können. Und wenn sich herausstellt, dass die eine Methode nicht funktioniert, werden wir uns eben eine andere überlegen.«

4. Kritik

Die Situation: Sie sind für die Bearbeitung der Außenstände zuständig. In letzter Zeit ist es entschieden zu häufig zu Fehlern und Pannen gekommen. Einige Kunden haben sich beschwert, weil man ihnen zu hohe Beträge in Rechnung gestellt oder sogar zwei Rechnungen für dieselbe Leistung geschickt hat. Ihr Chef fordert, dass damit sofort Schluß zu sein hat – sofort! Wie werden Sie das Ihren Mitarbeitern mitteilen, ohne gleich ein weiteres Problem zu schaffen?

Der Direktor: Sagen Sie ihm ganz genau, was Sie wollen und überlassen Sie ihm dann die konkreten Maßnahmen so weit wie möglich selbst. Nennen Sie einen Termin für das nächste Gespräch, in dem er Ihnen über seine Fortschritte Bericht erstattet.

»Unser Ziel lautet, Fehler bei der Rechnungsstellung völlig auszuschalten. Wenn jemand dazu in der Lage ist, dann wir. Wir wollen uns richtig dahinter klemmen und sofort damit anfangen.«

Der Unterhalter: Reden Sie nicht lange um den heißen Brei herum. Beschreiben Sie, welches Problem vorliegt und welche Verhaltensweisen gefordert sind. Lassen Sie sich vom Unterhalter wiederholen, auf welche Maßnahmen Sie sich mit ihm geeinigt haben, um Missverständnisse auszuschließen.

»Ich brauche Ihre Hilfe, das steht fest. Die Chefs sehen uns genau auf die Finger, wie gut wir mit diesem Problem klarkommen. Der Ruf unserer Abteilung steht auf dem Spiel! Ich brauche Sie also, um das

Boot wieder auf Vordermann zu bringen. Das hat oberste Priorität. Ich schicke Ihnen eine Aktennotiz, in der zusammengefasst wird, worüber wir hier gesprochen haben. Haben Sie dazu noch Fragen?«

Der Beziehungsmensch: Konzentrieren Sie sich auf die Leistungsanforderungen. Machen Sie ihm gleichzeitig unmissverständlich deutlich, dass das Problem nichts mit ihm persönlich zu tun hat. Demonstrieren Sie dabei Sensibilität und Einfühlungsvermögen.

»Sie verstehen bestimmt, wie das ist, wenn man eine Rechnung bezahlt und hinterher doch noch eine Mahnung bekommt. Oder stellen Sie sich vor, dass Sie zwei oder drei Rechnungen gleichzeitig und über dieselbe Höhe erhalten. Das ist bestenfalls verwirrend – und höchstwahrscheinlich sehr ärgerlich. Wir beide möchten unsere Kunden zufrieden stellen, also helfen Sie bitte mit, solche Fehler in Zukunft zu vermeiden. Wir haben gute Mitarbeiter und ich denke, wir sind ein gutes Team. Aber es haben sich einige Lücken in unsere Abläufe eingeschlichen und wir müssen sie durch konsequente Verbesserungen schließen.«

Der Denker: Sagen Sie ihm genau, welche Fehler gemacht wurden und mit welchen Mitteln das Problem behoben werden könnte.

Legen Sie eine Frist fest, nach deren Ablauf Sie eine fehlerfreie Rechnungsstellung erwarten und sagen Sie, welche Einzelschritte Sie empfehlen. Setzen Sie ein weiteres Gespräch in ein bis zwei Wochen an, um zu überprüfen, ob die einzelnen Maßnahmen ausreichen oder ob sie noch modifiziert werden müssen.

»Wir werden das Problem wahrscheinlich nicht über Nacht lösen können. Immerhin hat es sich ja auch nicht über Nacht entwickelt. Aber wir können einen soliden Abhilfeplan auf den Weg bringen – und ihn dann weiter perfektionieren.«

5. Delegation

Die Situation: Infolge einer Umstrukturierung leiten Sie nun zwei Abteilungen und Ihre Arbeitsbelastung ist in die Höhe geschnellt. Sie leisten unglaublich viele Überstunden – und schaffen Ihr Pensum trotzdem nicht. Wenn Sie so weitermachen, wachen Sie bald in der Intensivstation wieder auf. Sie müssen mehr delegieren. Sie können aber mit keinerlei Anreizen locken, um anderen die Übernahme zusätzlicher Pflichten schmackhaft zu machen. Wie können Sie sich eines Teils Ihrer Arbeit entledigen, ohne Ihren Mitarbeitern das Gefühl zu geben, ausgenutzt zu werden?

Der Direktor: Nennen Sie ihm die Aufgaben – und suchen Sie dann das Weite!

»Sehen Sie, die Situation sieht folgendermaßen aus: Durch die Umstrukturierung hat sich meine Arbeitsbelastung vervierfacht. Ich kann das nicht alles bewältigen, niemand könnte das. Aber die Arbeit muss nun einmal getan werden, wenn unsere Abteilung weiterhin so gut dastehen will. Es fällt mir sehr schwer, Sie darum zu bitten. Aber Sie sind ein fähiger Mitarbeiter, jemand, der immer gute Ergebnisse erzielt und jemand, auf den ich immer zählen konnte, wenn Not am Mann war. Ich brauche Sie jetzt wirklich, um mein Pensum zu bewältigen.«

Weisen Sie ihn darauf hin, dass die zusätzlichen Pflichten seinen Stellenwert erhöhen. Nennen Sie ihm konkrete Vorgaben, Richtlinien und Fristen, aber überlassen Sie es ihm dann, die Bewältigung der zusätzlichen Aufgaben zu organisieren. Schauen Sie ihm nicht über die Schulter und bitten Sie ihn darum, Sie über seine Fortschritte auf dem Laufenden zu halten.

Der Unterhalter: Betonen Sie, warum die neuen Aufgaben dazu beitragen können, dass nicht nur Sie, sondern wahrscheinlich auch alle anderen Mitarbeiter der Abteilung ihm mehr Aufmerksamkeit und Anerkennung entgegenbringen.

»Ich kann Ihnen weder mehr Geld noch einen schönen Titel für die Erledigung dieser Aufgaben anbieten. Aber trotzdem steht fest, dass Sie in der Wertschätzung der anderen steigen werden. In unserer Firma werden alle Mitarbeiter anerkannt, die einspringen und Sonderleistungen erbringen. Außerdem sind Sie kompetent genug und es macht Spaß, mit Ihnen zusammen zu sein. Sie können auch so gut mit anderen umgehen. Deshalb werden bestimmt nicht so viele Fetzen fliegen, wie es der Fall wäre, wenn ich jemand anderen mit diesen Aufgaben betrauen würde.«

Vergewissern Sie sich jedoch, dass Sie unmissverständlich erklärt haben, worin die neuen Aufgaben bestehen und wie sie erledigt werden sollen. Geben Sie Zwischenziele zur Erfolgskontrolle vor, damit zwischen seinen einzelnen Berichten oder Ihren Besprechungen keine allzu langen Zeiträume entstehen.

Der Beziehungsmensch: Appellieren Sie an seine Hilfsbereitschaft und Zuverlässigkeit. »Wir beiden arbeiten nun schon seit über zwanzig Jahren hier. In dieser Zeit habe ich gelernt, dass ich mich in Krisenzeiten auf Sie verlassen kann. Und jetzt stecke ich mitten in einer solchen Krise. Ich brauche Ihre Hilfe. Ich kann Sie zwar nicht unmittelbar durch mehr Geld oder eine Beförderung belohnen, aber ich werde mir merken, dass Sie mir geholfen haben. Wie ich schon sagte, wir haben gemeinsam schon viele Krisen gemeistert und Sie wissen, dass ich zu meinem Wort stehe, wenn ich ein derartiges Versprechen gebe.«

Wenn Sie Ihrem Mitarbeiter dann die zusätzlichen Aufgaben erklären, sollten Sie die erforderlichen Abläufe genau beschreiben, damit er sie möglichst schnell in seine Arbeit eingliedern und seine Zusatzbelastung so gering wie möglich halten kann. Erklären Sie ihm, warum es wichtig ist, Aufgaben auf diese oder jene Weise zu erledigen.

Der Denker: Setzen Sie ihm detailliert auseinander, warum Sie einige Ihrer Aufgaben delegieren müssen. Beschreiben Sie, wie viel mehr Arbeit seit der Umstrukturierung auf Sie zugekommen ist. Legen Sie ihm Zahlen vor, um zu beweisen, dass Sie diese Arbeit unmöglich alleine bewältigen können.

»Ich weiß, dass Sie auch jetzt schon sehr hart arbeiten. Aber glauben Sie mir, ich würde Sie nicht um Hilfe bitten, wenn ich eine andere Wahl hätte. Da ich aber Ihre herausragenden Fähigkeiten als Planer kenne, dachte ich mir, dass es Ihnen gelingen könnte, diese Zusatzaufgaben zu bewältigen. Auf alle Fälle würden Sie das besser schaffen als einige andere hier im Büro. Am wichtigsten ist mir aber zu wissen, dass Sie gute Arbeit leisten würden!«

Nehmen Sie sich genügend Zeit, um alle Fragen des Denkers über die Details der Aufgaben und das Ausmaß Ihrer Unterstützung zu beantworten. Je vertrauter der Denker mit den Einzelheiten ist und je vorhersehbarer die Aufgaben sind, desto wahrscheinlicher ist es, dass er

Ihnen unter die Arme greift und dies vielleicht sogar als Entwicklungschance betrachtet. Vergessen Sie nicht, Termine für einzelne Schritte zu setzen und Kompetenzen zu klären.

6. Mitarbeiterentwicklung

Als Führungskraft nutzen Sie die *Platin-Regel* aber nicht nur, um Ihre Mitarbeiter zu den bestmöglichen Leistungen anzuspornen, sondern Sie fragen auch: »Was tue ich für *sie*? Wie kann ich ihnen helfen, sich weiterzuentwickeln, zu ihrem eigenen Wohl und zu dem der Firma?«

Sie müssen das Potential Ihrer Mitarbeiter erkennen und fördern. Es gehört zu Ihren Führungsaufgaben, ihnen zu helfen, ihre Fähigkeiten optimal zu entfalten – und ihre Persönlichkeit weiterzuentwickeln.

Mitarbeiterentwicklung bei Direktoren

Direktoren können zu Ihren besten Leuten gehören, vorausgesetzt, Sie geben ihnen geeignete Bewährungschancen und sind selbst stark genug, um sich durch ihr Dominanzstreben nicht bedroht zu fühlen. Widerstehen Sie der Versuchung, sie frustriert abzuschreiben, wenn es Ihnen nicht gelingt, eine warmherzige Beziehung zu ihnen aufzubauen. Für die Direktoren zählen nun einmal hauptsächlich Macht und gute Arbeitsergebnisse, nicht menschliche Wärme. Lassen Sie ihnen möglichst viel Freiraum, dann werden sie zu Höchstform auflaufen und Sie mit ihren Leistungen in Erstaunen versetzen.

Wenn Sie es bei einer Weiterbildungsmaßnahme mit einem Direktor zu tun haben, sagt er Ihnen mehr oder minder direkt: »Machen Sie das Ganze bitte kurz und konkret. Gehen Sie nur auf die wichtigen Punkte ein.« Ein Direktor setzt sich nicht gerne mit vielen Details auseinander. Helfen Sie ihm deshalb, Methoden und Abläufe so anzupassen, dass er schnelle und effiziente Ergebnisse damit erreichen kann.

Nehmen wir an, dass Sie ihm den Umgang mit einem neuen Computer beibringen wollen: »Die folgenden fünf Einzelschritte sind notwendig, um Dateien zu öffnen, Veränderungen einzufügen und sie wieder zu verlassen. Sie lernen sehr schnell, deshalb möchten Sie sich den Rest vielleicht alleine erarbeiten. Hier ist das Handbuch, falls Sie es brauchen. Lassen Sie es mich wissen, wenn Sie meine Hilfe brauchen.«

Nehmen Sie die Vorschläge des Direktors stets ernst. Er legt meist großen Wert darauf, Ihnen seine Meinung darüber zu sagen, was er von Ihren Methoden und den zu erwartenden Resultaten hält.

Wenn Sie unterschiedlicher Meinung sind, dann betonen Sie, wie wichtig es Ihnen ist, dass die Zusammenarbeit für beide Seiten akzeptabel verläuft. »Charlotte, ich kann Sie verstehen, wenn Sie sagen, dass Sie das Shipley-Projekt heute Nachmittag abschließen möchten. Aber Sie liefern doch auch lieber eine gute, solide Arbeit ab, statt etwas auf die Schnelle zu erledigen. Wie wäre es, wenn Sie mir den Rohentwurf gegen halb fünf Uhr einreichen? Dann hätte ich Zeit, ihn durchzusehen und noch mal drüber zu schlafen. Wenn wir uns dann einig sind, schicken wir ihn morgen raus. Auf diese Weise haben wir nicht viel Zeit verloren, können aber dafür sicher sein, dass wir solide gearbeitet haben.«

Kurz gesagt: Sie müssen einen Direktor freundlich, aber bestimmt behandeln. Auf der hierarchischen Ebene mag er Ihnen unterstellt sein. Aber aus seiner Sicht ist er Ihnen eher gleichgestellt denn untergeordnet.

Versuchen Sie, sich daran nicht aufzuhalten, sondern nutzen Sie ihre Stärken: Antriebskraft, Entschlossenheit und Persönlichkeit. Fördern Sie ihre Weiterentwicklung, indem Sie ihnen helfen:

- mehr Sorgfalt und Geduld walten zu lassen, bevor sie Entscheidungen treffen oder Schlussfolgerungen ziehen,
- den Beitrag anderer anzuerkennen und sie zu loben,
- die Gefühle ihrer Mitarbeiter stärker zu berücksichtigen und *ihre* Leistungen zu würdigen.

Mitarbeiterentwicklung bei Unterhaltern

Auf die Unterhalter sollten Sie ein besonders aufmerksames Auge werfen. Wenn man ihnen zu viel Freiraum lässt, schieben sie ihre Arbeit gerne vor sich her, sie verzetteln sich, bleiben nicht bei der Sache oder gehen schlampig mit Details um. Aber wenn es Ihnen gelingt, ihre Begeisterungsfähigkeit durch vorsichtige Ermahnungen und praktische Hilfestellung zu kanalisieren, können Unterhalter eine unerschöpfliche und unbezahlbare Quelle neuer Ideen sein.

Wenn Sie eine Weiterentwicklungsmaßnahme durchführen, an der ein Unterhalter beteiligt ist, werden Sie wahrscheinlich beobachten, dass er sich am liebsten kopfüber in die neuen Methoden stürzen würde, ohne wirklich vorbereitet zu sein. Beziehen Sie ihn nach Möglichkeit ein und denken Sie an sein Bedürfnis, bejubelt und beklatscht zu werden. Helfen Sie ihm aber auch, das Gesicht zu wahren, wenn er einen Fehler macht, und loben Sie ihn gebührend, wenn er Erfolg hat.

Die wohl wichtigste Hilfestellung, die Sie einem Unterhalter geben können, besteht darin, seine Prioritäten zu ordnen. Denn sobald er mehrere Alternativen hat, verliert er leicht den Überblick.

Sie können ihm die daraus resultierende Unsicherheit nehmen, indem Sie klare Vorgaben machen: »Ich brauche den Stevenson-Bericht bis Montag. Wenn das heißt, dass Sie den Shepherd-Fall aufschieben müssen, dann ist das in Ordnung, Hauptsache, ich bekomme ihn noch vor dem Siebzehnten. Werden Sie das schaffen?«

Unterhalter sind auch Träumer und lassen sich deshalb weniger durch Fakten als durch Ideen motivieren. Nehmen Sie sich genügend Zeit dafür, sie besser kennen zu lernen und Ideen auszutauschen. Fast jeder Unterhalter hat ständig neue Einfälle und Ihre Aufgabe lautet, praktische Umsetzungsmöglichkeiten für seine kreativen Vorschläge zu suchen!

Wenn es Ihnen nicht zu sehr gegen den Strich geht, können Sie sich auch das unersättliche Bedürfnis des Unterhalters nach Anerkennung und Wertschätzung zunutze machen. Damit fördern Sie seine Leistungen und tragen dazu bei, dass seine Arbeitsmoral auf gewohnt hohem Niveau bleibt.

Sie können die Weiterentwicklung der Unterhalter fördern, indem Sie:

- dafür sorgen, dass sie begonnene Aufgaben zu Ende führen,
- darauf bestehen, dass sie Termine einhalten,
- sie dazu anhalten, sich über wichtige Dinge Notizen zu machen.

Mitarbeiterentwicklung bei Beziehungsmenschen

Auch Sie werden, wie alle anderen auch, die Beziehungsmenschen unter Ihren Mitarbeitern mögen und gut mit ihnen zusammenarbeiten. Die schwierigste Aufgabe, vor die Sie einen Beziehungsmenschen stellen können, besteht darin, ihn aus seiner gewohnten Routine herauszuholen. Er hasst Veränderungen und klammert sich lieber an überholten Methoden fest, statt etwas Neues auszuprobieren. Direktoren und Unterhalter können ihm manchmal dabei helfen, alten Ballast über Bord zu werfen. Selbst ein Denker kann dazu noch gute Vorschläge beisteuern, wenn man ihn nur dazu auffordert.

Beziehungsmenschen ziehen ein praxisnahes Coaching in gemächlichem Tempo vor und zwar durch einen freundlichen, geduldigen Menschen aus Fleisch aus Blut. Während sich ein Direktor oder ein Denker bereitwillig mit einem Handbuch zurückziehen, braucht der Beziehungsmensch einen Lehrer, der ihm hilft, die notwendigen Schritte zu erlernen. Bevor Beziehungsmenschen sich an eine neue Aufgabe wagen, beobachten sie am liebsten zuerst andere dabei. Erst wenn sie es sich wirklich zutrauen, machen sie sich an die Arbeit.

Wenn Sie einen Beziehungsmenschen loben oder belohnen wollen, sollten Sie das auf sehr persönliche und zurückhaltende Weise tun, weil sie nicht gerne im Mittelpunkt stehen. Betonen Sie, wie sehr Sie ihre Bemühungen schätzen, die eigene Leistung und die der anderen zu steigern.

Obwohl Beziehungsmenschen oft gute Ideen haben, zögern sie, diese zu äußern, weil sie das Rampenlicht scheuen. Ebnen Sie ihnen also ab und zu den Weg, indem Sie sagen: »Bitte lassen Sie es mich wissen, was Sie von dem vorgeschlagenen neuen Vergütungsplan halten. Die Modalitäten sind doch sehr ungewohnt und wir möchten, dass sie von allen verstanden und hoffentlich auch akzeptiert werden, bevor wir die nächsten Schritte unternehmen. Ihre Meinung ist uns besonders wichtig, weil Sie immer an Dinge denken, die andere vergessen.«

Sie müssen damit rechnen, dass Sie mit Beziehungsmenschen mehr reden als zuhören. Sie erwarten von Ihnen, dass Sie die Initiative im Gespräch ergreifen. Weil Beziehungsmenschen nach Klarheit und Stabilität streben, sollten Sie immer Schritt für Schritt vorgehen. Wenn Sie eine Tagesordnung Punkt für Punkt besprechen, sollten Sie sich vergewissern, dass es keine Missverständnisse gibt: »Sie bearbeiten also den Dobson-Kunden und ich stimme mich schon mal vorab mit den Anwälten über den Acme-Fall ab. Sind Sie damit einverstanden?«

Sie können die Weiterentwicklung der Beziehungsmenschen auch dadurch fördern, indem Sie:

- ihnen zu mehr Selbständigkeit verhelfen und sie dabei unterstützen, nicht stets das zu tun, was andere von ihnen verlangen,
- ihnen das Gefühl vermitteln, wirklich geschätzt zu werden,
- sofort mit Lob und Anerkennung reagieren, wenn Sie positive Veränderungen an ihnen feststellen.

Mitarbeiterentwicklung bei Denkern

Denker sind oft am schwierigsten von allen vier Persönlichkeitsstilen zu beeinflussen. Aber wenn Ihnen der Durchbruch erst einmal gelungen ist, haben Sie einen Mitarbeiter, der einfach unbezahlbar ist, weil er so sorgfältig und qualitätsbewusst arbeitet.

Denker treffen ihre Entscheidungen auf der Basis der Vernunft und nicht auf der Basis dessen, was andere sagen oder denken. Wenn sie also sagen: »Geben Sie mir noch etwas Zeit, um darüber nachzudenken«, dann kommen Sie diesem Wunsch am besten nach Möglichkeit nach.

Im Gespräch mit dem Denker müssen Sie wachsamer sein als mit allen anderen Typen. Sie stellen viele Fragen und wenn sie spüren, dass

Sie nicht vorbereitet sind, verlieren sie leicht das Vertrauen in Sie. Vermeiden Sie es, zu übertreiben oder sich schwammig auszudrücken, weil ein Denker Ihre Bemerkungen gerne genüsslich seziert, um herauszubekommen, ob Sie wirklich ernst zu nehmen sind. Wenn Sie schlecht vorbereitet sind, kann die Kommunikation zum Stillstand kommen.

Denker reagieren auch sehr sensibel auf Kritik. Wenn Sie ihnen also Fragen stellen, tun Sie das am besten indirekt und nicht verurteilend: »Sam, was sagen Sie zu dem Termin in der Thompson-Sache? Gibt es besondere Probleme, von denen ich etwas wissen sollte?« Das ist viel besser als die schroffe Frage: »Warum sind Sie mit dem Thompson-Bericht so spät dran?«

Beim Coachen von Denkern ist es am besten, zuerst die wichtigsten Dinge abzuhandeln und dann auf effiziente und logische Weise fortzufahren. Passen Sie sich an ihr Tempo an, halten Sie regelmäßig inne, um nach ihrer Meinung zu fragen und sich ein Bild darüber zu verschaffen, ob sie Ihnen folgen konnten.

Diese Vorgehensweise empfiehlt sich deshalb, weil Denker ihre Aufgaben gerne Schritt für Schritt erledigen. Wenn es also möglich ist, bitten Sie sie darum, Ihnen nach jedem abgeschlossenen Schritt Bericht zu erstatten.

Weitere Möglichkeiten, um Denker weiterzuentwickeln, sind folgende:

- Halten Sie sie vorsichtig dazu an, auch andere an ihrem Wissen und ihrem Sachverstand teilhaben zu lassen.
- Sorgen Sie dafür, dass sie ihre Ansichten auch gegenüber denjenigen Menschen äußern, denen sie lieber aus dem Weg gehen würden.
- Motivieren Sie sie dazu, sich mehr Zeit für andere zu nehmen und mehr Spaß zu haben.

Der »beste« Führungsstil

Die beste Führer ist nicht derjenige, der einen bestimmten Verhaltensstil oder eine ideale Mischung der verschiedenen Stile verkörpert. Der beste Führer weiß vielmehr, wie bestimmte Aufgaben zu erledigen sind – und er handelt dann entsprechend! Er arbeitet also gut mit anderen zusammen. Dies wiederum bedeutet, dass er mit allen Persönlichkeitsstilen in den unterschiedlichsten Situationen zurechtkommt.

Heutzutage, wo Firmen immer wieder umstrukturiert werden und sehr viel Wert auf Teamarbeit gelegt wird, haben in der Tat diejenigen Manager einen großen Vorsprung, die etwas von den Verhaltensstilen verstehen. Manchmal handeln sie so, wie es ihrem natürlichen Stil entspricht, und sie nutzen ihre Stärken. Dann wieder passen sie sich andere an und wenden die Grundsätze der *Platin-Regel* an. Wenn sie spüren, dass ein ernsthafter Konflikt vorliegt, suchen sie vielleicht auch einen Dritten, der die Situation in die Hand nimmt.

Eine weitere Möglichkeit, die einem Manager bei der Zusammenarbeit mit verschiedenen Persönlichkeitstypen offen steht, besteht darin, die Arbeitsumgebung der Mitarbeiter zu verändern – etwa ihre Aufgaben und Pflichten neu zu bestimmen, Fristen und Termine zu ändern oder Prioritäten neu zu ordnen – um ihre Stärken auf die bestmögliche Weise zu nutzen. Die meisten Manager sind sich heute einig darüber, dass man Produktivität nicht verordnen kann.

Ein Freund von uns stellte beispielsweise eine ausgeprägte Denkerin als Buchhalterin und Büroleiterin ein. Sie machte ihre Arbeit großartig. Allerdings musste sie eingehende Telefonanrufe beantworten, wenn ihr Chef das Büro verließ, und damit begannen die Probleme. Es hagelte Beschwerden über ihre schroffe, abweisende Art. Schließlich rief ihr Chef an und gab vor, ein Kunde zu sein. Er war schockiert darüber, wie er abgefertigt wurde.

»Ich hasse es einfach, wenn Kunden anrufen«, gab die Buchhalterin später zu. »Sie unterbrechen mich immer.« Sie leistete zwar gute Arbeit, aber sie war für den Kundendienst völlig ungeeignet. Überflüssig zu sagen, dass der Chef andere damit beauftragte, in seiner Abwesenheit ans Telefon zu gehen. Damit waren alle Seiten wieder zufrieden gestellt – der Chef, die Buchhalterin und die Kunden.

In einem Unternehmen müssen alle vier Stile vertreten sein, wenn es optimal funktionieren soll. Sie können nicht einfach sagen: »Wir sind eine Vertriebsorganisation, also brauchen wir nur Unterhalter.« Sie brauchen alle vier Typen, und Sie brauchen sie an der richtigen Stelle.

In jedem Fall ist es wichtig, dass Sie als Führungskraft wissen, zu welchem Stil Sie selbst gehören und wie Sie damit auf andere wirken. Wenn Sie sich die Eigenarten Ihres Persönlichkeitsstils vergegenwärtigen, werden Sie auch ein besserer Chef. Oft stellen Supervisoren, die ihren Stil unter die Lupe nehmen, fest, dass sich auch ihre privaten Beziehungen verbessern. Eine typische Aussage, wenn sie zum ersten Mal erfahren, wie sie auf andere wirken, lautet: »Genau das sagt mir meine Frau/mein Mann schon seit Jahren.«

In jedem Fall können Sie etwas dafür tun, um anderen den Umgang mit Ihnen zu erleichtern. Im Folgenden wird kurz beschrieben, welche Möglichkeiten Führungskräften zur Verfügung stehen, wenn sie einige Ecken und Kanten ihres Persönlichkeitsstils abrunden wollen.

Wenn Sie ein Direktor sind...

Schalten Sie einen Gang oder zwei zurück. Denken Sie daran, dass auch andere Gefühle haben. Vermeiden Sie es, Ihren Mitarbeitern mit Ihrer fordernden, besserwisserischen Art das Gefühl zu geben, minderwertig zu sein. Damit haben Sie schon viel für ein gutes Klima getan.

Akzeptieren Sie, dass man Missverständnisse nie ganz ausschalten kann und versuchen Sie, Ihr Temperament zu zügeln. Versuchen Sie einmal, Ihre Fehler mit etwas Selbstironie zu betrachten, statt immer das Bild eines Übermenschen zu projizieren.

Als Direktor können Sie Ihre Mitarbeiter auf mindestens zwei Arten fördern. Erstens sollten Sie sie für gute Leistungen loben und zweitens sollten Sie ihnen neue Befugnisse übertragen und sich dann schnell wieder zurückziehen, damit sie ihre neuen Freiräume auch nutzen können. Zwar geben Sie damit einen Teil der Kontrolle aus der Hand, aber Sie werden dafür mit mehr Engagement und verbesserter Kompetenz belohnt.

Versuchen Sie, nicht so viel herumzukommandieren! Bitten Sie andere um ihre Meinung und planen Sie vielleicht sogar – auch wenn das für einen Direktor wirklich revolutionär ist – einige Aktionen, bei denen alle zusammenarbeiten müssen.

Wenn Sie ein Unterhalter sind...

Ihre Mitarbeiter brauchen nicht nur Ihre zahlreichen guten Ideen, sondern sie erwarten von Ihnen auch, dass Sie für die notwendige Koordination sorgen. Es zahlt sich für Sie *und* für die anderen aus, wenn Sie jede Möglichkeit nutzen, um systematischer zu arbeiten: Erstellen Sie Listen, halten Sie Ihren Terminkalender immer auf dem neuesten Stand, ordnen Sie Ihre Ziele nach Prioritäten und vieles andere mehr.

Nichts ist so entmutigend als zu beobachten, wie der Chef bei wichtigen Angelegenheiten nicht am Ball bleibt. Denken Sie also daran: Wenn Sie Begonnenes nicht zu Ende führen, wenn Sie schwierige Entscheidungen immer wieder aufschieben, wenn Sie sich nicht auf dem neuesten Wissensstand halten, werden Ihre Mitarbeiter den Glauben an Sie verlieren. Auch wenn Sie das alles nicht absichtlich tun, rufen Sie in ihnen das Gefühl hervor, sie fallen zu lassen. Ihr Charme und Ihre Warmherzigkeit können diese Unzuverlässigkeit dann auch nicht mehr ausgleichen.

Sie sollten sich auch mit der Tatsache abfinden, dass man Konflikte nie ganz vermeiden kann. Versuchen Sie, sie direkt anzugehen und nicht unter den Teppich zu kehren. Außerdem sollten Sie Ihre Prioritäten ordnen und Ihren Umgang mit der Zeit überdenken, um eine neue Balance zwischen Ihren sozialen Fähigkeiten und den beruflichen Anforderungen zu erreichen.

Wenn Sie ein Beziehungsmensch sind...

Sie sind wahrscheinlich ein beliebter Chef. Ihr Ziel sollte lauten: *effektiver* zu werden und dabei so beliebt wie zuvor zu bleiben.

Lernen Sie die eigene Messlatte ein wenig höher zu setzen, mehr Aufgaben oder neue Pflichten zu übernehmen, und versuchen Sie, diese etwas schneller zu erledigen. Es würde Ihnen helfen, wenn Sie manchmal etwas durchsetzungsfähiger wären und offener über Ihre Gedanken und Gefühle reden würden. Experimentieren Sie ein wenig, indem Sie geringe Risiken eingehen und kleine Veränderungen durchführen.

Zu Ihren größten Stärken gehört es, sensibel für die Gefühle der Mitarbeiter zu sein. Sie sollten jedoch ein Gleichgewicht zwischen dieser Stärke auf der einen Seite und Ihrer Wehrlosigkeit gegenüber jeder Kritik auf der anderen Seite entwickeln.

Wenn Sie ein Denker sind...

Ihre hohen Ansprüche sind ein zweischneidiges Schwert. Ihre Mitarbeiter sind von Ihrem Streben nach Spitzenleistungen einerseits fasziniert, andererseits aber fühlen sie sich auch oft frustriert, weil sie das Gefühl haben, es Ihnen nie recht machen zu können.

Ihnen wäre sehr zu empfehlen, weniger und mildere Kritik zu äußern. Das gilt auch für die Kritik, die Sie andere auf indirektem Weg spüren lassen. Sie wirken manchmal viel zu ernst und angespannt!

Versuchen Sie, Ihr Kontrollbedürfnis zu zügeln. Nehmen Sie sich täglich fünf Minuten lang Zeit, im Firmengebäude umherzugehen und mit Mitarbeitern zu sprechen. Knüpfen Sie Kontakte am Cola-Automaten oder in der Kantine.

Machen Sie sich bewusst, dass Sie hohe Anforderungen haben können, ohne gleich in jedem Fall unnötige Perfektion zu verlangen. Damit nehmen Sie sich selbst – und Ihren Mitarbeitern – eine schwere Last von den Schultern.

Kapitel 10

Besser verkaufen mit der Platin-Regel

Carla ist Computerverkäuferin und zwar eine sehr gute, wie sie glaubt. Sie wirft mit Begriffen wie »Gigabytes«, »RAM-Speicher« und »Mikroprozessoren« um sich, als hätte sie diese schon mit der Muttermilch eingesogen. Sie kennt ihre Produkte in- und auswendig und achtet sehr darauf, immer gut gekleidet zu sein, stets freundlich zu lächeln und den Kunden direkt in die Augen zu sehen.

Warum aber verkauft Carla so wenig?

Um dieser Frage auf den Grund zu gehen, sehen wir uns eine typische Verkaufssituation an:

Ein Mann Anfang dreißig betritt das Geschäft und sieht sich die Drucker an. Carla kommt näher, stellt sich vor und beginnt, dem Kunden ein bestimmtes Modell zu erklären. Sie erläutert, wie viele Seiten pro Minute dieser Drucker druckt, welche Schriftarten er enthält und wie man ihn mit wenig Aufwand mit mehr Speicher aufrüsten kann.

Der Kunde blättert einige Notizen durch, die er mitgebracht hat und fragt Carla, ob der Drucker auch Umschläge bedruckt. Carla antwortet, dass er so ziemlich alles kann und dass eine Firma in derselben Straße gerade gestern vier Drucker dieses Typs gekauft habe.

Der Kunde fragt nach dem Druck von Briefkopfbögen. Carla antwortet ihm, dass die Druckqualität exzellent sei und dieses Modell von einer führenden Computerzeitschrift empfohlen worden sei.

Nun möchte der Kunde wissen, ob der Drucker auch Etiketten beschriften kann. Carla antwortet, dass »es praktisch nichts gibt, was dieses kleine Ding nicht kann. Außerdem hat es ein fabelhaftes Design. Es sieht in jedem Büro gut aus.«

Der Kunde steckt seine Notizen weg, bedankt sich bei Carla für ihre Mühe und geht. Carla schüttelt den Kopf. »Manche Leute wollen sich einfach nicht überzeugen lassen«, meint sie kopfschüttelnd zu sich selbst.

Was hat Carla falsch gemacht? Aus Sicht der *Platin-Regel* so gut wie alles. Sie hat dem Kunden Wünsche unterstellt, die er vielleicht gar nicht hatte. Sie hat ihm keine Fragen gestellt und sie ist auf seine Fragen nicht richtig eingegangen. Sie hat angenommen, dass der Kunde sich für das interessieren würde, was sie für wichtig hielt.

Sie hat nichts über die Kundenbedürfnisse in Erfahrung gebracht, ganz zu schweigen davon, dass sie darauf reagiert hätte. Statt dessen hat Carla versucht, den Kunden in eine vorgegebene Form zu pressen. Sie hätte versuchen sollen, ihren Verkaufsstil an den Kunden anzupassen. Da sie das nicht getan hat, ist ihr ein gutes Geschäft entgangen.

Sich verstanden fühlen

In Wahrheit kaufen Kunden nicht deshalb, weil sie verstanden haben, wie ein Produkt funktioniert. Sie kaufen, wenn sie *sich selbst verstanden* fühlen.

Ein erfolgreicher Verkäufer demonstriert dem Kunden, dass er ihn versteht, indem er seine Erwartungen erfüllt und sogar noch übertrifft. Aber wie gelingt ihm das?

Hier kommt die *Platin-Regel* ins Spiel. Nachdem Sie deren Grundsätze kennen, wissen Sie auch, dass Sie die Erwartungen der Kunden auf ganz unterschiedliche Weise übertreffen können. Einem Kunden, der zu den Direktoren gehört, überlassen Sie vielleicht ein höheres Maß an *Kontrolle*. Der Unterhalter dagegen sucht mehr Anerkennung und *Anregung*. Der Beziehungsmensch möchte mehr *Unterstützung* und der Denker legt großen Wert auf *Vernunft und Logik*. Die besten Verkäufer sind diejenigen, die ihre Methode auf diese Bedürfnisse abstimmen können. In diesem Kapitel erfahren Sie, wie man mit jedem der vier Stile in jeder Phase einer Geschäftsbeziehung umgeht.

Beim Verkaufen geht es aber um mehr als nur darum, jeden Kunden durch das Prisma der Persönlichkeitsstile zu betrachten. Die besten Verkäufer lehnen auch das traditionelle Konzept des Verkaufens ab. Sie haben erkannt, dass sie heute neue Fähigkeiten, neue Einstellungen und ein neues Verständnis der Zusammenarbeit mit dem Kunden brauchen.

Die Verkaufsmethoden der Vergangenheit funktionieren heute nicht mehr zuverlässig, weil sie auf einem Feinddenken basieren. Aber wenn Ihre Kunden Ihre Partner sind – und Sie möchten *lebenslange* Partner – können Sie keine Kampftaktiken anwenden, um Geschäfte abzuschließen. Eine Beziehung, in der nach Freunden und Feinden unterschieden wird, bringt Sie Ihrem Ziel nicht näher.

Statt dessen hilft der moderne, kooperative Verkäufer dem Kunden, ein Problem zu lösen, ein Bedürfnis zu erfüllen oder ein Ziel zu erreichen. Er sieht den Verkauf nicht nur als einmaliges Ereignis, bei dem seine Überzeugungskraft über den Widerstand des Kunden siegt. Statt dessen sieht er jedes Geschäft als gemeinsame Leistung an, die den Weg für eine langfristige Partnerschaft bereitet.

Diese neue Definition des Verkaufens ist notwendig geworden, weil die Kunden von heute nicht mehr an kurzfristigen Lösungen interessiert sind. Sie suchen langfristige und verlässliche Beziehungen zu Lieferanten. Deshalb wird Ihre Fähigkeit, mit den Kunden zusammenzuarbeiten, letztlich über Ihre Karriere entscheiden.

In der heutigen Zeit effektiv zu verkaufen bedeutet, die zwischenmenschlichen Aspekte der Kundenbeziehung zu verbessern, um einen soliden Stamm von lebenslangen Kunden aufzubauen. Nun wollen wir beschreiben, welche Möglichkeiten es gibt, um die Kundenbeziehung zu festigen. Dabei soll vorerst der Persönlichkeitsstil des Kunden außer Acht gelassen werden.

Ein goldener Schlüssel

Verkäufer, die die *Platin-Regel* sowie das auf der Zusammenarbeit beruhende Verkaufskonzept anwenden, werden feststellen, dass beide Seiten davon profitieren. Ihre Kunden betrachten sie nicht als Hausierer, sondern als geschätzten, vertrauenswürdigen Ratgeber. Folglich steigt das Selbstwertgefühl des Verkäufers und sein Vertrauen in die eigene Professionalität. Dies wiederum führt dazu, dass die Kundenbeziehungen befriedigender werden, die Umsätze steigen und die Selbstsicherheit wächst.

Das Beispiel eines Verkäufers, der zu unseren Bekannten zählt, soll dies illustrieren. Er fing Anfang der achtziger Jahre an, Toyotas zu verkaufen. Er war so gelassen und entspannt und es fehlte ihm so sehr an dem für Autoverkäufer typischen Überzeugungswillen, dass seine Kollegen im Ausstellungsraum sich schon lustig über ihn machten. Zum einen fanden sie es lächerlich, dass er den Kunden jede Information verschaffte, die sie haben wollten, egal, wie viel Mühe und Zeit ihn dies kosten mochte. Zweitens weigerte er sich entschlossen, potentielle Kunden unter Entscheidungsdruck zu setzen. »Die Kokosnuss fällt vom Baum, wenn sie reif ist«, sagte er einmal. Die anderen kicherten.

Aber es dauerte nicht lange und ungewöhnliche Dinge geschahen in diesem Ausstellungsraum. Manche Kunden schauten spontan herein, um mit ihm zu plaudern und ihm zu versichern, wie zufrieden sie mit ihrem neuen Auto seien. Neue Interessenten wollten von ihm persönlich beraten werden, weil man ihn empfohlen hatte. Er wurde so oft zum Verkäufer des Monats ernannt, dass er keinen Platz an der Wand mehr hatte, um seine Auszeichnungen unterzubringen. Seine – wie sie glaubten – mit allen Wassern gewaschenen Kollegen mussten voller Erstaunen zusehen, wie er zum Vertriebsleiter der Niederlassung befördert wurde.

Eines Tages war er weg. Er war in die Zentrale berufen worden, um Schulungen über effektives Verkaufen abzuhalten. Nicht schlecht für einen, über den andere sich hinter vorgehaltener Hand lustig machten!

Solche Erfolge sind nicht selten, wenn man ein kooperatives Verkaufskonzept mit der *Platin-Regel* kombiniert. Der Leiter einer Finanzdienstleistungsgesellschaft, der seine Außendienstler mit dieser Methode vertraut machte, beschrieb uns das Ergebnis folgendermaßen: »In meiner ganzen Firma werden Ihre Techniken mit enormem Erfolg angewandt ... Es ist so leicht, als hätte man einen goldenen Schlüssel, um Zugang zu jedem Interessenten zu gewinnen.«

Diese Metapher ist sehr gelungen, weil es beim Verkaufen ja im Wesentlichen darum geht, die richtigen Dinge zusammenzuführen: erstens das richtige Produkt mit den Kundenbedürfnissen, zweitens das Tempo der Entscheidungsfindung des Kunden mit Ihrem eigenen Verkaufstempo und drittens den Kaufstil Ihres Kunden mit Ihrem Verkaufsstil.

Wenn Sie diesen goldenen Schlüssel besitzen wollen, müssen Sie lernen, Ihren Stil an den Ihres Kunden anzupassen. Um nichts anderes geht es bei der *Platin-Regel*. Carla kannte sie nicht.

Was für ein Verkäufer sind Sie?

Unabhängig von der Branche, in der Sie tätig sind, gibt es fünf Schritte zu einem erfolgreichen Verkauf. Jeder Persönlichkeitsstil muss bei jedem Schritt ein wenig anders behandelt werden – wie genau, hängt davon ab, welchen Verhaltensstil Sie selbst haben und zu welchem Stil Ihre Kunden gehören.

Der Direktor

Als Verkäufer: Sie kommen schnell zur Präsentation und unterbreiten dem Kunden die wesentlichen Produktvorteile. Da Sie nur ein Ziel vor Augen haben, verzichten Sie auf Small Talk, außer wenn Sie glauben, dass er wirklich sehr wichtig wäre. Wenn ein Interessent nicht sofort einsieht, wo die Vorteile für ihn liegen, verlieren Sie schnell die Geduld und versuchen es beim nächsten.

Sie sind selbstbewusst und können deshalb die Vorteile Ihres Produkts oder Ihrer Dienstleistung überzeugend darstellen. Da Sie mit Ablehnungen besser als die anderen Stile umgehen können, macht es Ihnen auch nichts aus, Kunden unangemeldet zu besuchen.

Sie legen ein schnelles Tempo vor und sind am Ergebnis orientiert. Deshalb verkaufen Sie besonders erfolgreich Produkte, die individuell auf die Kundenbedürfnisse abgestimmt werden können. Dazu gehören beispielsweise Geldanlagen, Autos oder Versicherungen. Aufgrund Ihrer Ungeduld sollten Sie sich in Acht nehmen, wenn Sie Produkte oder Dienstleistungen verkaufen, die eine intensive Beratung erfordern. Dazu gehören komplexe Computeranlagen, Kommunikationssysteme, Consultingprojekte und andere Dienstleistungen mit langen Bearbeitungszyklen.

Als Kunde: Direktoren treffen schnelle Entscheidungen auf der Basis von Fakten und Daten. Aber sie langweilen sich bei Präsentationen, die zu sehr ins technische Detail gehen. Sie möchten nur wissen: Was leistet dieses Produkt für *mich*? Dagegen ist ihnen die Frage, wie es funktioniert, herzlich egal.

Sie haben es am liebsten, wenn Verkäufer schnell zur Sache kommen und Lösungen anbieten, die ihnen die erwünschten Resultate liefern. Direktoren erwarten von einem Verkäufer auch, dass er ein professionelles Auftreten, Erscheinungsbild und Verhalten hat.

Als Kunden möchten Direktoren gerne die Kontrolle über den Verkaufsprozess gewinnen. Sie möchten sich mit Ihnen nach Möglichkeit kein zweites Mal treffen. Also ist es wichtig, ihnen möglichst frühzeitig im Verkaufsgespräch alle wichtigen Informationen zu geben, sie nicht mit überflüssigen Auskünften zu überschwemmen oder ihre Zeit zu verschwenden.

Einem Direktor liegt nichts an einer persönlichen Beziehung zu einem Verkäufer. Trotzdem möchte er sicher sein, dass er Ihnen, Ihren Informationen und Ihrem Produkt vertrauen kann.

Ein Direktor hat gerne verschiedene Alternativen zur Auswahl. Berücksichtigen Sie dies, indem Sie ihm Wahlmöglichkeiten anbieten und jede einzelne Option mit Daten untermauern. Es ist sehr wichtig, sich auf jede Begegnung mit einem Direktor-Kunden gut vorzubereiten.

Wenn Sie an Direktoren verkaufen, sollten Sie weiterhin berücksichtigen, dass sie

- praktisch und nicht theoretisch denken,
- Veränderungen und neue Chancen begrüßen,
- Angst davor haben, von anderen kontrolliert zu werden,
- Gefühle, Einstellungen und Meinungen für zweitrangig halten,
- reserviert, unabhängig und wettbewerbsorientiert sind.

Der Unterhalter

Als Verkäufer: In den meisten Verkaufssituationen haben Sie schon alleine aufgrund Ihrer Begeisterung, Ihres Optimismus und Ihrer Anziehungskraft einen Vorsprung.

Die besten Resultate erzielen Sie dann, wenn Sie mit vielen Interessenten kurze Kontakte haben. Dagegen sind Sie weniger geeignet, ausgefeilte Analysen zu erstellen oder langwierige Verhandlungen zu führen. Am besten sind Sie daher wahrscheinlich in Bereichen wie Immobilien, Autos oder Medien aufgehoben.

Sie lieben Ihre Arbeit besonders dann, wenn Sie große Freiräume genießen, viel Abwechslung haben und auch der Spaß nicht zu kurz kommt. Sie laufen zu Hochform auf, wenn Sie emotionale Vorteile (wie Prestige, Exklusivität, Einzigartigkeit) als Teil der Lösung verkaufen können. Sie verstehen sich gut darauf, an die Eitelkeit der Kunden zu appellieren, und bieten deshalb gerne Produkte an, die ihnen helfen, gut auszusehen und ihr Image zu pflegen: Autos, Kleidung, Schönheitsdienstleistungen, Jachten, Kunstgegenstände und Juwelen.

Sie nehmen sich Zeit, um etwas über die Vorlieben und Abneigungen Ihres Kunden sowie persönliche Details herauszufinden – Geburtstage, Namen der Kinder oder die bevorzugten Urlaubsorte. Sie suchen ganz selbstverständlich nach Möglichkeiten, um mit Ihren Kunden in eine persönliche Beziehung zu treten. Ihr freundliches, offenes Wesen ist dabei ein enormer Vorteil.

Als Kunde: Unterhalter kaufen eher aus emotionalen als aus logischen Gründen. Ein guter Verkäufer beschreibt deshalb, warum der Unterhalter sich durch den Kauf des Produkts von anderen abheben wird, warum er sich besser fühlen wird oder warum er damit bewirken kann, dass andere sich besser fühlen – persönlich oder beruflich.

Unterhalter treffen oft impulsive, auf dem ersten Eindruck beruhende Entscheidungen. Sie glauben, dass das Kaufen Spaß machen sollte und lieben deshalb Anlässe wie Geschäftsessen oder Verabredungen zum Golfspielen, die oft mit dem Verkaufsprozess verbunden sind. Unterhalter brauchen das Gefühl, gemocht zu werden. Deshalb möchten sie wie Freunde behandelt werden, bevor sie etwas kaufen.

Da sie jeglichen Papierkram hassen, sollten Sie ihnen die Verkaufsmodalitäten nach Möglichkeit erleichtern. Wenn ein Unterhalter einmal Ja gesagt hat, sollte alles wie am Schnürchen laufen, ohne dass er noch etwas beitragen muss.

Unterhalter möchten gerne den großen Zusammenhang sehen, in dem sie ihre Entscheidungen treffen, und wählen deshalb mit Vorliebe aus einer Palette mehrerer guter Möglichkeiten aus. Ein effektiver Verkäufer kann den Unterhaltern helfen, die Lösungen einzugrenzen und schließlich die richtige zu finden.

Wenn Sie an Unterhalter verkaufen, sollten Sie auch daran denken, dass sie:

- Konflikte scheuen,
- allergisch auf aggressive Abschlussmethoden reagieren,
- sich gerne begeistern lassen,
- großen Wert auf Äußerlichkeiten und Anerkennung legen,
- auf Veränderungen und Innovationen positiv reagieren.

Der Beziehungsmensch

Als Verkäufer: Sie haben viele Eigenschaften, die Ihnen beim Verkaufen sehr nützlich sind. Es entspricht Ihrem natürlichen Stil, Beziehungen aufzubauen und den Verkaufsprozess dann in aller Ruhe abzuwickeln. Sie hören gerne zu, wenn Ihre Kunden von ihren Vorstellungen und

Bedürfnissen sprechen und sind aufrichtig daran interessiert, die beste Lösung für sie zu finden.

Sie verstehen es besonders gut, einige wenige Kunden über längere Verkaufszyklen hinweg zu betreuen. Sie ziehen auch ein Verkaufskonzept vor, das auf Teamarbeit basiert.

Sie setzen Ihre Kunden nicht unter Druck, weil Sie dabei kein gutes Gefühl haben – und weil Sie überzeugt sind, dass das gar nicht nötig ist. Sie vertrauen auf Ihre Sorgfalt und Geduld und glauben, dass der Kunde sich dann entscheidet, wenn die Zeit reif ist.

Als Kunde: Beziehungsmenschen brauchen das Gefühl, sich auf einen Verkäufer verlassen zu können, bevor sie eine Kaufentscheidung treffen. Sie entscheiden sich selten übereilt oder spontan und fühlen sich durch übereifrige, dominante Verkäufer abgestoßen. Sie reagieren dagegen sehr positiv auf ruhige und freundliche Aufmerksamkeit. Sie ziehen Verkäufer vor, die zuhören und Sensibilität für ihre Kaufbedürfnisse zeigen.

Sobald Sie mit einem Beziehungsmenschen eine solche Beziehung aufgebaut haben, wird er Ihnen ein treuer Kunde sein, der sich von der Konkurrenz kaum abwerben lässt.

Beziehungsmenschen beziehen oft Familienmitglieder oder Kollegen in ihre Entscheidung ein, weil sie möchten, dass alle vom Kauf Betroffenen ihre Meinung dazu äußern.

Wenn ein Beziehungsmensch kein Interesse an Ihrem Produkt hat, fällt es ihm oft schwer, dies zu sagen. Dann erfindet er oft Entschuldigungen oder erbittet einen Aufschub, um Ihnen so entkommen zu können.

Wenn Sie Geschäfte mit Beziehungsmenschen machen, denken Sie daran, dass sie:

- Konflikte schwer ertragen können,
- Risiken oder Veränderungen vermeiden, wann immer möglich,
- immer genau wissen möchten, was auf sie zukommt,
- viel Zeit brauchen, um Entscheidungen zu treffen,
- das Gefühl brauchen, unterstützt zu werden.

Der Denker

Als Verkäufer: Sie verstehen sich gut darauf, Ihren Interessenten die wichtigen Informationen zu liefern. Da Sie wenig beziehungsorientiert sind, appellieren Sie gerne an den Intellekt des Kunden oder daran, welche »unbestreitbaren« und »logischen« Argumente für den Kauf sprechen.

Sie erzielen die besten Ergebnisse, wenn Sie mit Kunden zusammenarbeiten, die aus spezifischen Fachbereichen kommen. Dann können Sie sich nämlich ganz auf Ihre durchstrukturierte, logische Präsentation der Fakten und Argumente konzentrieren.

Sie nehmen sich genügend Zeit, um die Bedürfnisse Ihres Kunden in Erfahrung zu bringen und zu verstehen, wie er Ihr Produkt oder Ihre Dienstleistung einsetzen will. Es fällt Ihnen leicht, ihre Situation logisch zu analysieren und daraus Empfehlungen abzuleiten, die durch Fakten und Daten gestützt werden. Diese Verkaufsmethode liegt Ihnen mehr, als den Kunden mit »weicheren«, subjektiveren Argumenten und persönlich gefärbten Hinweisen zu überzeugen.

Als Kunde: Die aufgabenorientierten Denker verlangen detaillierte Informationen darüber, wie Ihr Produkt ihre spezifischen Bedürfnisse erfüllt. Sie brauchen auch Zeit, um sich mit diesen Informationen zu beschäftigen und sie zu überprüfen. Sie reagieren immer sehr angetan, wenn man ihnen Diagramme und Grafiken vorlegt.

Manchmal beißen sie sich daran allerdings auch so fest, dass man sie für detailbesessen halten könnte. Deshalb sollten Sie ihnen helfen, die Entscheidungsfindung zu beschleunigen, indem Sie ihren Blick wieder aufs Wesentliche lenken und die zentralen Merkmale und Vorzüge Ihres Produkts, bezogen auf die individuelle Situation, herausarbeiten.

Denker möchten mit einem Kauf möglichst keine Risiken eingehen. Alle Argumente, die Sie in dieser Hinsicht anzubieten haben – großzügige Garantiebedingungen, kostenlose Testanwendungen, Pilotprogramme etc. –, erhöhen also die Kaufwahrscheinlichkeit. Denker erwarten aber vor allem anderen, dass ein Verkäufer über möglichst viel Wissen verfügt. Sie wehren sich dagegen instinktiv gegen Verkäufer, die zu direkt vorgehen oder aufdringlich wirken.

Da sie eher formell sind, verspüren sie keinerlei Bedürfnis, viel Zeit mit Plaudereien zu verbringen. Einige kurze Telefonanrufe sind ihnen deshalb oft lieber als eine Reihe von zeitraubenden Besuchen.

Wenn Sie an Denker verkaufen, sollten Sie nicht vergessen, dass sie

- genau wissen möchten, wie etwas funktioniert,
- den Entscheidungsfindungsprozess genießen (nach ihren eigenen Regeln),
- gerne für ihre Akkuratesse bewundert werden,
- Aufgaben lieber selbst in die Hand nehmen,
- Konflikten, Debatten und peinlichen Situationen aus dem Weg gehen.

Anpassung des Tempos und der Prioritäten

Sobald Sie einmal den Verhaltensstil Ihres Kunden bestimmt haben, können Sie sich anpassen und eine Beziehung aufbauen. Wie wir in Kapitel 7 gesehen haben, müssen Sie dazu als erstes Ihr Tempo und Ihre Prioritäten unter die Lupe nehmen.

Viele Spannungen in einer Beziehung verschwinden von selbst, wenn Sie einfach die *Geschwindigkeit* anpassen, mit der Sie Dinge tun. Danach verändern Sie, wenn es nötig ist, Ihre Prioritäten, die entweder auf der Erledigung von *Aufgaben* oder auf der Pflege von *Beziehungen* liegen.

Wenn Sie zu den direkten Menschen gehören, also ein Direktor oder Unterhalter sind, und besser auf Ihre indirekten Kunden eingehen möchten, denken Sie daran, dass diese ihre Entscheidungen langsam und besonnen treffen. Bemühen Sie sich deshalb vor allem anderen darum, sich zu entspannen und sich etwas zurückzunehmen. Bitten Sie Ihre Kunden um ihre Meinung und greifen Sie ihre Äußerungen auf. Versuchen Sie, sich von Ihren Kunden führen zu lassen, statt die Kontrolle anzustreben. Damit werden Sie möglichen Widerstand abbauen.

Hören Sie mehr zu und reden Sie weniger. Unterbrechen Sie den Interessenten nicht, stellen Sie seine Äußerungen nicht in Frage und forcieren Sie die Entscheidungsfindung nicht. Achten Sie genau auf mögliche Missstimmigkeiten.

Wenn Sie zu den indirekten Persönlichkeitstypen gehören, also ein Beziehungsmensch oder Denker sind, und an einen direkten Kunden verkaufen, müssen Sie dagegen Ihr Tempo beschleunigen. Übernehmen Sie die Initiative im Gespräch, legen Sie Empfehlungen vor und reden Sie nicht um den heißen Brei herum. Halten Sie Augenkontakt zum Kunden, wechseln Sie einen kräftigen Händedruck mit ihm und sprechen Sie deutlich und selbstbewusst.

Im Hinblick auf die Prioritäten betonen Sie Beziehungen und Gefühle, wenn Sie zu den offenen Menschen gehören, also ein Beziehungsmensch oder Unterhalter sind. Im Umgang mit den reservierten Kunden sollten Sie deshalb versuchen, sich mehr auf die Aufgaben zu konzentrieren und zwar ohne Umschweife. Reden Sie über Zahlen und Ergebnisse, führen Sie Fakten, logische Argumente und erwiesene Vorteile an. Wenn möglich, führen Sie Ihr Verkaufsgespräch anhand einer vorbereiteten Liste mit Einzelpunkten, die Sie nacheinander behandeln. Lassen Sie sich nicht ablenken und fassen Sie sich kurz.

Versuchen Sie, Ihre natürliche Herzlichkeit etwas zu dämpfen, da sie auf reservierte Menschen »aufgesetzt« wirken könnte. Vermeiden Sie es, sie zu berühren oder ihnen physisch zu nahe zu kommen. Verzichten Sie deshalb nach dem Austausch des obligatorischen Händedrucks auf jeden weiteren Körperkontakt, wenn Sie nicht ganz sicher sind, dass er erwünscht ist.

Gehören Sie dagegen als Verkäufer zu den reservierten Menschen, also zu den Direktoren oder Denkern, rücken Sie im Umgang mit offenen Kunden die Beziehungsaspekte in den Mittelpunkt. Äußern Sie Ihre Gefühle und teilen Sie etwas über sich selbst mit. Zeigen Sie persönliches Interesse an Ihren Kunden und erkundigen Sie sich nach ihrer Arbeit, ihrer Familie oder ihren Hobbys. Merken Sie sich diese Informationen und lassen Sie sie in zukünftigen Gesprächen einfließen, um eine persönlichere Atmosphäre zu schaffen.

Reduzieren Sie Ihr Tempo und reden Sie mehr. Versuchen Sie, Gespräche freundlich und informell zu führen. Sehen Sie nicht ständig auf die Uhr und gehen Sie auf Ablenkungen wie Geschichten und Anekdoten ein, auch wenn sie nicht zur Sache gehören.

Offene Menschen fühlen sich wohl, wenn man ihnen physisch nahe kommt. Deshalb brauchen Sie nicht so sehr wie bei den meisten anderen Menschen auf die Einhaltung einer angemessenen Distanz achten. Zeigen Sie, dass Sie entspannt sind, indem Sie sich zurücklehnen, lächeln oder dem Kunden freundlich auf die Schulter klopfen.

Der entscheidende Punkt ist folgender: *Es ist ganz einfach, es jedem recht zu machen, wenn man nur weiß, wie.* Demonstrieren Sie im Umgang mit Direktoren Effizienz und Kompetenz. Hören Sie den Unterhaltern geduldig zu, bestärken Sie sie in ihren Ideen und Träumen und schmeicheln Sie ihnen. Betonen Sie Ihre Wärme und Ehrlichkeit im Gespräch mit den Beziehungsmenschen und achten Sie bei den Denkern darauf, besonders sorgfältig und gut vorbereitet zu sein.

Fünf Schritte zum Verkaufserfolg

Wenn Sie einen aussichtsreichen potentiellen Kunden gefunden haben, verläuft ein erfolgreicher Verkaufsprozess in fünf Schritten. (Diese Stadien sind dem Buch *Collaborative Selling* von Alessandra und Barrera entnommen.) Sie können lernen, sich in jedem Stadium optimal anzupassen, je nachdem, mit welchem der vier Persönlichkeitstypen Sie es zu tun haben.

Es handelt sich um die folgenden fünf Schritte:

1. *Kontaktaufnahme.* Zeigen Sie dem potentiellen Kunden, dass Sie sich für seine Interessen einsetzen und schaffen Sie die Voraussetzungen für den reibungslosen Verlauf der restlichen vier Stadien.
2. *Sondierung.* Befassen Sie sich mit der Situation des Interessenten, um Bedürfnisse herauszufiltern, die Sie erfüllen können.
3. *Zusammenarbeit.* Beziehen Sie Ihren Interessenten darin ein, die beste Lösung zu finden.

4. *Engagement.* Der Kunde wird zur Kaufentscheidung hingeführt. Traditionellerweise nennt man dies den Verkaufsabschluss. Aber für den kooperierenden Verkäufer, der die *Platin-Regel* kennt, ist dieses Stadium oft nur eine Formsache. Wenn bis zu diesem Stadium ein gegenseitiges Einvernehmen zwischen Verkäufer und Kunde bestand, ist die Phase des Engagements nur der logische Höhepunkt.
5. *Betreuung.* Halten Sie nach dem Kauf weiterhin Kontakt zum Kunden. Dies ist der Schlüssel zum langfristigen Erfolg. Durch Nachkaufkontakte stellen Sie sicher, dass die Zusicherungen, die Sie dem Kunden über die Lieferbedingungen, die Installation und den Service gegeben haben, zu seiner vollen Zufriedenheit eingehalten werden.

Im Folgenden erfahren Sie, wie es Ihnen gelingt, die Kundenbeziehung in jedem Verkaufsstadium optimal zu gestalten.

1. Stadium: Die Kontaktaufnahme

Die Herstellung des Kontakts mit Ihrem Interessenten ist schon der erste Prüfstein für eine gute Beziehung. Welchen Eindruck Sie bei Ihrem potentiellen Kunden hinterlassen, hängt davon ab, ob Sie die *Platin-Regel* anwenden. Manchmal entscheiden schon die ersten Minuten über Erfolg oder Misserfolg. In dieser Zeit schätzt der Interessent Sie ein und bildet sich ein Urteil darüber, ob Sie zu den Menschen gehören, mit denen er gerne Geschäfte macht.

Die Kontaktaufnahme kann persönlich, telefonisch oder schriftlich stattfinden. Jede Methode übt eine andere Wirkung auf den Adressaten aus und hat Vorteile und Nachteile. Persönliche Treffen hinterlassen den stärksten Eindruck, sind aber zeitaufwendig und kostenintensiv. Gerade die reservierten Persönlichkeitstypen – Direktoren und Denker – ziehen oft eine unpersönlichere Kontaktaufnahme vor.

Welchen Weg Sie auch wählen, Ihre Aufgabe lautet immer, Ihren Kunden einzuschätzen und sich so an ihn anzupassen, dass Sie glaubwürdig wirken und sein Vertrauen gewinnen. Wenn Sie ihm das Gefühl vermitteln können, dass Sie seine Interessen vertreten, haben Sie schon viel für einen erfolgreichen Verlauf des Verkaufsprozesses getan.

Warum sollte sich ein Interessent mit Ihnen treffen? Normalerweise weiß er nicht, wer Sie sind und kennt vielleicht nicht einmal Ihre Firma oder Ihr Produkt. Deshalb müssen Sie in der Lage sein, ihm schnell zu vermitteln, wer Sie sind und was Sie für ihn tun können.

Am besten gelingt Ihnen dies durch eine »Aussage über den Wettbewerbsvorteil«. Dabei handelt es sich um eine Dreißig-Sekunden-Aussage mit folgenden Informationen:

- Ihr Name,
- Ihre Firma,
- die Beschreibung eines Problems,
- eine Aussage darüber, wie Sie dieses Problem mit Ihrem Produkt lösen.

Ein Beispiel: »Mein Name ist Marlene und ich arbeite für die Firma XY. Ärzte werden heutzutage von allen Seiten unter einen enormen Kostendruck gesetzt: von den Krankenkassen, Patienten und Arbeitgebern. Gleichzeitig steigen ihre Gemeinkosten ständig. Wir bieten eine Dienstleistung an, die es dem Arzt ermöglicht, mehr Zeit mit den Patienten zu verbringen und gleichzeitig seine Gemeinkosten zu senken, was zu einer besseren Patientenbetreuung zu niedrigeren Kosten führt. Also genau das, was ein Arzt braucht!«

Viele Kunden interessieren sich für die Kosten und die Leistungsmerkmale eines Produkts. Aber *alle* Kunden, unabhängig von ihrem Persönlichkeitsstil, möchten wissen, welche Vorteile sie von einem Kauf haben und welchen Gegenwert sie bekommen. Jeder interessiert sich für die Frage: »Was habe ich davon?«

Die »Aussage über den Wettbewerbsvorteil« beantwortet diese Frage gleich zu Beginn des Kontakts und nennt dem Kunden einen Grund dafür, mit Ihnen zu sprechen. Weiterhin bauen Sie Vertrauen auf, indem Sie offen sagen, worum es geht, anstatt damit zu warten, bis Sie den Verkaufsprozess schon halb hinter sich gebracht haben.

Das Kontaktstadium ist entscheidend. Abgesehen vom Produktwissen macht kein anderes Element im Verkaufsprozess einen größeren

Eindruck auf den Kunden als die Kontaktaufnahme. Wenn Sie eine »Aussage über den Wettbewerbsvorteil« vorbereitet haben und die *Platin-Regel* anwenden, haben Sie sich schon sehr deutlich von Ihren Mitbewerbern differenziert.

Vor dem Hintergrund dieser Erkenntnisse soll nun beschrieben werden, wie Sie das Stadium der Kontaktaufnahme mit jedem der vier Persönlichkeitstypen optimal gestalten.

Die Kontaktaufnahme mit dem Direktor

Wie Sie wissen, interessieren sich Direktoren hauptsächlich dafür, ob und wie sich ein Kauf auf ihre Ergebnisse auswirkt. Legen Sie ihnen deshalb genug Informationen vor, damit sie die Gesamtleistung des Produkts verstehen.

Andererseits haben sie kein Interesse daran, mit sämtlichen Details über das Innenleben Ihres Produkts überschwemmt zu werden. Sie legen auch keinen Wert darauf, in Ihren großen Freundes- und Bekanntenkreis aufgenommen zu werden. Und sie möchten ihre Entscheidung nicht darauf gründen, dass schon eine ganze Legion zufriedener Kunden das Produkt gekauft hat. Sie möchten einfach nur die *Fakten!*

Reden Sie also über Ergebnisse, Effizienzsteigerungen, Zeitersparnisse, Renditen, Gewinne und darüber, wie die Direktoren ihre Ziele mit Hilfe Ihres Produkts effektiver und schneller erreichen. Anders ausgedrückt: Erklären Sie, was ihnen der Kauf bringt.

Behalten Sie dabei im Hinterkopf, dass Direktoren mit langsameren Menschen schnell ungeduldig werden. Legen Sie deshalb ein zügiges Tempo vor, gehen Sie systematisch vor und verschwenden Sie keine Zeit. Sie könnten den ersten Kontakt etwa so einleiten: »Wenn Sie sich zehn Minuten Zeit für mich nehmen, werde ich Ihnen zeigen, wie Sie die Effizienz in Ihrem Büro verbessern und dabei noch Zeit und Geld sparen können.«

Direktoren weisen immer gerne darauf hin, wie beschäftigt sie sind. Folglich sind sie auch daran interessiert, Zeit zu sparen, wenn ihnen das hilft, ihre Ziele langfristig zu erreichen.

Die Kontaktaufnahme mit dem Unterhalter

Bei Ihrem ersten Kontakt betonen Sie diejenigen Aspekte Ihres Produkts, die den Status und das Prestige des Unterhalters aufwerten. Weisen Sie darauf hin, wie vorteilhaft er dasteht, wenn er zu den ersten gehört, die das »neueste«, »beste« oder »exklusivste« Produkt besitzen. Im Gegensatz zum Direktor möchte der Unterhalter sehr wohl Ihr Kumpel sein.

Sie könnten etwa Folgendes sagen: »Ich möchte gerne vorbeikommen und Ihnen ein faszinierendes neues Produkt zeigen, mit dem Sie die Organisation Ihrer Kundenverwaltung mühelos und schnell verbessern können und um das jeder andere Sie beneiden wird.«

Wenn Sie Kontakt zu Unterhaltern aufnehmen, sollten Sie wie ein Politiker im Wahlkampf handeln. Stellen Sie sich und Ihre Firma mit Selbstvertrauen und Begeisterung vor. Hören Sie besonders einfühlsam zu und verbreiten Sie Optimismus. Demonstrieren Sie Interesse an den Kunden. Wenn Sie über sich selbst reden, sollten Sie eher Ihre Gefühle als Ihre Gedanken beschreiben. Lassen Sie auch persönliche Anekdoten einfließen, vor allem lustige und ungewöhnliche. Überlassen Sie es Ihrem Kunden, das Tempo und die Richtung des Gesprächs zu bestimmen.

Die Kontaktaufnahme mit dem Beziehungsmenschen

Geben Sie sich professionell, aber nicht auf arrogante, sondern auf angenehme und freundliche Art und Weise. Hören Sie dem Beziehungsmenschen geduldig zu. Demonstrieren Sie aufrichtiges Interesse an ihm und versuchen Sie, die Beziehung in freundschaftliche Bahnen zu lenken.

Falls Ihnen der Name des potentiellen Kunden von einer anderen Person genannt wurde, sollten Sie sich auf diese beziehen. Beziehungsmenschen machen nämlich lieber Geschäfte mit Menschen, die sie kennen und mögen und denen sie vertrauen.

Beziehungsmenschen wollen wissen, was sie zu erwarten haben. »Ich würde gerne mal vorbeikommen, um Ihnen das zu erläutern«, könnten Sie vorschlagen.«»Ich kann Ihnen zeigen, welche fast risikofreie Möglichkeit es gibt, den Umsatz zu steigern. Und ich garantiere Ihnen, dass Sie einen Service-Mitarbeiter zugewiesen bekommen, der Ihnen vierundzwanzig Stunden am Tag zur Verfügung steht.«

Die Kontaktaufnahme mit dem Denker

Machen Sie Ihre Hausaufgaben, bevor Sie einen Denker kontaktieren. Rechnen Sie damit, dass Sie die Qualität Ihres Produkts, seinen Wert und seine bisherigen Erfolge beweisen müssen – schriftlich, wenn möglich.

Verzichten Sie auf harte Verkaufsmethoden. Denker entscheiden langsam und mögen es nicht, unter Druck gesetzt zu werden. Untermauern Sie Ihre Glaubwürdigkeit, indem Sie ihnen sagen, was Sie denken, nicht was Sie fühlen. Sprechen Sie langsam und nicht zu viel.

Auch beim Small Talk sollten Sie sich eher zurückhalten. Denker sind schon von Natur aus vorsichtige Menschen und besonders skeptisch, wenn ein Verkäufer sie mit seinen Argumenten zu überrollen versucht.

Ihre Einleitung könnte ungefähr so verlaufen: »Ich habe einige Informationen, die Sie sich einmal ansehen sollten. Daraus geht ganz eindeutig hervor, dass es in unserer Branche einen klaren Trend hin zur computerorientierten Grafik gibt. Unsere Marktforscher haben eine detaillierte Studie erstellt, in der sie zum Schluss gekommen sind, dass Ihre Firma ihre Gewinne innerhalb von zwei Jahren um zwanzig bis dreißig Prozent steigern könnte, wenn dieses neue Grafikprogramm eingesetzt wird.«

2. Stadium: Die Sondierung

Jeder Interessent befindet sich in einer einzigartigen Situation, die genau ausgelotet werden muss, bevor Sie eine Lösung vorschlagen können. Deshalb ist es manchmal notwendig, dass Sie den Interessenten mehrmals besuchen oder bei ihm anrufen. Dieses Sondierungsstadium kann umso länger dauern, je mehr auf dem Spiel steht.

Sie suchen also nach den *Problemen* und *Chancen* bei Ihrem potentiellen Kunden. Ein *Problem* – oder Bedürfnis – liegt dann vor, wenn zwischen dem, was ein Kunde wünscht und dem, was er hat, eine Lücke klafft. Diese Lücke ist also schon vorhanden.

Eine *Chance* dagegen stellt etwas Neues dar, was Sie als Verkäufer einbringen können, etwa einen neuen Markt, einen besseren Vertriebsweg oder ein bisher ungenutztes Werbemittel. Ein einfallsreicher Verkäufer kann Chancen selbst schaffen.

Der Zweck des Sondierungsstadiums lautet, genügend Informationen zu gewinnen, um die Bedürfnisse des Kunden kennen zu lernen und zu beurteilen, wie sie erfüllt werden können. Dazu müssen Sie dem Interessenten zuhören, aber Sie müssen ihm auch die richtigen Fragen stellen.

Es kommt nicht darauf an, den Interessenten mit Fragen zu überfluten, sondern darauf, ihn gezielt zu befragen. Es ist, als würden Sie ein Bild malen. Sie stehen zunächst vor einer leeren Leinwand und fangen an, den Hintergrund auszufüllen und das Bild in groben Pinselstrichen zu entwerfen. Dann arbeiten Sie die Einzelheiten aus, indem Sie mit immer feineren Pinselstrichen malen.

Denken Sie beispielsweise an Carla, die Computerverkäuferin. Nehmen wir an, dass sie versucht, einen Unternehmensberater vom Kauf eines leistungsfähigeren Computers zu überzeugen. Der Berater sagt, dass er mit der Anschaffung lieber noch warten würde, weil die Geschäfte nicht so gut liefen und seine Umsätze es nicht unbedingt rechtfertigten, nur für die Buchhaltung und andere Büroarbeiten einen neuen Computer zu kaufen.

Carla fängt nun an, Fragen zu stellen, mit denen sie sich Informationen verschafft, aber auch ihr Interesse an der Situation des Kunden demonstriert. Sie schafft ein Klima, in dem der Kunde sich wohl fühlt. Diese Fragen beginnen oft mit »Sagen Sie mir...«, »Wie...«, »Was...« oder »Warum...«. Sie sind viel wirkungsvoller als Fragen, die nur mit Ja oder Nein oder mit einer ganz spezifischen Information beantwortet werden können.

Dann tastet sie sich an konkretere Fragen heran (»Welche Elemente in Ihrem Marketing müssten am dringendsten verbessert werden?« oder »Was ist Ihnen am wichtigsten: Geschwindigkeit, Qualität oder Kosten?«).

Carla findet auf diese Weise bald heraus, dass der Berater die Neukundenakquisition entscheidend vernachlässigt. Sie zeigt ihm, wie er mit einem leistungsfähigeren Computer und neuer Software mühelos und gezielt Kundengruppen anschreiben, Nachrichtenbriefe verfassen, automatische Nachfassbriefe generieren und andere zielgerichtete Marketingmaßnahmen durchführen kann, die seine Auftragslage verbessern.

Carla wird selbst zur Beraterin, indem sie die Chancen des Kunden aufdeckt. Sie bemüht sich darum, eine Beziehung zu ihm aufzubauen. Wenn sein Umsatz steigt, nachdem er Carlas Vorschläge umgesetzt hat, wird er höchstwahrscheinlich auch wiederkommen.

Im Sondierungsstadium müssen Sie also Bedürfnisse aufdecken und Chancen suchen. Sie tun das, indem Sie Fragen stellen und zuhören. Dies sind entscheidende Verkaufsfähigkeiten. Die Fragen müssen in einem Tempo gestellt werden, das für den Interessenten angenehm ist – und damit sind wir natürlich wieder bei den Persönlichkeitsstilen.

Das Sondierungsstadium mit den Direktoren

Um die Geduld der Direktoren nicht übermäßig zu strapazieren, sollten Sie das Stadium der Informationsgewinnung möglichst interessant gestalten, indem Sie ihnen abwechselnd Fragen stellen und Informationen geben. Stellen Sie Ihre Fragen so praxisbezogen und logisch wie möglich und fragen Sie nie nach Daten, die Sie auch aus anderen Quellen bekommen können.

Bereiten Sie sich gut vor, verschwenden Sie keine Zeit und geben Sie sich effizient und geschäftsmäßig. Stellen Sie Fragen, die den Direktoren beweisen, dass Sie Ihre Hausaufgaben gemacht haben. Informieren Sie sich genau über die Branche und das Unternehmen Ihres Kunden. Formulieren Sie Ihre Fragen so, dass die Direktoren Gelegenheit haben, über ihre geschäftlichen Ziele zu sprechen.

Achten Sie darauf, Ihre Fragen so konkret wie möglich zu stellen. Direktoren möchten Verkaufsgespräche möglichst zweckmäßig und zielorientiert führen und sehen, mit welcher Absicht Sie Ihre Fragen stellen und wohin sie führen.

Das Sondierungsstadium mit Unterhaltern

Unterhalter langweilen sich schnell, wenn sie nicht selbst das Wort führen. Folglich muss sich die Informationsgewinnung um ihre Person drehen, da sie sonst nicht bei der Sache sind.

Andererseits ist es auch notwendig, dass Sie eine gewisse Balance im Gespräch herstellen. Sie möchten sich nicht stundenlang die Lebensgeschichte des Interessenten anhören, sondern auch die notwendigen Informationen gewinnen. Stellen Sie Ihre geschäftlichen Fragen in knapper Form und betten Sie sie nach Möglichkeit in einen umfassenderen, anregenden Kontext.

Sie könnten beispielsweise sagen: »Sie haben erwähnt, dass Sie die Menschen für den zentralen Erfolgsfaktor halten. Wie sieht es beispielsweise mit Ihren Mitarbeitern aus? Welche Methoden wenden Sie zu ihrer Weiterbildung an?«

Je besser Sie die Unterhalter kennen lernen, desto bereitwilliger werden sie sich auf Ihr eigentliches Anliegen, das bevorstehende Geschäft, einlassen.

Das Sondierungsstadium mit Beziehungsmenschen

Beziehungsmenschen sind ausgezeichnete Gesprächspartner, wenn Sie mit ihnen freundlich und ungezwungen umgehen. Achten Sie darauf, dass Sie ihnen möglichst viele frei beantwortbare Fragen stellen, um sie aus der Reserve zu locken. Seien Sie taktvoll und aufrichtig.

Denken Sie daran, dass Sie auch mit dem besten Produkt der Welt beim Beziehungsmenschen nicht landen können, wenn er Sie nicht mag. Er wird sich dann lieber mit dem zweitbesten zufrieden geben. Er kauft lieber von einem Verkäufer, in dessen Gegenwart er sich sicher und wohl fühlt.

Sie können vom Beziehungsmenschen alles erfahren, was mit den menschlichen Seiten eines Geschäfts zu tun hat. Aber was die harten Fakten angeht, sollten Sie sich nach anderen Informationsquellen umsehen.

Denken Sie daran, dass Beziehungsmenschen äußerst ungern die Gefühle anderer verletzen und es deshalb meist nicht über sich bringen, Ihnen offen einen Korb zu geben. Lieber sagen sie Ihnen das, was Sie ihrer Meinung nach hören wollen.

Das Sondierungsstadium mit Denkern

Auch Denker sind gute Gesprächspartner, weil sie bereitwillig Fragen beantworten, mit denen sie ihr Wissen demonstrieren können. Denker unterhalten sich deshalb gerne mit Ihnen, wenn Sie logische, faktenorientierte Fragen stellen.

Formulieren Sie Ihre Fragen genau und präzise. Denker lieben Details und geben gerne kurze, knappe Antworten, sogar auf frei beantwortbare Fragen. Erkundigen Sie sich deshalb immer nach *genauen* Angaben, nicht nach ungefähren. Zum Beispiel: »Wie viele Kopien pro Tag müssen Sie anfertigen?« oder »Ist das ein Durchschnittswert oder ein Höchstwert?«

Ermutigen Sie Denker auch, selbst Fragen zu stellen. Wenn Sie einmal keine Antwort parat haben, sollten Sie das offen zugeben. Versprechen Sie ihnen, die notwendigen Informationen zu beschaffen und sie ihnen innerhalb einer vereinbarten Frist zukommen zu lassen. Halten Sie dieses Versprechen in jedem Fall ein.

Das Stadium der Zusammenarbeit

Im Stadium der Zusammenarbeit versuchen Sie, gemeinsam mit dem potentiellen Käufer eine Lösung zu finden, die seine Bedürfnisse befriedigt. Dazu greifen Sie die Ideen des Interessenten auf und integrieren sie in Ihre eigenen Vorschläge. Auf diese Weise erarbeiten Sie eine Lösung, die für beide Seiten sinnvoll ist.

Statt einen Monolog zu halten, führen gute Verkäufer einen Dialog, um den Interessenten in ein gegenseitiges Geben und Nehmen einzubeziehen. Oft empfiehlt es sich, die Punkte kurz zusammenzufassen, auf die Sie sich im vorangegangenen Stadium geeinigt haben, um sicherzugehen, dass Sie und der Interessent jederzeit übereinstimmen.

Bei der Erläuterung Ihrer Lösung sollten Sie besonders darauf eingehen, wie sie in der speziellen Kundenumgebung aussehen wird. Die meisten Kunden wollen nicht wissen, auf welche Weise ein Produkt funktioniert, sondern auf welche Weise es ihre individuellen Probleme löst. Folglich spricht der erfahrene Verkäufer viel häufiger die Sprache der *Vorteile* als die der *Produktmerkmale*. Unter einem *Merkmal* versteht man einen Produktaspekt, der unabhängig von den spezifischen Kundenbedürfnissen vorhanden ist. Unter einem *Vorteil* dagegen versteht man die Art und Weise, wie dieses Merkmal ein Kundenbedürfnis befriedigt. Man könnte sagen, ein Vorteil ist ein *Merkmal in der Praxis*.

Die Computerverkäuferin Carla könnte etwa sagen: »Dieser Computer hat 16 Megabyte RAM« und dabei hoffen, dass der Kunde weiß, was dies für ihn bedeutet. Aber eine bessere Möglichkeit wäre die folgende: »Dieser Computer hat 16 Megabyte RAM. Das bedeutet, dass Ihr Betriebssystem, Ihre Grafikanwendungen und andere speicherintensive Programme schneller laufen, so dass Sie nur noch ein Minimum an Wartezeiten haben.«

Das Stadium der Zusammenarbeit mit Direktoren

Stimmen Sie Ihre Präsentation auf die Prioritäten des Direktors ab: Er will Zeit sparen, Ergebnisse erzielen, die Effizienz steigern und mehr Erfolg haben.

Aufgrund ihres notorischen Zeitmangels setzen sich Direktoren oft nicht gründlich genug mit neuen Ideen auseinander. Viel lieber überlassen sie es Ihnen, eine Bewertung vorzunehmen und mehrere Alternativen zu erarbeiten, über die sie dann entscheiden können. Direktoren haben es gerne, wenn Bedürfnisse und Lösungen schnell und präzise analysiert werden.

Bei der Präsentation Ihrer Analyse sollten Sie untergeordnete Gesichtspunkte gar nicht erst diskutieren, sondern direkt zum Kern Ihres Vorschlags kommen, etwa folgendermaßen: »So wie ich die Sache sehe, kommt für Sie Option A in Frage (fassen Sie deren Vor- und Nachteile zusammen), Option B (nennen Sie Vor- und Nachteile) oder Option C (nennen Sie Vor- und Nachteile).«

Direktoren möchten die Kontrolle über den Verkaufsprozess haben. Stellen Sie ihnen also mehrere Alternativen zur Auswahl, die Sie durch Daten und Fakten untermauern, damit sie eine fundierte Entscheidung treffen können.

Das Stadium der Zusammenarbeit mit Unterhaltern

Bei Ihrer Präsentation sollten Sie besonders darauf hinweisen, welchen Nutzen der Unterhalter im Hinblick auf Prestige, Image oder Anerkennung hat, wenn er Ihr Produkt erwirbt. Beschreiben Sie ihm, wie seine Beziehungen am Arbeitsplatz angenehmer werden und wie er mit minimalem Aufwand einen guten Eindruck machen kann.

Ihre Präsentation sollte einen nachhaltigen Eindruck hinterlassen. Versuchen Sie deshalb, seine Sinne anzusprechen. Wenn Sie vorführen können, wie gut das Produkt aussieht und was es leistet, wird Ihnen das nur nützen.

Der Unterhalter erwartet von Ihnen, dass Sie ihm eine gelungene Präsentation bieten, bei der Sie ein positives Bild von sich und dem Produkt vermitteln, das auch auf ihn abfärbt. Deshalb fallen Ihre äußere Erscheinung und Ihre Umgangsformen beim Unterhalter wahrscheinlich sehr viel stärker ins Gewicht als bei den Vertretern der anderen Persönlichkeitsstile.

Unterhalter hören es auch gerne, wenn Sie ihnen von den positiven Erfahrungen anderer Kunden erzählen. Untermauern Sie deshalb nach Möglichkeit die Produktvorteile mit Aussagen und Empfehlungen bekannter Persönlichkeiten und Firmen.

Das Stadium der Zusammenarbeit mit Beziehungsmenschen

Versuchen Sie, dem Beziehungsmenschen aufzuzeigen, wie Ihr Produkt seine Arbeitsabläufe sowie seine Beziehungen stabilisiert, vereinfacht oder unterstützt. Stellen Sie eventuell bevorstehende Veränderungen so dar, dass sie keinesfalls beängstigend oder beunruhigend wirken.

Sie brauchen wenig Zeit für die Erklärung der Produktmerkmale aufzuwenden – außer wenn es um Merkmale geht, die dem Beziehungsmenschen das Leben erleichtern. Beziehen Sie ihn in Ihre Präsentation ein, indem Sie ihn zu Feedback auffordern und ihm immer wieder Fragen stellen.

Ein Beziehungsmensch möchte genau wissen, welche Schritte er im Fall einer Entscheidung zu befolgen hat, also nennen Sie ihm diese genau. Fragen Sie ihn, was für ein Gefühl er in Bezug auf die Vorschläge hat, die Sie ihm unterbreiten.

Weisen Sie ihn ausdrücklich darauf hin, dass letztlich der größte Vorteil des Produkts darin liege, ihm das Leben angenehmer zu machen.

Das Stadium der Zusammenarbeit mit Denkern

Gehen Sie besonders auf Vorteile ein, die etwas mit Logik, Genauigkeit, Wert, Qualität und Zuverlässigkeit zu tun haben. Zeigen Sie den Denkern, dass Ihr Produkt die Arbeitsabläufe in ihrer Firma in entscheidenden Punkten verbessern wird. Da Denker sich gerne der Genauigkeit ihrer Analysen rühmen, sollten Sie herausstreichen, aus welchen konkreten Gründen sie eine goldrichtige Entscheidung treffen, wenn sie Ihr Produkt kaufen.

Untermauern Sie Ihre Argumentation mit Fakten, Spezifikationen und anderen Daten. Weisen Sie beispielsweise auf Kosten-Nutzen-Analysen, Wartungskosten, Daten über die Zuverlässigkeit, Steuervorteile oder Statistiken über Effizienzsteigerungen hin. Wenn Sie auf den Preis zu sprechen kommen, setzen Sie ihn mit den spezifischen Vorteilen in Relation. Da Denker sehr kostenbewusst sind, müssen Sie besonders darauf achten, ihnen anhand klarer Fakten zu demonstrieren, dass die Investition sich lohnen wird.

Denker lassen sich am wenigsten von den vier Persönlichkeitstypen von eventuellen Produktnachteilen ablenken. Deshalb können Sie wahrscheinlich Punkte sammeln, wenn Sie die Nachteile Ihres Produkts aus eigener Initiative offen ansprechen. Andernfalls könnte der Denker Ihnen dieses Versäumnis als versuchte Verschleierung auslegen.

Legen Sie Ihre Argumente dem Denker klar und schlüssig dar und erkundigen Sie sich dann, ob er noch weitere Fragen hat. Aller Wahrscheinlichkeit nach wird das der Fall sein.

Das Stadium des Vertragsabschlusses

Wenn Sie in den ersten drei Stadien – Kontaktaufnahme, Sondierung, Zusammenarbeit – gute Arbeit geleistet haben, dürfte die Entscheidung schon gefallen sein. Der Abschluss wird sich wie von selbst ergeben.

Das liegt daran, dass Topverkäufer stets wissen, wo ihre Kunden gerade stehen. Sie vergewissern sich, dass in jedem Stadium zwischen beiden Seiten eine Übereinstimmung erreicht wurde. Wenn es also zur Entscheidungsfrage kommt, geht es nur noch um das *Wann*, nicht um das *Ob*.

Aber letztlich beschränkt sich Ihr Ziel nicht alleine auf den jeweiligen Abschluss und die Vertragsunterzeichnung. Ihr Ziel lautet vielmehr, einen wirklich loyalen Kunden zu gewinnen. Im Stadium des Vertragsabschlusses entscheidet es sich, ob Sie eine Chance zum Aufbau einer langfristigen Partnerschaft haben. In dieser Phase müssen beide Seiten Vertrauen und Respekt aufbringen und offen kommunizieren. Es hat keinen Sinn, wenn Sie die einzelnen Stadien des Verkaufsprozesses nach allen Regeln der Kunst absolvieren, nur um am Ende eine manipulative Abschlusstechnik anzuwenden und die Entscheidung zu forcieren. Ohnehin wird ein solches Vorgehen nicht funktionieren.

Beide Seiten benötigen die Informationen des jeweils anderen.

Wenn der Kunde Einwände vorbringt, dann hat er Bedenken, von denen Sie bisher nichts wussten. Also müssen Sie herausfinden, wo seine Vorbehalte liegen und eine Lösung suchen.

Bisher hat man den Verkäufern beigebracht, dass sie die Einwände des Kunden der Reihe nach ausschalten müssten, so als handelte es sich beim Verkaufsprozess um einen Wettkampf. Aber ein gewiefter Verkäufer betrachtet Einwände aus einem ganz anderen Blickwinkel. Er sieht sie nicht als Widerstand des Kunden, sondern als eine Gelegenheit, rechtzeitig »Korrekturen« vorzunehmen, die ihn seinem Ziel näher bringen.

Sehen Sie »Einwände« als Chancen dafür, dem Kunden genau die Lösung anzubieten, die seinen Bedürfnissen am besten entspricht. Wenn Sie eine solche Lösung nicht im Repertoire haben, dann verzichten Sie lieber auf das Geschäft und wahren sich die Chance auf eine potentielle langfristige Beziehung.

Wenn Sie aber von Anfang an gute Arbeit bei der Informationsgewinnung geleistet haben, wenn Sie mit Ihrem Kunden Schritt gehalten und sich an jedem Punkt Ihrer beiderseitigen Übereinstimmung vergewissert haben, dann dürfte es keine oder nur wenige Einwände geben, wenn Sie sich im Stadium des Vertragsabschlusses befinden.

Sie können Ihrem Kunden die Entscheidungsfindung am besten dadurch erleichtern, indem Sie sich auch in diesem Stadium an den jeweiligen Persönlichkeitsstil anpassen.

Das Stadium des Vertragsabschlusses mit Direktoren

Einen Direktor können Sie ganz unverblümt fragen, ob er an einem Kauf interessiert ist: »Möchten Sie, nachdem wir nun alle wichtigen Punkte besprochen haben, unsere Dienste in Anspruch nehmen?«

Normalerweise bekommen Sie darauf eine klare Antwort. Manchmal allerdings scheinen selbst Direktoren zögerliche Entscheider zu sein. Sie erwecken den Eindruck, als wollten sie die Entscheidung aufschieben oder Ihnen einen Korb geben, während sie in Wahrheit nicht einmal darüber nachgedacht haben. Sie sind vielleicht so beschäftigt, dass sie tatsächlich keine Zeit hatten, Ihre Vorschläge zu beurteilen.

Oder sie sind der Ansicht, dass im Augenblick kein dringender Handlungsbedarf besteht.

In diesem Fall ist es natürlich Aufgabe des Verkäufers, dem Direktor einen überzeugenden Grund zu liefern, warum er das Geschäft abschließen sollte. Sie könnten ihn beispielsweise anrufen und sagen: »Zu den Möglichkeiten, die es für eine gemeinsame Zusammenarbeit gibt, gehören X, Y und Z. Könnten wir uns darüber unterhalten, wenn ich in einigen Wochen noch einmal anrufe? Sind Sie an weiteren Informationen interessiert, die ich Ihnen bis dahin besorgen könnte?«

Wenn der potentielle Kunde sich damit einverstanden erklärt, schreiben Sie ihm einen kurzen Brief und bekräftigen darin Ihre Absicht, dazu beizutragen, dass er seine Ergebnisse verbessern und seine Ziele erreichen kann.

Das Stadium des Vertragsabschlusses mit Unterhaltern

Auch den Unterhalter können Sie offen fragen: »Wie geht es nun weiter?« oder »Welches ist der nächste Schritt?«

Unterhalter sind spontan und lassen sich leicht durch den Mitläufereffekt überzeugen: »Alle, die dasselbe Problem wie Sie hatten, haben sich so entschieden« oder »Dieses Angebot wird bald auslaufen«. Ihre Aufgeschlossenheit gegenüber Neuem kann sogar so weit gehen, dass Sie sie bremsen müssen, damit sie nicht im Überschwang der Gefühle zu viel kaufen und ihre Entscheidung hinterher bereuen.

Unterhalter sind bekannt dafür, dass sie keinen Sinn für Details haben. Achten Sie deshalb darauf, alle Vereinbarungen schriftlich festzuhalten. Wenn Ihr Gegenüber einwendet, dass dies nicht notwendig sei, erwidern Sie einfach nur, dass Sie die Notizen für sich selbst, als Gedächtnisstütze, benötigen.

Unterhalter verabscheuen jeglichen Papierkrieg. Sollte es aber unumgänglich sein, Formulare auszufüllen oder Einzelheiten zu regeln, dann versichern Sie ihnen, dass Sie ihnen so wenig Unannehmlichkeiten wie möglich bereiten und die Formalitäten auf ein Mindestmaß begrenzen werden.

Das Stadium des Engagements mit Beziehungsmenschen

Beziehungsmenschen brauchen viel Zeit, um sich zu entscheiden, und sie gehen dabei deduktiv vor. Drängen Sie sie also nicht, aber geben Sie ihnen, wenn nötig, sanfte und vorsichtige Hilfestellung.

Manchmal scheuen sie sich, im Stadium des Vertragsabschlusses zu sagen, dass sie mehr Informationen benötigen, weil sie glauben, Sie damit zu belästigen. Schließen Sie diese Möglichkeit aus und kehren Sie, wenn es notwendig sein sollte, ins Stadium der Zusammenarbeit zurück, um alle Informationen noch einmal in Ruhe zu besprechen.

Sobald Sie sicher sind, dass der Beziehungsmensch ausreichend informiert ist, sollten Sie betonen, wie sehr er seine persönliche Situation durch den Kauf verbessern kann. Zeigen Sie ihm, welche positiven Auswirkungen das Produkt auf ihn und seine Mitarbeiter haben wird.

Manchmal müssen Sie den Beziehungsmenschen sanfte Hilfestellung geben, um sie zu einer Entscheidung zu führen, indem Sie Ihr persönliches Engagement für ihre Interessen demonstrieren. Sie könnten etwa sagen: »Carl, wir haben nun über alle Aspekte dieser Angelegenheit gesprochen und ich glaube fest daran, dass dies die beste Lösung für Sie ist. Ich würde sie Ihnen nicht persönlich ans Herz legen, wenn ich nicht hundertprozentig überzeugt wäre, dass sie für Sie den besten Weg darstellt.«

Beziehungsmenschen sind sehr positiv angetan, wenn man ihnen Garantien gibt. Versichern Sie ihnen, dass die bevorstehenden Veränderungen am gewohnten Gang der Dinge nichts ändern werden.

Das Stadium des Engagements mit Denkern

Fast alle Denker vergleichen die Produkte verschiedener Anbieter miteinander. Heben Sie also die Stärken Ihres Produkts hervor und fordern Sie den Denker dann dazu auf, sie mit denen der Konkurrenten zu vergleichen.

Denker treffen nicht gerne vorschnelle Entscheidungen, sondern möchten zuerst alle verfügbaren Informationen sammeln. Lassen Sie ihnen also genug Zeit, um sich verschiedene Alternativen zu überlegen. Versuchen Sie, ihr Risiko zu minimieren, indem Sie ihnen das Produkt probeweise zur Verfügung stellen, eine Sondergarantie einräumen oder ein anderes »Sicherheitsnetz« anbieten.

Seien Sie aber vorsichtig: Manchmal bittet der Denker nur deshalb um mehr Bedenkzeit oder zusätzliche Informationen, weil er in Wahrheit die Entscheidung aufschieben möchte. Ihre Aufgabe lautet: ihm so viele Informationen zu liefern, bis eine Entscheidung unumgänglich ist.

Möglicherweise erreichen Sie dabei einen Punkt, an dem Sie den Denker sanft, aber bestimmt zur Entscheidung auffordern sollten. Sie könnten sagen: »Kein Problem, ich werde Ihnen diese Information gerne beschaffen. Haben Sie dann alle Hintergrundinformationen, die Sie benötigen, um eine Entscheidung zu treffen?«

Wenn Sie Ihre Vereinbarungen dann schriftlich festhalten, sollten Sie auch die Erfolgskriterien definieren. Denker legen Wert darauf, konkrete Kriterien zur Erfolgskontrolle anzuwenden.

Das Stadium der Kundenbetreuung

In diesem Stadium versagen die meisten Verkäufer kläglich. Kaum hat der Kunde unterschrieben, brechen sie den Kontakt ab. Sie machen sich aus dem Staub und überlassen die Installation, die Durchführung von Schulungen und den Nachkauf-Service anderen. Aber für den gewieften Verkäufer beginnt die Arbeit mit dem Ja des Kunden erst richtig.

Kein Spitzenverkäufer kann es sich leisten, den Faktor der Kundenzufriedenheit zu vernachlässigen. Wenn Sie dafür sorgen, dass der Kunde zufrieden ist, werden Sie mit höherer Wahrscheinlichkeit Folgeaufträge bekommen und weiterempfohlen werden. Kümmern Sie sich dagegen nicht darum, was nach der Unterzeichnung des Kaufvertrags geschieht, werden Sie Ihr Verkäuferdasein weiterhin mit ständigen unangemeldeten Besuchen fristen, was kein sehr aussichtsreicher Weg zum Erfolg ist.

Sie können Ihre Kundenbeziehung auf solidere Beine stellen, indem Sie sich zunächst einmal absolute Klarheit über die Erwartungen des Kunden verschaffen. Fragen Sie sie: »Nach welchen Kriterien beurteilen Sie den Erfolg eines Kaufs?« Wenn Sie in den vorangegangenen Stadien gute Arbeit geleistet haben, sind Sie mit diesen Kriterien ohnehin schon vertraut.

Bleiben Sie dann am Ball und halten Sie weiterhin Kontakt zum Kunden. Schreiben Sie ihm einen Dankeschön-Brief. Rufen Sie ihn an und fragen Sie ihn, ob das Produkt leistet, was Sie versprochen haben. Schicken Sie ihm ein kleines Geschenk als Zeichen der Anerkennung. Und führen Sie mindestens einmal jährlich einen »Check« durch, indem Sie beim Kunden anrufen, ihn besuchen oder mit ihm essen gehen, um sich zu vergewissern, dass er noch zufrieden ist. Wenn dies der Fall ist, bitten Sie ihn darum, Ihnen weitere interessierte potentielle Kunden zu nennen.

Kommt es dagegen zu Problemen mit Ihrem Produkt, sollten Sie dies nicht als Rückschlag, sondern als Chance betrachten, um zu beweisen, wie sehr Sie sich um Ihre Kunden kümmern. Denken Sie langfristig. Alle zukünftigen Geschäfte und Weiterempfehlungen hängen von Ihrer Fähigkeit ab, Ihren Einsatz für Qualität und Service immer wieder unter Beweis zu stellen.

Auch bei der Betreuung nach dem Kauf ist es wieder sehr hilfreich, wenn Sie Ihre Bemühungen an den individuellen Persönlichkeitsstil des Kunden anpassen.

Kundenbetreuung bei Direktoren

Denken Sie daran, dass Direktoren sehr ungeduldige Menschen sind. Wenn ein Problem auftritt und Sie nicht gleich reagieren, werden sie schnurstracks zur Konkurrenz gehen. Also ist es von entscheidender Bedeutung, schnell zu handeln.

Da Direktoren ein starkes Kontrollbedürfnis haben, sollten Sie sich vergewissern, dass das Produkt ihre Erwartungen erfüllt hat. Fassen Sie sich in Gesprächen mit ihnen kurz, aber gehen Sie auf alle wesentlichen Punkte ein. Betonen Sie, dass Sie selbst von Ihrem Produkt voll und ganz überzeugt sind und versprechen Sie ihnen, dass Ihre Nachfassmaßnahmen nicht viel Zeit kosten werden.

Sie könnten sagen: »Sie haben mein Produkt gekauft, um Zeit und Geld zu sparen. Ich möchte sichergehen, dass es Ihnen auch weiterhin von Nutzen ist. Ich werde deshalb in bestimmten Abständen nachprüfen, ob es noch reibungslos funktioniert, aber ich werde Ihre Zeit nicht mit unnötigen Besuchen verschwenden. Wenn Sie zwischendurch Fragen haben, dann rufen Sie mich am besten sofort an und ich kümmere mich darum.«

Direktoren legen im Geschäftsleben keinen Wert auf persönliche Beziehungen. Deshalb dürfen Sie auch nicht davon ausgehen, dass sie Ihnen nach dem ersten Kauf automatisch Folgeaufträge zukommen lassen. Umso wichtiger ist es, sofort zur Stelle zu sein und praktikable Lösungen anzubieten, wenn Probleme auftreten.

Kundenbetreuung bei Unterhaltern

Aufgrund ihrer Spontanität bereuen Unterhalter einen Kauf häufiger als die Vertreter der anderen Persönlichkeitsstile. Außerdem langweilen sie sich schnell mit einem neuen Produkt.

Sie müssen sie deshalb immer wieder daran erinnern, dass sie die richtige Wahl getroffen haben und andere ihnen dafür dankbar sind. Sie könnten ihnen auch zeigen, welche neuen Einsatzmöglichkeiten oder welches neue Zubehör es für das Produkt gibt, um dem Gewöhnungseffekt vorzubeugen. Bieten Sie ihnen umfassende Service- und Hilfeleistungen an. Außerdem sollten Sie bei den Unterhaltern besonders darauf achten, dass sie das Produkt richtig anwenden – Unterhalter sind schnell dabei, den Kaufpreis zurückzufordern, wenn sie ein Gerät nur falsch bedient haben.

Bauen Sie eine lebhafte, sehr persönliche Beziehung zu ihnen auf, indem Sie sie regelmäßig kontaktieren und persönlich besuchen. Hilfreich sind informelle Gespräche außerhalb des Büros, etwa bei einem zwanglosen Frühstück oder Mittagessen oder bei einem Treffen nach Feierabend. Jedenfalls sollten Sie sich darauf gefasst machen, dass Sie für den Unterhalter viel Zeit aufwenden müssen. Unterhalter lieben es, Besuche zu machen und andere Menschen zu treffen, vor allem wenn es dabei locker und amüsant zugeht.

Sollte es zu Problemen mit Ihrem Produkt kommen, ersparen Sie dem Kunden nach Möglichkeit unnötigen Ärger und Zeitaufwand. Sie werden dafür reichlich belohnt, weil er eine großartige Mund-zu-Mund-Propaganda betreibt, wenn er mit Ihnen zufrieden ist. Unterhalter kommen mit vielen Menschen zusammen und rühmen sich gerne ihrer guten Entscheidungen und aufsehenerregenden Neuerwerbungen.

Kundenbetreuung bei Beziehungsmenschen

Beziehungsmenschen brauchen eine kontinuierliche, geplante und praxisbezogene Kundenbetreuung nach dem Kauf. Versichern Sie ihnen ausdrücklich, dass Sie den Kontakt zu ihnen weiterpflegen werden, für einen reibungslosen Gang der Dinge sorgen und ihnen bei Bedarf zur Verfügung stehen.

Beziehungsmenschen interessieren sich besonders dafür, wie sich ein neues Produkt in ihre alten Abläufe und Methoden einfügen lässt. Empfehlenswert ist es, einen einfachen Kommunikationsmechanismus einzurichten, der es beiden Seiten erlaubt, Fortschritte zu kontrollieren und eventuelle Probleme zu besprechen.

Da Beziehungsmenschen eigentlich Veränderungen ablehnend gegenüberstehen (vor allem, wenn es um unbekannte Technologien geht), sollten Sie besonderen Wert darauf legen, ihnen zu zeigen, wie Ihr Produkt funktioniert. Geben Sie ihnen nach Möglichkeit Gelegenheit, es probeweise zu benutzen oder zumindest im erfolgreichen Praxiseinsatz bei anderen Kunden zu sehen.

Beziehungsmenschen möchten das Gefühl haben, dass sie eine Freundschaft mit Ihnen aufgebaut haben. Pflegen Sie diese Beziehung, indem Sie ihnen persönliche Aufmerksamkeit widmen, sie besuchen oder anrufen. Kommt es zu Problemen mit dem Produkt, sollten Sie sich persönlich darum kümmern und den Kunden erklären, welches die Ursachen dafür waren. Geben Sie ihnen Tips und Hinweise, wie sie das Problem in Zukunft vermeiden können.

Kundenbetreuung bei Denkern

Denker üben gerne die Kontrolle aus und möchten, dass ihre Arbeit ordentlich und fehlerfrei vonstatten geht. Am besten fragen Sie sie deshalb, wie sie sich die Fortsetzung des Kontakts vorstellen und wie oft, wo und wie lange sie sich mit Ihnen treffen möchten. Denken Sie dabei an ihre hohen Ansprüche an Produkte, Dienstleistungen und Menschen. Sorgen Sie dafür, dass Sie die Erwartungen genau kennen, die Ihre Kunden an das neue Produkt stellen.

Wenn Sie sich dann mit dem Denker treffen, konzentrieren Sie sich darauf herauszufinden, *was* das Produkt geleistet hat und *wie gut* es dabei abgeschnitten hat. Bringen Sie Informationen mit, die belegen, wie sich das Produkt bei anderen Kunden bewährt hat. Und erkundigen Sie sich danach, ob es beim Kunden genaue Daten über den Einsatz Ihres Produkts und seiner Leistung gibt.

Wenn Probleme auftreten, fragen Sie den Denker direkt: »Welche Verbesserungsmaßnahmen würden Sie an meiner Stelle durchführen?« Setzen Sie diesen Vorschlag dann um und sorgen Sie dafür, dass der Kunde danach rundum zufrieden ist.

Win-Win-Geschäfte

Ihre Kunden so zu behandeln, wie *sie* behandelt werden möchten, an sie so zu verkaufen, wie *sie* kaufen möchten, ist eine Strategie, die Ihr Leben verändern kann. Tausende von Verkäufern haben die *Platin-Regel* erfolgreich angewandt. Sie haben drastische Umsatzsteigerungen erzielt und sind sich ihrer eigenen persönlichen Stärken und Schwächen bewusster geworden.

Vielleicht möchten Sie dem Vorbild eines Verkäufers aus Illinois folgen. Seine Umsatzkurve schnellte nach oben, als er nach dem Studium der *Platin-Regel* vier verschiedene Nachfassbriefe entwarf. Diese schickt er nun nach der ersten Kontaktaufnahme an seine Kunden, je nachdem, zu welchem der vier Persönlichkeitsstile sie gehören.

Sie können Ihr Wissen über die Persönlichkeitsstile auch dazu verwenden, Ihre Arbeit auf ganz neue Grundlagen zu stellen. Ein Versicherungsvertreter, der ein kleines Büro in New England leitete, nutzte die *Platin-Regel* dazu, neue Vertreter einzustellen. Er zeigte ihnen, wie sie ihre Stärken optimal einsetzen und auf diese Weise besser verkaufen konnten. Innerhalb von drei Jahren wurde seine Niederlassung zur größten in der ganzen Firma und zur größten Versicherungsvertretung in der Region.

Ein grundlegender Wandel

In diesem Kapitel haben wir Methoden beschrieben, die sich möglicherweise mit Ihrer bisherigen Verkaufsstrategie nicht vereinbaren lassen. Wenn Sie anfangen, sich von der *Platin-Regel* leiten zu lassen, könnte sich sogar Ihr Selbstverständnis als Verkäufer von Grund auf ändern. Sie sehen einen Abschluss nicht mehr als einmaliges Ereignis und die Kunden nicht mehr lediglich als Mittel zum Zweck der Karriereförderung an, sondern Sie »beraten« und »lösen Probleme«. Das gelingt Ihnen, weil Sie die persönlichen Bedürfnisse und Wünsche des Kunden kennen.

Während Sie mit Ihren Kunden an Win-Win-Lösungen arbeiten, werden Sie entdecken, dass Ihnen daraus neben dem beruflichen Erfolg noch ein zusätzlicher Vorteil erwächst: Sie stellen fest, dass Sie viele neue Freunde gewinnen. Diese entwickeln eine lebenslange Loyalität zu Ihrem Produkt – ebenso wie zu Ihnen selbst.

Kapitel 11

Besserer Service mit der Platin-Regel

Eric, Angestellter in der Kreditabteilung einer Bank, nannte diesen Arbeitstag einen »Horrortag«. Er hatte ein so heilloses Desaster erlebt, dass ihm der Kopf brummte und seine Magenschmerzen sich meldeten.

Einige Anträge auf Hypothekendarlehen waren versehentlich falsch bearbeitet worden. Deshalb hatte man Antragsteller abgewiesen, weil sie angeblich nicht kreditwürdig genug waren. Eric erfuhr bald, dass sich nicht ihre Kreditwürdigkeit auf einem Tiefpunkt befand, sondern ihre Laune.

Erics Telefon hat nun schon den ganzen Vormittag geklingelt. Einige besonders verärgerte Kunden sind sogar persönlich zu ihm in die Bank gekommen. Nun hat er Angst, das Telefon abzunehmen, und er fürchtet sich sogar, vom Schreibtisch aufzusehen. Das liegt daran, dass das Problem viel größere Kreise gezogen hat, als Eric zuerst dachte. Was kann er nun tun, um zu erreichen, dass der Ruf der Bank nicht leidet, die gekränkten Kunden besänftigt werden und er selbst seinen Job behält?

Eric ist sich der Antwort zwar noch nicht sicher, erinnert sich aber an eine merkwürdige Beobachtung, die er bei all den Beschwerden gemacht hat. Während alle Kunden dasselbe Schicksal erlitten hatten – nämlich versehentlich als kreditunwürdig eingestuft zu werden –, waren ihre Reaktionen sehr unterschiedlich und reichten von cholerischem Zorn bis zu resignierter Niedergeschlagenheit.

»Ich werde mit Ihrer Bank niemals wieder etwas zu tun haben, selbst wenn Sie mich dafür bezahlen würden«, schwor ein Kunde zornig. »Und ich werde dafür sorgen, dass auch niemand aus meiner Familie oder meinem Freundeskreis auf diesen Gedanken kommt. Lieber würde ich in einem Zelt oder in einem Pappkarton wohnen, bevor ich mit Ihnen Geschäfte mache.«

Andere dagegen, die ebenso bestürzt über den falschen Bescheid waren, legten ein ruhigeres und gelasseneres Verhalten an den Tag. Eine Kundin entschuldigte sich beinahe. »Ich denke, ich verstehe, warum das geschehen konnte«, sagte sie. »Doch Sie verstehen sicher auch, wie schlimm das für mich ist. Aber es ist nun einmal geschehen. Was kann ich jetzt tun, um diesen Kredit doch noch zu bekommen und nicht zu einer anderen Bank gehen zu müssen?«

Eric wünschte nichts sehnlicher, als dass ihm ein Weg aus dieser Notlage einfiele. Er suchte nach einer Möglichkeit, jeden dieser Kunden so zu behandeln, dass dieser zufrieden gestellt wurde, die Bank relativ unbeschadet aus dem Desaster herauskam und sein Blutdruck wieder in halbwegs normale Regionen zurückkehrte.

Diesen Ausweg gab es. Eric musste nur wissen, wie man einen »Moment der Magie« erzeugte!

Die Bedeutung des Service

Überall hört man heute, wie wichtig der Service, der Support und die Kundenzufriedenheit seien. In allen Branchen verkünden die Firmen: »Der Kunde ist König«, »Menschen sind unser Geschäft« oder »Die Kundenzufriedenheit ist unserer oberstes Ziel«.

Nachdem diese Werte in aller Munde sind, sollte man annehmen, dass der Service immer besser wird. Umfragen ergeben jedoch ein ganz anderes Bild:

- Jeder vierte Kunde überlegt sich angeblich zum Zeitpunkt der Befragung, einem Geschäft wegen »Unzufriedenheit« untreu zu werden.
- Auf jede Beschwerde, die ein Kunde tatsächlich äußert, kommen

durchschnittlich 26 Probleme, die nicht geäußert werden, davon 6 »ernsthafte«.

Was stimmt also nicht? Warum werden die Kunden nicht so behandelt, wie sie behandelt werden möchten, wenn doch so viel über den Service geredet wird?

Einer der Gründe ist darin zu sehen, dass zu viele Firmen und Angestellte die Kundenbetreuung als einmaliges Ereignis sehen, das man erledigt und dann abhakt. Aber exzellenter Service bedeutet nicht, einen einmaligen Kundenkontakt anständig über die Bühne zu bringen, sondern eine dauerhafte positive Beziehung aufzubauen.

Jedes Geschäft besteht letztlich aus den Begegnungen mit den Kunden. Geschäfte sind dann erfolgreich, wenn diese Begegnungen so gestaltet werden, dass sich langfristige Beziehungen ergeben. Dies setzt voraus, dass man die beteiligten Menschen, einschließlich der eigenen Mitarbeiter, gut behandelt. Die Art und Weise, wie das Management seine Mitarbeiter behandelt, entscheidet weitgehend darüber, welchen Ton diese wiederum im Umgang mit den Kunden an den Tag legen. Andere gut zu behandeln, ob Kunden oder Mitarbeiter, hat viel mit Höflichkeit, Anerkennung, Fürsorge und Aufrichtigkeit zu tun. Es ist oft harte Arbeit, eine Beziehung durch eine gute Kommunikation zu entwickeln und Vertrauen aufzubauen. Es wird Ihnen nur gelingen, wenn Sie sensibel für individuelle Unterschiede sind.

Es reicht also nicht aus, nur seine Arbeit zu tun. Jeder Kontakt – selbst wenn er in Form einer Auseinandersetzung oder einer Beschwerde stattfindet – muss als eine Chance gesehen werden, die vielleicht nie wiederkehrt. Diese Chance kann dazu genutzt werden, eine Beziehung erfolgreich aufzubauen oder wiederzubeleben – oder sie zu zerstören.

Wenn Sie die *Platin-Regel* anwenden, um Ihren Service zu verbessern, dann wissen Sie, wie Kunden behandelt werden möchten, wenn es ein Problem gibt. Sie tragen dazu bei, Ihren eigenen Erfolg und den Ihres Unternehmens zu sichern.

Versetzen Sie sich in die Lage des Kunden

Denken Sie an Ihre eigene Erfahrungen mit Serviceleistungen. Jede Begegnung in der Reinigung, im Lebensmittelgeschäft oder in der Autowerkstatt entscheidet darüber, ob Sie dort weiterhin Kunde bleiben möchten. Jeder Kontakt steigert Ihre Zufriedenheit oder mindert sie.

Derartige Begegnungen fallen in der Regel in drei Kategorien:

Momente der Magie: Positive Erfahrungen, aufgrund derer die Kunden froh sind, dass sie gerade hier Kunden sind.

Momente des Widerwillens: Negative Erfahrungen, die verärgern, frustrieren oder zornig machen.

Momente der Mittelmäßigkeit: Routinemäßiger, langweiliger Service, der weder einen starken positiven Eindruck noch einen nachhaltigen negativen Eindruck hinterlässt.

Zu den Momenten der Magie zählen etwa folgende: Ein Hotelangestellter begrüßt Sie mit einem freundlichen Lächeln, spricht Sie dabei mit Ihrem Namen an und bittet Sie aufrichtig darum, ihn zu rufen, wenn Sie etwas brauchen. Oder der Angestellte in der Reinigung schlägt vor, dass er Ihre Kleidung in Ihrem Büro abholt, wenn Sie dadurch den Weg sparen. Oder er bietet Ihnen an, einen Anzug nochmals umsonst zu reinigen, wenn er nicht ganz zu Ihrer Zufriedenheit gereinigt wurde.

Auch die Angestellte der Telefongesellschaft, die Sie mit der Ummeldung des Telefonanschlusses in Ihrem neuen Haus beauftragt haben, schafft mit folgendem Verhalten einen Moment der Magie: Sie dankt Ihnen dafür, dass Sie weiterhin Kunde bei ihrer Gesellschaft bleiben, nimmt effizient, aber höflich Ihre Daten auf, erkundigt sich beiläufig, wohin Sie ziehen und bittet Sie eindringlich, sie bei weiteren Fragen oder Problemen unter ihrer Durchwahlnummer anzurufen.

Sie erinnern sich sicher auch an solche Erfahrungen. Aber Sie erinnern sich wahrscheinlich noch besser an die Momente des Widerwillens, als etwa niemand dafür zuständig sein wollte, Ihnen weiterzuhelfen; als Sie mit Angestellten zu tun hatten, die nur auf Ihren Feierabend warteten; als Sie grob und unaufmerksam behandelt wurden; als Sie das Gefühl hatten, dass es eine große Gnade sei, sich von einem Verkäufer Ihr Geld abnehmen zu lassen, nachdem er lange Zeit versucht hatte, Sie zu ignorieren.

Wir alle haben solche Erfahrungen gemacht. Aber normalerweise nur einmal im gleichen Geschäft. Denn wir kehren nicht mehr zurück!

Die Grunderwartungen

Der Schlüssel für die Momente der Magie liegt darin, die Kundenerwartungen zu übertreffen. Das klingt ganz einfach. Aber die Kunden bewerten den Service eigentlich auf zwei Ebenen, nämlich auf der Ebene der Leistung und auf der persönlichen Ebene, wie unsere Partner Gregg Baron und Robert Coates von Success Sciences, Inc., in Tampa, Florida, festgestellt haben.

Auf der *Leistungsebene* beurteilen die Kunden Sie nach Ihrer Qualität und Effizienz. Haben Sie genaue Informationen geliefert? Sind Sie auch nach dem Kauf am Ball geblieben, wie Sie es versprochen hatten? Haben Sie das notwendige Sachwissen?

Auf der *persönlichen Ebene* dagegen geht es darum, wie der Kunde meint, behandelt worden zu sein. Haben Sie ihm das Gefühl gegeben, respektiert und geschätzt zu werden? Waren Sie höflich? Haben Sie ihm wirklich zugehört?

Beide Ebenen berühren die Kundenzufriedenheit. Möglicherweise bekommen sie zwar das, was sie verlangen (Leistungsebene), aber wenn dies auf unhöfliche, abweisende Weise geschieht (persönliche Ebene), erleben sie trotzdem einen Moment des Widerwillens.

Die Kundenerwartungen variieren in Abhängigkeit von der Branche und von der Situation. Aber es gibt einige Grunderwartungen, die immer vorhanden sind:

Interesse. Die Kunden möchten, dass sich jemand um sie und ihre Bedürfnisse kümmert.

Flexibilität. Jeder Kunde glaubt, dass seine Situation einzigartig sei. Kunden möchten, dass Sie auf ihre individuellen Bedürfnisse eingehen.

Problemlösung. Tritt ein Problem auf, möchte die Kundin, dass die erste Person, mit der sie spricht, die Verantwortung übernimmt: Entweder kümmert diese Mitarbeiterin sich selbst um die Angelegenheit, oder sie besorgt alle notwendigen Informationen, um der Kundin weiterzuhelfen.

Entschädigung. Wenn seine Erwartungen enttäuscht werden, erwartet der Kunde ein Wort oder eine Geste, die zeigen, dass Sie sich um Wiedergutmachung bemühen. Mit einer kleinen Entschädigung können Sie einen Moment des Widerwillens oft noch in einen Moment der Magie verwandeln.

Kunden sind unterschiedlich

Wie Eric, der schwer geprüfte Bankbeamte feststellte, verhielten sich seine Kunden ganz unterschiedlich: einige waren laut und streitlustig, andere kamen ebenfalls sehr erbost an, überschütteten ihn aber mit Details und wieder andere waren sehr beherrscht und entschuldigten sich beinahe.

Aber nicht nur die Kunden sind unterschiedlich. Auch wir, die den Service erbringen, reagieren unterschiedlich. Einige finden es irritierend, wenn ein Kunde so viel Verständnis für ihre Fehler zeigt, während sie den Choleriker, der seinem Zorn freien Lauf lässt, gut verstehen können. Andere finden ein solches Verhalten wiederum grob und einschüchternd und ziehen den Verständnisvollen vor, der höflich bleibt. Wieder andere stöhnen über die Kundin, die immer wieder auf die Details des Problems zu sprechen kommt, statt sich auf eine Lösung des Problems zu konzentrieren.

Um einen erfolgreichen Service anzubieten, müssen wir die Kunden also flexibel behandeln. Wenn Eric die höflichen, die fordernden und die detailorientierten Kunden auf die gleiche Weise behandelt, wird er mindestens zwei Drittel von ihnen noch mehr gegen sich aufbringen. Er könnte sogar Momente des Widerwillens schaffen.

Verschiedene Perspektiven

Unsere Einstellungen und Erwartungen, unser Wissen und unsere Bedürfnisse schaffen einen einzigartigen Filter, durch den jeder Mensch die Welt sieht. Wir sehen Menschen und Situationen nicht durch identische Brillen. Einem Beziehungsmenschen scheint der Direktor zu drängend, herrisch und schwierig, während er von seinesgleichen für stark, kompetent und motiviert gehalten wird. Das Verhalten dieses Direktors verändert sich nicht, nur die Reaktionen auf sein Verhalten variieren.

Hinzu kommt, dass die Mitarbeiter im Service Informationen haben, die der Kunde nicht kennt. Sie wissen beispielsweise, wie sehr sich ihre Firma darum bemüht, dem Kunden gegenüber fair zu sein, wie intensiv sich das Management um die Mitarbeiter kümmert oder wie wenig Fehler insgesamt gesehen auftreten.

Aber auch die Kunden haben Informationen, von denen die Mitarbeiter nichts wissen. So kann es im obigen Beispiel Gründe dafür geben, warum sie sich auf eine schnelle Bearbeitung des Darlehensantrags verlassen haben. Vielleicht sind die Kunden auch von schlechten Erfahrungen geprägt, die sie früher mit anderen Banken gemacht haben.

Je mehr Sie von den Kunden wissen, desto größer sind die Chancen, dass die Kunden auch Ihren Standpunkt besser verstehen. Wenn Sie den Persönlichkeitsstil Ihrer Kunden kennen, können Sie ihre Probleme aus ihrer Perspektive betrachten und angemessen darauf eingehen.

Einige Menschen lehnen den Gedanken grundsätzlich ab, ihren Kommunikationsstil anzupassen, um Beziehungen aufzubauen. »Ich bin ich – und entweder die anderen nehmen mich, wie ich bin, oder sie lassen es«, sagen sie. Aber wenn Sie eine Botschaft vermitteln wollen – und das ist nun einmal Hauptbestandteil einer jeden Geschäftstätigkeit –, dann sollten Sie sie so präsentieren, dass die Empfänger sie möglichst einfach und schnell verstehen. Wenn Sie flexibel sind und Spannungen reduzieren, erhöhen Sie die Chancen, gehört und verstanden zu werden und erfolgreiche Geschäfte zu machen.

Kunden unter Stress

Nun wollen wir zu Eric zurückkommen, der immer noch von allen Seiten erbarmungslos bedrängt wird. Wie kann er die Beschwerden über die verpfuschten Kreditanträge am besten behandeln? Wie könnte es ihm gelingen, auf die Vertreter der einzelnen Persönlichkeitsstile individuell einzugehen?

Zunächst muss Eric etwas darüber wissen, wie die einzelnen Persönlichkeitsstile normalerweise auf *Stress* reagieren. Kunden mit einer Beschwerde stehen oft selbst unter großem Druck, denn sie haben Geld für ein Produkt ausgegeben, von dem sie »glaubten«, es zu brauchen. Ihr Geld ist weg und das Produkt funktioniert nicht so, wie sie es erwartet haben.

Aber meist ist die Stresssituation nicht einmal ausschließlich auf die Unzufriedenheit mit Ihnen oder Ihrem Produkt zurückzuführen. Der Kunde hatte vielleicht Streit mit der Familie oder wurde bei der Arbeit kritisiert und hat *dann* die Stümperei mit dem Kredit entdeckt. Eric und die Bank sind dann zwar nicht die einzige Quelle des Ärgers, aber die nächstliegenden Zielscheiben.

Jeder Persönlichkeitstyp zeigt unterschiedliche Stresssymptome und reagiert mit unterschiedlichen Verhaltensweisen. Jeder Typ hat eine charakteristische – in der Regel unproduktive – Methode, um Dampf abzulassen. Wenn Eric diese Muster kennt und weiß, dass der Kunde nur deshalb Dampf bei ihm ablässt, weil er gerade eine günstige Zielscheibe bietet, dann kann zumindest er schon etwas gelassener sein.

Er kann sich dann beispielsweise sagen, dass gerade ein Direktor vor ihm sitzt, der unter großem Druck steht und lediglich seinem Wesen entsprechend reagiert. Das ist produktiver als zu denken: »Was für ein blöder Kerl! Warum brüllt er mich so an?« oder gar zurückzubrüllen.

Jeder Kunde muss von Eric anders behandelt werden, damit er seinen Ärger und seine Anspannung abbauen kann. Wenn es Eric gelingt, für jeden den richtigen Ton zu finden, wird er die Feindseligkeit und Ressentiments auf beiden Seiten erheblich reduzieren.

Direktoren

Als Beschwerdeführer können sie sehr kritisch und unverblümt sein. Sie treten oft aggressiv und sehr nassforsch auf. Sie neigen dazu, sich über ihre direkten Ansprechpartner hinwegzusetzen und zu fordern: »Ich möchte auf der Stelle den Filialleiter sprechen!« oder: »Wenn Sie mir nicht sofort sämtliche Unterlagen dieses Falls kopieren, werde ich die Sache meinem Rechtsanwalt übergeben.«

Direktoren wirken oft unkooperativ und versuchen, Kontrolle auszuüben. »Ich fülle kein einziges Blatt Papier mehr aus«, zetern sie vielleicht, wenn Sie vorschlagen, eine offizielle Beschwerde einzureichen. »Es liegt jetzt an Ihnen, den Griffel in die Hand zu nehmen, Freundchen!«

Wenn sie mit dem Rücken an der Wand stehen, können Direktoren zu wahren Diktatoren werden. Zumindest wirken sie dann so. Aber was *brauchen* sie? Was kann Eric tun, um sie zu besänftigen und den Karren aus dem Dreck zu holen?

Direktoren möchten:

- greifbare Beweise für effektive Maßnahmen sehen,
- eine schnelle Erledigung des Problems,
- die Kontrolle über die Situation ausüben,
- Ergebnisse sehen,
- keine Zeit verschwenden.

Eric wäre also gut beraten, den frustrierten Direktoren vor Augen zu führen, welche Maßnahmen schon eingeleitet wurden. Er könnte einen Entschuldigungsbrief schreiben oder in einer internen Aktennotiz die Anweisung geben, den Kreditantrag dieser Kunden sofort zu genehmigen.

Auf keinen Fall darf Eric der Versuchung erliegen, auf seine Autorität zu pochen und mit einem Direktor zu argumentieren. Er wird ihm ohnehin kein Gehör schenken, sondern nur versuchen, ihm zu beweisen, dass seine eigene Autorität noch viel größer ist.

»Niemand hat je einen Streit mit einem Kunden gewonnen«, lautet ein alter Spruch im Service. Auf die Direktoren trifft das gleich in doppeltem Sinn zu.

Unterhalter

Die impulsiven Unterhalter neigen leicht zu Überreaktionen, wenn sie als Kunden ein Problem haben. »Ich will das sofort geregelt haben«, fordern sie vielleicht, obwohl Sie ihnen gerade erklärt haben, warum diese schwierige Situation beim besten Willen nicht innerhalb der nächsten achtundvierzig Stunden gelöst werden kann.

Es kann sich als schwierig erweisen herauszufinden, wie man sie am besten zufrieden stellt. In der einen Minute klingen sie ganz einsichtig und vernünftig und in der nächsten sind sie sarkastisch und stellen unrealistische, völlig überzogene Forderungen.

Da Unterhalter sich gut darauf verstehen, verbale Attacken zu führen, erliegen sie leicht der Versuchung der Manipulation. Sie drohen vielleicht unterschwellig: »Ich frage mich, ob ein Brief an den Bankvorstand Ihre Reaktionszeit wohl beschleunigen könnte?«

Wenn Unterhalter unter Stress stehen, neigen sie dazu, den Fakten keine Beachtung mehr zu schenken und nicht mehr zuzuhören. Jedenfalls erwecken sie leicht diesen Eindruck. Wie sollte Eric auf die Unterhalter eingehen, die Opfer der Schluderei wurden? Welche *Bedürfnisse* kann er erfüllen?

Unterhalter möchten:

- persönliche Aufmerksamkeit,
- eine schnelle Erledigung,
- in ihrer Position bestätigt werden,
- ausgiebig über das Problem sprechen,
- möglichst wenig Aufwand und Unannehmlichkeiten.

Eric könnte daraus den Trugschluss ziehen, dass es am besten sei, das Lamento des Unterhalters über sich ergehen zu lassen. In Wahrheit sollte er sich jedoch aktiv mit ihm auseinandersetzen und ihm umgehend eine schlüssige Erklärung für das Problem liefern, um zu beweisen, dass er ihn ernst nimmt. Der Unterhalter möchte das Gefühl haben, dass man sich wirklich um sein Anliegen kümmert, die Einzigartigkeit seines Falles würdigt und es ihm nicht übel nimmt, wenn er sich aufregt.

Beziehungsmenschen

Bei Beziehungsmenschen ist die Wahrscheinlichkeit am geringsten, dass sie laut und fordernd auftreten. Wenn sie sich tatsächlich beschweren, dann wirken sie oft sogar unterwürfig und zögernd. Sie reden um den heißen Brei herum und entschuldigen sich vielleicht sogar noch für ihre Beschwerde.

Noch schlimmer ist allerdings, dass sie sich oft gar nicht beschweren, sondern einfach zur Konkurrenz gehen, ohne ihre Unzufriedenheit jemals geäußert zu haben. Wenn Sie also auch nur den leisesten Verdacht hegen, dass ein Beziehungsmensch unter Ihren Kunden enttäuscht sein könnte, sollen Sie alles daran setzen, ihn aus seiner Reserve zu locken.

Da Beziehungsmenschen Konflikte jeglicher Art hassen, haben sie in einem Fall wie dem Darlehensproblem einzig und allein den Wunsch, das ganze Theater irgendwie zu beenden – selbst wenn die Lösung nicht zu ihren Gunsten ausfallen würde. »Es tut mir leid, dass ich Ihnen so viele Unannehmlichkeiten bereite«, sagen sie vielleicht, »aber meine Kreditwürdigkeit ist eigentlich sehr gut und deshalb kam mir die Ablehnung meines Antrags so merkwürdig vor. Was können wir nun tun?«

Manchmal meinen sie auch, sich verteidigen zu müssen: »Nun, ich war noch nie in einer solchen Lage und ich mag es nicht, als Habenichts dargestellt zu werden.« Aber in der Regel haben sie in einer Stresssituation nur den Wunsch, keine Wellen zu schlagen und sich irgendwie zu arrangieren.

Wie kann Eric am besten auf einen Beziehungsmenschen eingehen?

Er sollte

- ihm versichern, dass das Problem überhaupt nichts mit seiner Person zu tun hat;
- ihm versprechen, dass die Angelegenheit bald bereinigt wird;
- sich dafür verbürgen, dass die erneute Antragstellung ohne Probleme und Unannehmlichkeiten über die Bühne gehen wird;

- erklären, dass er sich gemeinsam mit ihm bemühen wird, die Sache auszubügeln;
- betonen, wie wichtig es ihm sei, dass die beiderseitige »Beziehung« nicht unter dieser Panne leidet.

Nach all den anstrengenden Gesprächen mit den Vertretern anderer Persönlichkeitstypen könnte Eric versucht sein, den ruhigen Beziehungsmenschen mit reinen Lippenbekenntnissen abzuspeisen, weil er glaubt, dass er nicht besonders ernst zu nehmen sei. Aber das wäre ein folgenschwerer Fehler. Die Beziehungsmenschen sind genauso empört wie die Direktoren, drücken dies jedoch auf viel subtilere Weise aus.

Beziehungsmenschen beschweren sich also nicht gerne und nicht sehr nachdrücklich. Aber denken Sie daran: Sie sind keine Leibeigenen und gehen geradewegs zur Konkurrenz, wenn ihre Bedürfnisse nicht erfüllt werden. Wenn Eric sie als Kunden behalten will, tut er gut daran, ihnen freundlich und mit persönlichen Worten zu erklären, dass diese Panne nur eine kleine Sternschnuppe im Universum des Lebens war – aber keine grundsätzliche Veränderung im Geschäftsgebaren der Bank darstellte.

Denker

Ähnlich wie der Beziehungsmensch beschwert sich auch ein Denker nicht freimütig und unverblümt, aber er schlägt einen schärferen Ton an. Er poltert nicht wie der Direktor und ist nicht so wechselhaft wie der Unterhalter, aber er gibt sich auch nicht unterwürfig.

Denker tendieren dazu, die Ereignisse der Reihe nach durchzugehen, die zur Krise geführt haben, und die Litanei der Fehler und Ungerechtigkeiten immer wieder herunterzubeten, die sie erlitten haben. Sie erklären Eric vielleicht, mit welch äußerster Sorgfalt sie den Kreditantrag ausgefüllt haben. Sie zeigen deutlich, wie verletzt sie darüber sind, dass ihr Antrag völlig zu Unrecht und trotz ihrer Gewissenhaftigkeit abgelehnt wurde.

Denker beschweren sich nicht wegen jeder Kleinigkeit. Aber wenn sie es tun, dann sind sie mit Daten und Dokumenten bewaffnet und leuchten jedes Detail des Problems aus.

»Ich verstehe nicht, wie das geschehen konnte«, sagen sie vielleicht. »Meine Weste ist blütenweiß und darauf bin ich stolz. Ich habe alle Angaben gemacht, die Sie haben wollten. Es hat mich Tage gekostet, bis ich Ihre Formulare ausgefüllt habe. Ich habe sogar ein Anschreiben beigefügt, in dem ich Sie gebeten habe, mich anzurufen, falls es noch irgendwelche Fragen gibt. Das Nächste, woran ich mich erinnern kann, ist, dass mein Antrag aus Gründen der Bonität abgelehnt wurde. Das widerspricht jedem seriösen Geschäftsgebaren und dem gesunden Menschenverstand.«

Wenn Denker den Eindruck haben, mit ihrer Beschwerde auf taube Ohren zu stoßen, ziehen sie sich schnell wieder zurück. Sie beenden das Gespräch und gehen – schnurstracks zu einer anderen Bank.

Wie kann Eric auf einen Denker eingehen, der sich beschwert?
Er sollte

- ihm bestätigen, dass er Recht hat;
- ihm erklären, wie es im Einzelnen zu der Panne kam;
- seine Bewunderung für die Sorgfalt und Genauigkeit des Denkers zum Ausdruck bringen;
- auf die wichtigsten Anliegen des Denkers umfassend eingehen;
- ihm helfen »das Gesicht zu wahren«.

Eric findet die Denker vielleicht zwanghaft und rechthaberisch, weil sie sich viel mehr auf den Hergang der Ereignisse konzentrieren als auf eine mögliche Lösung des Problems. Aber wenn er sie als Kunden behalten möchte, muss er flexibel sein und das Gespräch mit ihnen möglichst positiv beenden. Er muss auf die Details eingehen und betonen, wie sehr auch die Bank daran interessiert ist, dass Gerechtigkeit geübt wird.

Was ist wichtiger: Kunden oder Abläufe?

Wenn Eric die *Platin-Regel* anwendet, betrachtet er die empörten Kunden durch das Prisma ihrer Persönlichkeitsstile und stellt sich dann auf ihre Bedürfnisse ein. Damit trägt er schon in erheblichem Maß dazu bei, die Bank zu einer kundenorientierten Organisation zu machen. Kundenorientiertheit wiederum ist der Schlüssel zum guten Service.

Denken Sie einmal an Ihre eigenen Kaufgewohnheiten: Was ist Ihnen als Kunde am wichtigsten? Der Preis? Das ist sicher manchmal so, aber nicht immer. Wichtiger dürfte Ihnen sein, dass Sie den besten *Gegenwert* für Ihr Geld bekommen. Wenn das der Fall ist, kommen Sie auch wieder zurück. Ein kundenorientiertes Unternehmen bietet den Käufern mehr Gegenwert als Konkurrenten, die darauf nicht sonderlich achten. Ein solches Unternehmen vermittelt dem Kunden das Gefühl, dass die gute Beziehung zum Kunden eine Bedeutung hat, die über den einmaligen Kauf hinausgeht.

Unternehmen haben entweder eine kundenorientierte oder eine ablauforientierte Mentalität. Sie versuchen, entweder vorrangig dem Kunden zu dienen oder sich selbst, indem sie die internen Abläufe optimieren. Auch als Mitarbeiter können wir entscheiden, ob wir das tun, was für uns selbst am besten ist oder das, was dem Kunden am meisten nützt.

Das ablauforientierte Unternehmen schafft Systeme, Prozeduren und Kontrollmechanismen, die hauptsächlich den eigenen Interessen dienen. Ein Ladengeschäft öffnet beispielsweise erst spät oder schließt wieder früh. Kunden müssen seitenlange Formulare ausfüllen, wenn sie einen Artikel zurückgeben wollen, oder Waren sind gar nicht oder nicht eindeutig ausgezeichnet, weil sich niemand die Mühe machen wollte.

In solchen Fällen gewinnen Kunden den Eindruck, nicht besonders wichtig zu sein oder durch ihre Anwesenheit sogar Unannehmlichkeiten zu verursachen. Die Einstellung des ablauforientierten Unternehmens lautet: »Wie können wir etwas verkaufen?« Die Verkäufer betonen das Produkt und dessen Merkmale. Die Mitarbeiter denken insgeheim, dass sie endlich ihre Arbeit erledigen könnten, wenn die Kunden sie nicht dauernd stören würden!

Der Kunde ist wichtig

Im Gegensatz dazu sind im kundenorientierten Unternehmen Verfahren und Abläufe so eingerichtet, dass sie im Interesse des Kunden liegen. Eine Bank erweitert beispielsweise ihre Öffnungszeiten, ein Kaufhaus erledigt die Rückgabe oder den Umtausch von Waren ohne Formalitäten oder ein Autohändler ruft Sie an, um sich zu erkundigen, ob Sie mit Ihrem neuen Auto zufrieden sind.

Der Kunde bekommt nicht das Gefühl vermittelt, eine Last zu sein, sondern er fühlt sich wichtig. Das kundenorientierte Unternehmen fragt: »Wie können wir unseren Kunden helfen?« und: »Was müssen wir tun, damit es sich für den Kunden lohnt, mit uns Geschäfte zu machen?« Die Verkäufer betonen die Kundenbedürfnisse mehr als die Produktmerkmale. Die Philosophie der Mitarbeiter lautet: »Wenn es die Kunden nicht gäbe, hätten wir keinen Job.«

Ablauforientierte Unternehmen sehen ihre Kunden eher als Störfaktoren, während kundenorientierte Firmen in den Kunden ihren eigentlichen Zweck sehen. Die ablauforientierte Firma schielt lediglich auf ihre Gewinne, die kundenorientierte Firma auf die Zufriedenheit der Käufer. In Zeiten der Rezession reagiert das ablauforientierte Unternehmen mit Sparmaßnahmen und reduziert oft knallhart die Kosten. Das kundenorientierte Unternehmen dagegen bemüht sich, mehr Kunden zu gewinnen, um den Absatz und die Rentabilität zu steigern.

Vor nicht allzu langer Zeit haben sich die Produkte verschiedener Unternehmen noch viel stärker voneinander unterschieden. Die Autos sahen sich noch nicht so ähnlich, das Bier schmeckte nicht von jeder Brauerei gleich und die Waschpulver wuschen nicht alle gleich weiß. Mittlerweile haben sich die Technologien für die Herstellung von Autos, Bier und Waschpulver – sowie fast allen anderen Konsumartikeln – so sehr angeglichen, dass eine Produktdifferenzierung über die Leistungsmerkmale alleine kaum noch zu erreichen ist.

Eine der wenigen Möglichkeiten, sich noch gegen die Konkurrenz abzugrenzen, besteht deshalb in der Kundenorientierung. Mit der *Platin-Regel* haben die Mitarbeiter ein Instrument, um die Wünsche und Bedürfnisse ihrer Kundinnen besser kennen zu lernen und individueller zu befriedigen.

Grundsätze des kundenorientierten Service

Wie sieht nun ein kundenorientierter Service in der Praxis aus und wie kann er mit Hilfe der *Platin-Regel* optimiert werden? Die folgenden Grundsätze liefern dafür wertvolle Anhaltspunkte.

❑ *Entscheidend für einen Kauf sind nicht die angebotenen Produkte, sondern die Erwartungen des Kunden.* Deshalb sollten Sie sich möglichst viele Informationen über die Erwartungen Ihrer Kunden verschaffen. Wenden Sie die *Platin-Regel* an, um schnell Beziehungen aufzubauen und Ihre Kunden aus der Reserve zu locken. Viele Firmen enden nur deshalb vor dem Konkursrichter, weil ihre Inhaber glauben, dass die Kunden »Produkte« kaufen, etwa Computerprogramme. Aber ein Kunde, der sich für Software interessiert, sucht in Wahrheit eine Lösung für bestimmte Probleme.

Wenn Sie oder Ihre Verkäufer nur die Ebene der »Produkte« ansprechen, wird der Kunde seine Entscheidung weitgehend vom Preis abhängig machen. Wenn es Ihnen dagegen gelingt, den Zusatznutzen oder Mehrwert Ihres Produkts herauszustreichen, bezahlen die Kunden dafür in der Regel auch bereitwillig einen etwas höheren Preis, weil sie jetzt nicht mehr lediglich einen Gebrauchsartikel kaufen. Sie kaufen auch die Kompetenz und das Interesse, das Sie ihnen und ihrem Problem entgegenbringen.

Durch die *Platin-Regel* können Sie schnell eine Bindung zum Kunden aufbauen, etwas über seine Erwartungen in Erfahrung bringen und diese Erwartungen erfüllen.

❏ *Enger Kundenkontakt ist wichtig.* Bevor Sie ein neues Produkt oder einen neuen Service auf den Markt bringen, sollten Sie mit Ihren Kunden oder mit potentiellen Kunden sprechen, um herauszufinden, ob überhaupt ein entsprechender Bedarf besteht. Wenden Sie dabei die *Platin-Regel* an. Animieren Sie Ihre Gesprächspartner dazu, Ihnen detailliert zu erklären, auf welche Merkmale und Leistungen sie besonderen Wert legen und warum sie Kunde bei Ihnen sind. Bitten Sie sie darum, Lob oder Kritik zu äußern.

Wenn Sie die einzelnen Persönlichkeitsstile kennen und sich auf sie einstellen, wird es Ihnen leichter fallen, Ihren Kunden diese wichtigen Informationen zu entlocken.

❏ *Wenn zwei Menschen wirklich miteinander ins Geschäft kommen wollen, dann lassen sie sich durch Details nicht davon abbringen.* Geschäftsbeziehungen entstehen am ehesten zwischen Partnern, die sich mögen und vertrauen. Wenden Sie also die *Platin-Regel* an, weil Sie dadurch Sympathien gewinnen und Vertrauen aufbauen.

Kommt es zu Problemen, wird der Kunde darauf wahrscheinlich reagieren, indem er fragt: »Wie werden *wir* das Problem meistern?« Fehlt dagegen ein starkes Band des Vertrauens, sagen sie mit viel größerer Wahrscheinlichkeit: »*Sie* haben ein Problem. Was werden *Sie* nun unternehmen?«

(Der Begriff des *Kunden,* wie er in diesem und im vorangegangenen Kapitel verwendet wurde, lässt leicht das Bild eines Käufers von Dienstleistungen oder Produkten entstehen. Diese Definition ist aber zu einseitig, denn ein »Kunde« muss nicht immer außerhalb des Unternehmens stehen. Es gibt auch interne Kunden, etwa in den Abteilungen, die von der Personalabteilung bedient werden. Auf sie beziehen sich die Ausführungen dieser Kapitel ebenfalls. Auch im Umgang mit ihnen können Sie die Platin-Regel anwenden, um wichtige Brücken zu schlagen.)

Was müssen Sie tun?

Wenn Sie außergewöhnlich zufriedene Kunden haben möchten, die eine positive Mund-zu-Mund-Propaganda für Sie betreiben, dann stehen Sie vor der Aufgabe, viele Momente der Magie zu schaffen und möglichst keine Momente des Widerwillens und der Mittelmäßigkeit.

Dazu müssen Sie die Erwartungen der Kunden nicht nur erfüllen, sondern sogar übertreffen. Mit der *Platin-Regel* sind Sie für diese Aufgabe bestens gerüstet. Mit Ihrem Wissen über die Persönlichkeitsstile haben Sie eine recht gute Vorstellung davon, wie die einzelnen Kunden gerne behandelt werden möchten. Auf der Grundlage der starken persönlichen Beziehung, die Sie zu ihnen aufbauen, sorgen Sie dafür, dass der Kunde praktisch jedes Mal, wenn er Ihr Geschäft oder Ihr Büro betritt, einen Moment der Magie erlebt.

Wenn Sie dagegen die Kundenerwartungen nicht kennen oder sich nicht darum kümmern, ist die Wahrscheinlichkeit groß, dass Sie Unzufriedenheit säen und einen Moment des Widerwillens nach dem anderen erzeugen. Ein Freund von uns beispielsweise betrat neulich in einem großen Einkaufszentrum ein Fachgeschäft für Sportschuhe. In den zahllosen Regalen war eine verwirrende Vielfalt von Schuhen aller Arten ausgestellt: Laufschuhe, Basketballschuhe, Walking-Schuhe, Hallenschuhe, Wanderschuhe, Tennisschuhe und viele andere mehr. Unser Freund – ein Denker – hatte natürlich schon längst über seine Bedürfnisse nachgedacht und im Geiste eine Liste der gewünschten Merkmale seiner neuen Schuhe angelegt.

Als er von einem Verkäufer gefragt wurde, ob er ihm weiterhelfen könne, antwortete der Denker: »Ich laufe zwei bis drei Mal die Woche vier bis fünf Kilometer, meist auf Gras. Aber ich spiele auch alle paar Wochen mal Basketball im Freien auf hartem Boden und möchte einen Schuh, der auch dafür gut geeignet ist. Außerdem habe ich sehr flache Füße. Deshalb brauche ich Schuhe mit besonders guten Stützfunktionen. Welche von diesen Schuhen hier«, und er deutete auf das Meer von Schuhen, das ihn umgab, »würden diese Kriterien am ehesten erfüllen?«

Dieser Kunde erwartete ganz offensichtlich, mit Detailinformationen versorgt zu werden. Er hatte nicht vor, einen Schuh zu kaufen, weil er besonders modisch aussah, weil er preiswert war oder weil der Verkäufer eine charismatische Ausstrahlung hatte.

All dies entging dem Verkäufer jedoch völlig. Er lächelte breit – wahrscheinlich hielt er dies für besonders unwiderstehlich – und antwortete ganz lässig: »Ach, Sie wissen doch, was man sagt: ›Schuhe sind Schuhe‹. Letztlich ist doch alles dasselbe.«

Der Denker war erstaunt. Er hatte seine Bedürfnisse genau erklärt und nun zu hören bekommen, dass sie eigentlich völlig unerheblich waren. Mit der Bemerkung: »Geld ist Geld und meins werde ich woanders ausgeben«, drehte der Denker sich um und verließ das Geschäft, um es nie wieder zu betreten. Der Verkäufer, der ganz eindeutig noch nie etwas von der *Platin-Regel* und einem kundenorientierten Service gehört hatte, hatte der Konkurrenz einen Kunden beschert!

Der Verkäufer hatte den leichtesten Weg gewählt und es sich erspart, die Unterschiede zwischen den Schuhen zu erklären. Zumindest hätte er einen anderen Verkäufer darum bitten können. Er hatte sich keinen Deut an seinen Kunden angepasst, sondern ihn so behandelt, wie er wahrscheinlich auch alle anderen Kunden behandelte. Mit einem Unterhalter hätte seine Methode vielleicht sogar funktioniert, möglicherweise auch mit einem Beziehungsmenschen. Aber bei einem Denker oder Direktor konnte er damit nichts erreichen.

Konflikte entschärfen

Auch in kundenorientierten Unternehmen gibt es Konflikte und Anlass zu Beschwerden. Probleme lassen sich nun einmal nie ganz ausschließen.

Irgendwann einmal wird auch Ihnen ein Fehler unterlaufen, unabhängig davon, wie gut Ihre Arbeit ist, wie engagiert Sie sind und wie viel Mühe Sie sich geben, um einen besseren Service zu bieten. Vielleicht sind Sie auch gar nicht für den Fehler verantwortlich. Aber trotzdem ist er passiert und Ihr Kunde hat einen echten Moment des Widerwillens erlebt.

Die Unzufriedenheit eines solchen Kunden kann unterschiedlich stark ausgeprägt sein, wie die folgenden Kategorien zeigen:

BESORGT

Kundinnen sind besorgt, wenn der Service ihren Erwartungen nicht entspricht. Sie sind dann zwar enttäuscht und unangenehm überrascht, haben aber keine Unannehmlichkeiten erlitten.

IRRITIERT

Kunden sind irritiert, wenn sie sich über einen schlechten Service geärgert haben. Daraus sind ihnen leichte Unannehmlichkeiten entstanden und sie haben vielleicht Zeit, aber *kein* Geld verloren.

BETROGEN

Kundinnen fühlen sich betrogen, wenn ihnen erhebliche Nachteile entstanden sind, wenn sie Zeit *und* Geld verloren haben und wenn sie sich persönlich beleidigt oder unfair behandelt fühlen.

Wenn sich ein Kunde bei Ihnen beschwert, müssen Sie deshalb zunächst herausfinden, in welcher Stufe der Verärgerung er sich befindet. Je aufgebrachter er ist, desto schneller müssen Sie reagieren, um den Fehler zu beheben und die Situation in einen Moment der Magie zu verwandeln. So etwas nennt man Konfliktlösung oder Schadensbegrenzung.

Im Folgenden werden einige Möglichkeiten beschrieben, die unsere Partner Gregg Baron und Robert Coates zur Konfliktlösung vorschlagen:

1. Zuhören

Viele Probleme im Service können von vornherein vermieden werden, indem man gut zuhört. Wir haben schon darauf hingewiesen, dass das Zuhören ein Schlüssel ist, um den Persönlichkeitsstil eines Gesprächspartners zu bestimmen. Das Zuhören ist aber auch ein Schlüssel, um Momente der Magie zu erzeugen.

Die meisten Kunden, die sich beschweren, haben das Bedürfnis, ihre Sicht der Dinge zu erläutern. Also reden sie, oft viel und laut. Darauf reagieren Sie oft mit dem Impuls, die Situation zu erklären oder sich zu verteidigen.

Wenn Sie der Situation aber die Spitze nehmen wollen, sollten Sie die Gesprächsführung nicht an sich reißen. Der Kunde hört Ihnen ohnehin nicht zu, sondern wartet nur auf eine Gelegenheit, selbst das Wort zu ergreifen.

Es empfiehlt sich also in der Regel, dem Kunden Gelegenheit zu geben, in Ruhe Dampf abzulassen. Wenn er sich seinen Ärger von der Seele geredet hat, ist der erste Schritt zur Lösung oft schon getan. Zum einen wird der Kunde seine aufgestauten Emotionen los. Wenn er seine Verärgerung erst einmal deutlich geäußert hat, ist er normalerweise bereit, zum nächsten Schritt überzugehen. Zweitens mag er angenehm überrascht sein, dass Sie ihm zugehört haben, ohne sich sofort zu verteidigen. Der Kunde sieht, dass Sie keinen Wert auf eine Auseinandersetzung legen, sondern nur daran interessiert sind, das Problem zu beheben.

Tatsächlich hat in einem Konflikt immer derjenige die größte Macht, der *hört*, was der andere sagt. Der erste Schritt zur Beilegung von Konflikten besteht also darin, richtig zuzuhören.

Wenn Eric genau zuhört, findet er vielleicht heraus, dass eine seiner enttäuschten Kundinnen es zwar sehr unangenehm fand, als nicht kreditwürdig zu gelten, dass ihr aber ungleich größere Probleme aus der verzögerten Auszahlung des Kredits entstehen. In einem solchen Fall sollte Eric weniger Zeit damit verbringen, die Ursachen für das Durcheinander zu erklären, sondern sich darauf konzentrieren, für eine schnelle Auszahlung der Darlehenssumme zu sorgen. Damit würde er der Kundin den größten Gefallen erweisen und folglich auch etwas gegen seine eigene Notlage tun.

Hören Sie also Ihren Kunden zu, wenn sie sich beschweren, und achten Sie dabei auf Signale, anhand derer Sie etwas über ihren Persönlichkeitsstil erfahren. Sind sie schnell oder gemächlich? Sind sie aufgabenorientiert oder beziehungsorientiert? Reden sie mehr über Fakten oder über Gefühle? Aus all diesen Hinweisen können Sie

Schlussfolgerungen darüber ziehen, wie Sie den Konflikt am besten lösen.

2. Entschuldigen

Diese wichtige Geste wird im Eifer des Gefechts leider oft vergessen. Eric sollte eine ehrliche, persönlich formulierte Entschuldigung aussprechen, die von *ihm* selbst, nicht von der Bank initiiert wird. An der Entschuldigung muss deutlich werden, dass ihm an der Beziehung viel liegt.

3. Fragen stellen

Sammeln Sie so viele Informationen wie möglich. Bitten Sie den Kunden, Ihnen die Lage aus seiner Sicht zu schildern. Achten Sie darauf, auch etwas über seine *Gefühle* zu erfahren.

Auch in der Art und Weise, wie Fragen gestellt werden, liegt ein aussagekräftiger Unterschied zwischen ablauforientierten und kundenorientierten Unternehmen. Ablauforientierte Unternehmen stellen nur wenige Fragen und befolgen statt dessen ihre eigenen Methoden der Beschwerdebearbeitung. Kundenorientierte Unternehmen dagegen befragen ihre Kunden eingehend. Auf diese Weise lösen sie das Problem meist schnell und lernen genug daraus, um dafür sorgen zu können, dass es nicht wieder auftritt. Das kundenorientierte Unternehmen versucht auch, bei der Problembehebung Termine und Fristen des Kunden zu berücksichtigen.

Am Anfang kostet es zwar etwas mehr Zeit, genau nachzufragen, aber insgesamt beschleunigen Sie damit die Problemlösung. Stellen Sie konkrete Fragen, um genau zu erfahren, was Sie tun müssen, um dem Kunden zu helfen. Auf diese Weise behalten Sie die Kontrolle, während Sie gleichzeitig schnell und professionell handeln.

Im Hypothekenfall sollte Eric herausfinden, wann die Antragsteller ihren Antrag einreichen, wie viel Zeit sie verloren haben, welche Fristen sie einhalten müssen und welcher Schaden ihnen entstanden sein könnte. Wenn er über all diese Informationen verfügt, kann er ganz gezielt vorgehen, um für jeden Kunden die beste Lösung zu finden.

4. Verständnis demonstrieren

So merkwürdig es klingen mag, aber oft ist bei enttäuschten und empörten Kunden der Wunsch, *verstanden* zu werden, noch größer als der, dass ihr Problem gelöst wird. Deshalb ist es wichtig, dass Sie verständnisvoll auf sie eingehen und zeigen, dass Sie ihre Sicht der Dinge gut verstehen können. Geben Sie ihnen das Gefühl, sie ernst zu nehmen, vor allem, wenn sie sich emotional sehr in die Angelegenheit hineinzusteigern scheinen.

Diese Fragen, die auf der persönlichen Ebene angesiedelt sind, müssen Sie als Erstes angehen. Wenn Sie dagegen versuchen, mit Ihren Kunden auf der Ebene der Leistung zu kommunizieren, *bevor* Sie Ihr Verständnis ausgedrückt haben, werden sie nur noch aufgebrachter.

Wenn möglich, sollten Sie einen gemeinsamen Nenner finden, um das Gespräch darauf zu konzentrieren. Oft reicht es schon, sich einfach darauf zu einigen, woraus das Problem besteht. Eric könnte seinen Kunden sagen: »Ich verstehe, warum Sie sich so fühlen. Die meisten Menschen, mich eingeschlossen, sind stolz auf ihre Kreditwürdigkeit.« Oder »In einer solchen Situation wäre ich auch sehr verärgert.« Er braucht sich nicht mit ihrer Empörung zu solidarisieren, aber er kann Verständnis demonstrieren, indem er sagt: »Ich kann nachvollziehen, was Sie meinen. Ihr Standpunkt ist einleuchtend und verständlich.«

5. Optionen prüfen

Wenn mehrere Optionen zur Wahl stehen, sollten Sie versuchen, eine Win-Win-Situation zu schaffen. Fragen Sie den Kunden also, welche Lösung er für die beste hält und überlegen Sie dann gemeinsam, ob es Ihnen beiden möglich ist, sie zu realisieren.

Beziehen Sie den Kunden in diesen Prozess ein, indem Sie ihm Fragen stellen: »Wie sollte dieses Problem Ihrer Meinung nach gelöst werden?« oder: »Wie sähe eine akzeptable Lösung für Sie aus?« oder »Wie würden Sie handeln, wenn Sie an meiner Stelle wären?«

Auch im Hypothekenfall kann Eric die enttäuschten Kunden wieder aufrichten, wenn er ihnen Alternativen aufzeigt und erklärt, welche Fristen und Vor- und Nachteile mit den einzelnen Möglichkeiten verbunden sind. Damit erreicht er viel mehr als mit der simplen Aussage: »Wir haben einen Fehler gemacht, der uns sehr leid tut. *Sie* müssen nun folgendermaßen vorgehen.«

6. Rettungsringe auswerfen

Gestalten Sie den Prozess der Fehlerbehebung möglichst einfach für Ihren Kunden. Wenn beispielsweise Telefonanrufe an die Kreditauskunft zu tätigen oder Bankformulare auszufüllen sind, könnte Eric ihnen dabei behilflich sein. Komplizierte Abläufe sollte Eric genau erklären. Die Kunden gewinnen wieder etwas Zuversicht, wenn sie zumindest wissen, welche einzelnen Schritte vor ihnen liegen und wie lange sie dauern werden.

7. Ein Zeichen des guten Willens

Wenn der Moment des Widerwillens wirklich sehr schlimm war – wie in Erics Fall –, dann sollte der Mitarbeiter seine Entschuldigung mit einer greifbaren Geste, welcher Art auch immer, begleiten. Sein Geschenk braucht nicht teuer zu sein, dafür aber:

- *unverzüglich*: Es wirkt befremdlich und unehrlich, ein Geschenk lange nach dem kritischen Vorfall zu überreichen.
- *sinnvoll*: Das Geschenk sollte einen für den Kunden sinnvollen Wert haben und außerdem bewirken, dass die Bank sich von den Konkurrenten abhebt. (Anders ausgedrückt: Lassen Sie sich etwas ein-

fallen! Schicken Sie keine Blumen oder Süßigkeiten – das tun alle. Sie sollten Ihren Kunden gut genug kennen, um zu wissen, ob zwei Karten für das Bundesligaspiel oder ein Flug mit dem Heißluftballon angemessener sind.)
- *verwertbar*: Die Kunden sollten das Geschenk relativ bald verwenden oder aufbrauchen können. Wenn Sie ihnen einen Kalender oder eine Uhr schenken, werden sie jedes Mal, wenn sie darauf schauen, an Ihren Fehler und die Beinahe-Katastrophe erinnert. Das beste Geschenk zur Wiedergutmachung eines Moments des Widerwillens ist ein Präsent, das große Freude hervorruft und dann schnell wieder aus dem Gesichtsfeld des Beschenkten verschwindet.

8. Nachfassen

Auch nach der Lösung des Problems müssen Sie weiter am Ball bleiben, ob mit oder ohne Geschenk. Dies ist von wesentlicher Bedeutung, denn es gibt nichts Schlimmeres als eine Lösung, die noch einmal verpfuscht wird. In diesem Fall hätten Sie Ihren Kunden endgültig und unwiderruflich verloren.

Eric sollte deshalb alle geschädigten Kunden kontaktieren, um sich zu erkundigen, ob sie die richtigen Unterlagen bekommen haben, ob sie dazu noch Fragen haben und ob sie wissen, welchem Zweck sie dienen. Nach der Auszahlung der Kredite sollte er nochmals anrufen, um sich zu vergewissern, dass die Kunden nun zufrieden sind.

Bei Überreaktionen professionell bleiben

Die obigen Vorschläge dürften Ihnen im Umgang mit den meisten Kunden gute Dienste leisten. Aber einige Kunden sind nicht nur verärgert und emotional, sondern sie greifen Sie verbal an und werden verletzend. Sie beleidigen Sie und zielen mit ihren Angriffen unter die

Gürtellinie, während Sie versuchen, ihnen zu helfen. In einem solchen Fall ist es wichtig, ruhig und professionell zu bleiben.

Die meisten Menschen reagieren auf solche Angriffe entweder spontan mit Gegenangriffen oder sie lassen sie seufzend über sich ergehen. Keine der beiden Möglichkeiten ist sehr produktiv. Besser ist es, die Fassung zu bewahren und die Attacken nicht persönlich zu nehmen.

Denken Sie daran: Beschäftigen Sie sich zuerst mit der *persönlichen Ebene und dann erst mit dem Problem*. Geben Sie dem Kunden etwas Zeit, Dampf abzulassen. Wie schon erwähnt, kann das alleine schon viel zur Lösung des Problems beitragen.

Hören Sie Ihrem Kunden sehr genau und objektiv zu. Versuchen Sie, eine Äußerung zu finden, an die Sie anknüpfen können. Vielleicht reicht es schon aus, wenn Sie ihm versichern: »Sie haben in diesem Punkt völlig Recht« oder »Ich verstehe vollkommen, was Sie meinen«. Es geht darum, dem Kunden keinen Widerstand entgegenzusetzen. Wenn der Kunde nämlich nicht auf Gegenwehr stößt, dann bieten Sie ihm auch keine Zielscheibe mehr, und Sie beide können sich daran machen, das Problem zu lösen.

Ein zweites Einkommen

Die Moral der Geschichte: Wenn Sie sich nach Kräften um einen guten Service bemühen, wenn Sie den Persönlichkeitsstil Ihres Kunden erkennen und sich daran anpassen, wenn Sie Einfühlungsvermögen und gute Kommunikationsfähigkeiten an den Tag legen und wenn Sie Ihre Kunden in die Problemlösung einbeziehen, werden diese sehr wahrscheinlich auch keine überzogenen Ansprüche stellen, Sie beschimpfen oder zur Konkurrenz gehen.

Was die Kunden letztlich wollen, ist ein guter Gegenwert für ihr Geld. Wenn Sie diese Erwartung erfüllen und dann und wann auch noch Momente der Magie schaffen, werden sie sich mit weiteren Aufträgen oder Käufen und Weiterempfehlungen revanchieren.

Ein Kunde, der gut behandelt wird, ist wie ein zweites Einkommen. Untersuchungen haben ergeben, dass Kunden, die sich bei Beschwerden gut behandelt fühlen, mit einer höheren Wahrscheinlichkeit als andere, die sich nicht beschweren, dem betreffenden Unternehmen treu bleiben. Sie sind *loyaler, als es der Fall gewesen wäre, wenn es das Problem nie gegeben hätte.*

Sehen Sie Ihre Serviceprobleme also als Chancen, um zu beweisen, wie viel Ihnen wirklich an Ihren Kunden liegt.

Machen Sie einer verärgerten Kundin sofort deutlich, dass Sie Verständnis für ihre Beschwerde haben und die Verantwortung für Ihren Anteil daran übernehmen. Dann unternehmen Sie die notwendigen Schritte, um das Problem zu lösen. Das kann bedeuten, einen Entschuldigungsbrief zu schreiben oder der Kundin den Kaufpreis oder zumindest einen Teilbetrag zu erstatten. Vergewissern Sie sich auf alle Fälle, dass sie mit Ihrer Lösung zufrieden gestellt wird. Und was auch immer Sie tun wollen – tun Sie es schnell!

Zu viele Firmen reagieren auf Kundenbeschwerden routinemäßig mit Abwehr. Erst wenn sie die Geduld und das Wohlwollen eines Kunden schon auf härteste Belastungsproben gestellt haben, gehen sie auf seine Forderungen ein. Wenn ein Unternehmen jedoch sofort zur Einigung bereit ist, hat es schon viel für den Erhalt der Loyalität des Kunden getan. Und die Kundenloyalität ist bares Geld wert. Immerhin kann es zwischen fünf bis sieben Mal so viel kosten, einen neuen Kunden zu gewinnen als einen Altkunden zu behalten.

Den meisten von uns hat man noch beigebracht, dass der Zweck eines Unternehmens darin bestünde, Geld zu verdienen. Aber das ist nur ein Maßstab dafür, ob und wie es seine *Aufgabe* erfüllt. Und die Aufgabe eines Unternehmens besteht darin, Kunden zu gewinnen und zu behalten. Wenn also Serviceprobleme auftreten, behalten Sie im Gedächtnis, dass nicht nur der Gewinn aus diesem einen Geschäft, sondern sehr viel mehr auf dem Spiel steht – nämlich die gesamte Kundenbeziehung.

Erics »Horrortag« war nicht lustig, aber dafür lehrreich. Er sprach mit jedem betroffenen Bankkunden persönlich. Er entschuldigte sich und hörte ihnen dann zu, bis ihm fast die Ohren schmerzten. Dabei achtete er auf ihre Unterschiede im Persönlichkeitsstil und passte dann seinen eigenen Stil an, wobei er die Angelegenheit zuerst auf der persönlichen Ebene und dann auf der Leistungsebene behandelte.

Den Direktoren versprach Eric in knapper Form eine Neubearbeitung der Anträge – und zwar bald. Mit den Unterhaltern war er gesprächiger und lebhafter und er ersparte ihnen den verhassten Papierkrieg, so weit es nur ging. Die Beziehungsmenschen behandelte er mit spezieller Freundlichkeit und er versicherte ihnen, wie wichtig es ihm sei, ihre bisherige gute Beziehung zur Bank fortzusetzen. Den Denkern erläuterte er haarklein, wie die Panne zustande gekommen war und welche Maßnahmen nun unternommen würden, um sie effektiv zu beheben.

Alle Kunden begrüßte er mit einem festen Händedruck, er hielt Augenkontakt zu ihnen, redete sie mit ihrem Namen an, sagte häufig »bitte« und »danke« und beendete jedes Gespräch mit einer freundlichen Note. Wenige Tage später fanden alle geschädigten Kunden ein kleines Geschenk in der Post und sie erhielten einen Anruf von Eric, der fragte, ob sie noch Fragen zum Ausfüllen des neuen Kreditantrags hätten.

Erics Gesetz

Selbst der wortgewaltigste Kunde war inzwischen besänftigt und schien sich aufrichtig zu freuen, von Eric zu hören. Ein Mann, den Eric als Direktor eingeordnet hatte, versprach ihm, dem Bankvorstand beim nächsten Treffen im Kiwanerclub von Erics vorbildlichem, effizientem Verhalten zu erzählen. Und eine Frau, die Eric als Beziehungsmensch eingeordnet hatte, sagte, dass sie ein weiteres Konto bei der Bank einrichten wolle, weil sie von seiner Vorgehensweise so beeindruckt sei.

All diese Vorgänge entgingen auch Erics Chef nicht. Er gratulierte Eric dazu, dem Werbeslogan der Bank gerecht geworden zu sein (»Unsere größten Aktivposten sind zufriedene Kunden«) und versicherte ihm, dass auch die höheren Führungskräfte bald von Erics erfolgreicher Schadensbegrenzung erfahren würden.

Eric hoffte, dass er nun bald von den Topmanagern »entdeckt« und befördert würde. Auf alle Fälle wusste er, dass er eine wichtige Erkenntnis gewonnen hatte, die ihm bei diesem oder jedem anderen Arbeitgeber immer gute Dienste leisten würde.

Er nannte diese Erkenntnis »Erics Gesetz«: »*Deine Kunden sind nicht nur Bestandteil deines Jobs, deine Kunden sind deine Karriere!*«

Kapitel 12

Verändern Sie Ihr Leben durch positive Beziehungen!

Wir kennen einen Mann, der die *Platin-Regel* anwandte – und ein Haus bekam! Er hatte ein Kaufangebot für eine Immobilie eingereicht und erhielt den Zuschlag, obwohl sein Angebot nur das zweithöchste war. Der Verkäufer erklärte trocken: »Ich habe Sie einfach mehr *gemocht.*«

Dies ist ein einfaches, überzeugendes Beispiel für die Macht der *Platin-Regel.* Durch unsere eigenen Verhaltensweisen können wir andere dazu bewegen, uns positiver zu begegnen. Dies funktioniert nicht nur bei Erwachsenen am Arbeitsplatz, sondern bei Menschen jeden Alters in allen Lebensbereichen, ob zu Hause, in der Schule, beim Sport oder beim Einkaufen! Überall dort, wo Sie bessere Beziehungen anstreben, können Sie mit etwas Übung positive Erfahrungen mit der *Platin-Regel* machen.

Es zahlt sich beträchtlich aus, andere so zu behandeln, wie *sie* behandelt werden möchten – nicht nur im Geschäftsleben. Sie werden mit einem Netz erfüllter Beziehungen belohnt, die das Leben enorm bereichern.

Eine Studie neueren Datums, über die im *Journal of the American Medical Association* berichtet wurde, hat gezeigt, dass Ärzte, gegen die noch nie ein Gerichtsverfahren eingeleitet wurde, von ihren Patienten meist als fürsorglich, zugänglich und einfühlsam bezeichnet wurden. Dagegen wurden diejenigen Ärzte, die von ihren Patienten als arrogant, unsensibel und kurz angebunden bezeichnet wurden, mit einer höheren Wahrscheinlichkeit irgendwann einmal in ihrem Berufsleben verklagt. Mit anderen Worten: Die letztere Gruppe von

Ärzten ist unflexibler und muss – im wahrsten Sinn des Wortes – dafür bezahlen.

Die Bedeutung der Anpassungsfähigkeit kann gar nicht überschätzt werden. Sie ist integraler Bestandteil der *Platin-Regel* und der Schlüssel zum Aufbau erfolgreicher Beziehungen in allen Lebensbereichen. Flexible Menschen wissen, dass es einen Unterschied zwischen ihrem Selbst (wer sie sind) und ihrem Verhalten (wie sie aufgrund eigener Entscheidung handeln) gibt. Flexible Menschen entscheiden bewusst darüber, ob und wie sie auf eine Person, eine Situation oder ein Ereignis reagieren.

Weniger anpassungsfähige Menschen reagieren dagegen gewohnheitsmäßig – unabhängig davon, ob ihre Reaktion angemessen oder effektiv ist. Sie ähneln Maultieren, die einen Fuß vor den anderen setzen, ohne viel nachzudenken. Natürlich eignen sich Maultiere für bestimmte Aufgaben sehr gut, aber es gehört nicht gerade zu ihren Stärken, ihr Verhalten den Umständen entsprechend anzupassen. Kein Wunder, dass sie als Symbol der Sturheit gelten.

Aber selbst wenn Sie ein »Maultier« sind, selbst wenn Sie zu den Menschen gehören, die schon seit langer Zeit aus purer Gewohnheit an ihren Denkweisen und Verhaltensmustern festhalten, gibt es Hoffnung. Sie können lernen, flexibler zu sein. Wenn Sie die alten Pfade verlassen und neue Verhaltensweisen ausprobieren, werden Sie im Umgang mit allen Menschen profitieren, ob Sie es mit dem Müllmann, mit der Platzanweiserin im Kino oder mit dem Firmenchef zu tun haben.

Außerdem befinden Sie sich schon auf halbem Weg zum Ziel! Sie kennen Ihren Persönlichkeitstyp oder wissen, zu welchem Mischtyp Sie gehören. Sie kennen auch die anderen Typen und wissen, wie man sie identifiziert. Sie verfügen über eine recht gute Vorstellung davon, was Sie tun müssen, um sich an andere anzupassen.

Aber es fällt Ihnen vielleicht immer noch schwer, es tatsächlich zu *tun*. Sie dürfen eben nicht erwarten, die Gewohnheiten eines ganzen Lebens über Nacht zu ändern. Aber Sie können *anfangen, sich zu ändern* – wenn Sie es wirklich wollen.

Hier sind einige Hinweise, wie man anpassungsfähiger werden und die Grenzen des eigenen Stils überwinden kann:

1. Begeben Sie sich aus eigener Initiative in neue Situationen und hören Sie auf, alles Ungewohnte zu meiden. Tun Sie etwas, was Sie noch nie getan haben. Sie könnten zum Beispiel ganz gegen Ihre Gewohnheit mal eine Krawatte mit einem kreischend schrillen Muster tragen. Vielleicht wenden Sie nun ein, dass Ihnen das nicht gefällt. Aber probieren Sie es einfach einmal aus! Schlimmstenfalls dient Ihnen die Krawatte als Eisbrecher im Gespräch mit Ihren Freunden, die sich fragen, was über Sie gekommen sein mag!

Essen Sie regelmäßig Salat zum Mittagessen? Dann essen Sie morgen ein Sandwich mit Meeresfrüchten oder mit Fleisch, Käse und viel Mayonnaise. Das eine Mal wird Sie nicht umbringen. Millionen Menschen essen sie täglich und vielleicht werden Sie ab morgen wissen, warum.

Sehen Sie sich eine Fernsehshow an, die Sie normalerweise nicht einschalten. Besuchen Sie eine Ausstellung über ein Thema, das Sie noch nie interessiert hat. Und wenn Sie sich normalerweise auf Partys zurückhalten, versuchen Sie nun, selbstbewusst umherzuschlendern, sich anderen vorzustellen und zu sehen, was passiert.

Keine dieser kleinen Rebellionen wird Ihr Leben verändern. Aber wenn man sich die Gefühle und Handlungsweisen, die Vorlieben und Abneigungen anderer Menschen – kurz, ihre Unterschiede – bewusster macht, besitzt man einen Schlüssel dafür, befriedigendere Beziehungen aufzubauen.

Dies trifft besonders dann zu, wenn Sie ein sehr rigoroser Mensch sind. Wenn Sie sich schnell auf eine Bedeutung, ein Ergebnis oder eine Handlungs- oder Denkweise festlegen, dann können Ihnen diese kleinen Experimente helfen, die Scheuklappen abzunehmen. Sie werden erkennen, dass es nicht notwendig ist, zwischen den Unterschieden der Menschen Mauern zu errichten.

2. Fällen Sie kein voreiliges Urteil über Menschen. Nehmen wir an, ein Verkäufer in einem buntkarierten Sakko und weißen Baumwollhosen steht bei Ihnen in der Tür und überschüttet Sie mit seinem Redeschwall. Bevor Sie zur Schlussfolgerung kommen, dass er Sie mit einem billigen Trick um Ihr Geld bringen will, sollten Sie sich zumindest die Zeit nehmen, ihn anzuhören. Vielleicht werden Sie sich nicht gerade mit ihm verbrüdern, aber sein Produkt könnte großartig sein und Sie könnten es brauchen. Noch wichtiger: Sie würden vielleicht erkennen, dass er sich einfach seinem eigenen Stil und Geschmack entsprechend kleidet, so wie Sie auch. Und vielleicht finden Sie auch heraus, dass er kein schlechter Mensch ist, wenn Sie erst einmal über die oberflächlichen Unterschiede hinweggesehen haben.

3. Tolerieren Sie das Ungewisse. Wenn Sie vor einer Situation mit ungewissem Ausgang stehen, ergreifen Sie nicht die Flucht, sondern stürzen Sie sich mitten hinein! Versuchen Sie, mit der Ungewissheit zu leben und gelassen in die Zukunft zu blicken.

Denken Sie dabei immer daran, dass es mehr als eine Methode gibt, um Probleme zu lösen. Dies illustriert die folgende Geschichte von einem Farmer, der erfuhr, dass eine Flut nahte. Der Sheriff kam vorbei und bot ihm an, ihn mitzunehmen, aber der Farmer erklärte: »Nein, ich lege mein Schicksal in die Hände des Herrn. Er wird mich retten.« Der Sheriff fuhr wieder weg und das Wasser stieg, so dass der Farmer auf sein Dach klettern musste.

Bald kam ein Mann mit einem Boot vorbei, doch der Farmer sagte: »Mir geht es gut. Der Herr wird sich um mich kümmern.« Als der Farmer schon auf den Schornstein klettern musste, flog ein Hubschrauber herbei, doch der Farmer winkte und machte Zeichen, dass er weiterfliegen solle.

Schließlich ertrank er und kam in der Himmel, wo ihn Petrus begrüßte. »Was ist geschehen?«, wollte der Farmer erbost von ihm wissen. »Ich habe fest darauf vertraut, dass der Herr mich rettet und nun bin ich ertrunken.« Petrus antwortete: »Was hast du denn erwartet? Wir haben dir einen Sheriff, ein Boot und einen Hubschrauber geschickt. Warum hast du die Hilfe nicht angenommen, die Gott dir geschickt hat?«

Dem Farmer wäre es besser ergangen, wenn er nicht in seinen starren Denkstrukturen gefangen gewesen wäre. Es gelang ihm nicht, die Bemühungen seiner Retter mit seinem Vertrauen in den Herrn zu verknüpfen und zu erkennen, dass beides sich nicht gegenseitig ausschloss.

Zwei scheinbar gegensätzliche Ideen zu vereinen muss nicht so unmöglich sein, wie es klingt. Vielmehr kann diese Aufgabe sehr viel Kreativität freisetzen. Vielleicht hat einmal jemand gesagt: »Ich möchte ein Dessert, das heiß und kalt gleichzeitig ist« – und der Eiskrembecher mit heißer Soße war geboren! Wichtig ist nur: Wenn man auf ungewisse Situationen und Konflikte mit Anpassung reagiert, dann kann das geradezu befreiende Wirkung haben.

4. Lernen Sie, aufrichtig zuzuhören. Das Zuhören gehört zu den wichtigsten kommunikativen Fähigkeiten. Leider ist es auch diejenige Fähigkeit, die am wenigsten gelehrt und gelernt wird. Viele Menschen glauben, dass sie gut zuhören können, aber in Wahrheit sind nur wenige gute Zuhörer. Untersuchungen haben ergeben, dass etwa drei Viertel dessen, was wir hören, entweder falsch behalten oder schnell wieder vergessen wird.

Tatsächlich zählt die Unfähigkeit zuzuhören zu den häufigsten Ursachen für Missverständnisse, Fehler und vertane Chancen. Schlechtes Zuhören erzeugt Spannungen und Misstrauen und führt zu einem Teufelskreis: Wenn der eine nicht zuhört, wird bald auch der andere jedes Interesse an einem befruchtenden Austausch verlieren.

Gutes Zuhören kann Beziehungen bereichern. Denn wenn Sie jemandem zuhören, schaffen Sie ein positives Klima, das beiden Seiten zugute kommt. Um ein besserer Zuhörer zu werden, konzentrieren Sie Ihre Aufmerksamkeit zunächst auf den Sprecher. Dann unterstützen Sie ihn, indem Sie nicken, Fragen stellen oder gelegentlich seine Aussagen zusammenfassen, um Ihr Interesse zu demonstrieren.

Ein guter Zuhörer bemüht sich auch darum, möglichst viel über die Interessen und Ziele des Sprechers zu erfahren. Das hilft ihm, noch gezieltere Fragen zu stellen und besser auf ihn einzugehen. Es ist auch wichtig, sich selbst unter Kontrolle zu haben. Wie provozierend die Botschaft eines Gesprächspartners auch sein könnte, warten Sie ab, bis er sie zu Ende formuliert hat – und Sie sie verstanden haben –, bevor Sie reagieren.

Schließlich sollten Sie auch auf die nonverbalen Signale achten, also auf die Körpersprache, den Tonfall und die Gestik. Registrieren Sie diese Signale genau und ordnen Sie sie den verschiedenen Persönlichkeitstypen zu.

5. Konzentrieren Sie sich zuerst auf das Positive. Machen Sie es sich zur Gewohnheit, sich auf die positiven Seiten anderer Menschen (und die eigenen) zu konzentrieren. Bevor Sie eine negative Aussage machen, sollten Sie immer etwas Positives sagen.

Wir werden alle davon profitieren, wenn wir es uns abgewöhnen, vorschnelle Urteile zu fällen. Wenn Sie dazu neigen, überall Fehler und Mängel zu sehen, müssen Sie sich eben fest vornehmen, »etwas Positives zu sagen«, wenn Sie sich zu Wort melden. Bald wird Ihnen diese Gewohnheit in Fleisch und Blut übergehen.

Einige letzte Ratschläge

Wissen, so heißt es, ist Macht. Wenden Sie Ihr neues Wissen über die Persönlichkeitstypen vernünftig an. Nutzen Sie die Grundsätze der *Platin-Regel,* um sich selbst und andere zu verstehen, um sich weiterzuentwickeln und positive Beziehungen aufzubauen. Im Grunde fordert die *Platin-Regel* nichts anderes, als andere Menschen zu respektieren. Sie verkörpert das Bestreben, das Freund-Feind-Denken abzubauen und sich auf das Gemeinsame zu konzentrieren. Sie ist ein mächtiges Werkzeug, um Ihnen zu helfen, die Bedürfnisse der anderen *und* Ihre eigenen zu befriedigen.

Aber denken Sie daran, dass nicht jeder die vier Persönlichkeitstypen kennt und sie vielleicht nicht einmal kennen lernen will. Außerdem möchte auch niemand das Gefühl haben, von Ihnen mit Etiketten versehen zu werden.

Deshalb schlagen wir vor:

Geben Sie nicht an. Versuchen Sie beispielsweise nicht, sich in den Mittelpunkt der Betriebsfeier zu stellen, indem Sie eine schnelle, aus der Hüfte geschossene Persönlichkeitsanalyse Ihres Chefs oder der

Mitarbeiter hinlegen. Gehen Sie mit Ihrem Wissen sensibel und zurückhaltend um.

Achten Sie darauf, den Persönlichkeitstyp eines Menschen nicht vorschnell zu beurteilen und unwiderrufliche Entscheidungen zu treffen, die nur auf einer angenommenen Kompatibilität beruhen. Es ist wichtig, die Persönlichkeitstypen zu erkennen, aber noch viel wichtiger ist es, sich an sie anzupassen. Wenden Sie die *Platin-Regel* auch nicht an, um andere in Stereotypen einzuordnen oder ihre Weiterentwicklung zu bremsen.

Widerstehen Sie außerdem der Versuchung, das Konzept der Persönlichkeitsstile dafür zu missbrauchen, um Ihr eigenes Verhalten zu entschuldigen. (»Ich bin halt ein Direktor, deshalb bin ich von Natur aus ungeduldig und dominant.«) Die *Platin-Regel* ist eine Erkenntnis über menschliche Verhaltensweisen und keine Krücke zur Unterstützung Ihrer Schwachpunkte.

Im Zentrum der *Platin-Regel* steht die Sensibilität. Wenden Sie die *Platin-Regel* also auch in diesem Sinne an. Wer die Grundsätze der *Platin-Regel* beachtet, ist taktvoller, vernünftiger und verständnisvoller und hört auf, andere zu verurteilen.

Solange wir leben, gehen wir mit Menschen um. Die *Platin-Regel* hilft uns dabei, uns selbst und andere zu verstehen und zu akzeptieren. Ohne ein solches Verständnis kann es keinen gegenseitigen Respekt und keine Liebe geben.

Diese Art von Sensibilität ist entscheidender als je zuvor. Die Zusammenarbeit zwischen den Menschen wird immer wichtiger, je deutlicher wird, dass wir ein Volk sind, das auf einem Planeten lebt. Wenn wir Unterschiede verstehen und akzeptieren, dann wenden wir nicht nur eine Technik an, um im Alltag besser über die Runden zu kommen. Vielmehr entwickeln wir damit eine überlebenswichtige Fähigkeit, die wir weltweit kultivieren müssen, um im nächsten Jahrhundert ein besseres Leben führen zu können.